식물의 사유

Through Vegetal Being

식물의 사유

식물 존재에 관한 두 철학자의 대화

대안공동체 인문학총서 2　루스 이리가레·마이클 마더 지음 | 이명호·김지은 옮김

알렙

서문

우리가 이 책을 함께 쓰게 된 이유는 현재 자연과 생명이 처한 상황에 대한 우려 때문입니다. 애초에 우리는 이 책이 각 장의 주제에 해당하는 대화로부터 발전하리라고 상상했지만, 우리는 이 계획이 너무 야심 차거나 여러 가지 이유로 아직은 적절치 않다는 점을 곧바로 알아차렸습니다. 해당 문제에 접근하는 우리 두 사람의 입장은 상당히 달랐고, 우리가 공통의 목표를 다루면서 서로의 입장을 이론적, 윤리적, 정치적 차원에서 구별하기란 사실상 불가능하다는 것이 드러났습니다. 우리가 서로를 거의 알지 못하고 멀리 떨어져 산다는 점을 고려하면 특히 그랬습니다. 우리가 당면한 딜레마는 이 프로젝트를 포기하거나, 이 책이 미래의 대화로 발전해 나가도록 제안하는 다른 구성 방식을 창안하는 것이었습니다. 우리가 제안한 것은 루스가 쓴 텍스트와 마이클이 쓴 텍스트가 아래위가 뒤집힌 포맷으로 구성된 책을 쓰는 것이었습니다. 이런 구성을 취하면 책의 중간 지점에서 만날 수 있을 것이라 기대했지요. 불행히도 이 도발적인 해결책은 우리 두 사람 모두 각자의 관점에 충실하면서 대화가 가능한 방식을 찾는 데 영감을 주긴 했지만, 특히 기술적인 문제로 인해 출판사와 합의를 보지 못했습니다. 이제 우리의 기여를 이끌어내는 가장 풍요로운 방식을 찾는 작업은 독자들에게 달려 있습니다. 다시 말해, 식물 존재에 관한 주요 메시지와 우리 두 사람이 식물 존재를 다루는 상이한 방식을 함께 파악하는 일은 독자들의 몫입니다.

우리가 각각의 주제에 구체적으로 접근할 때 앞으로 나타나게 될 것에 관해 자세히 언급하지 않더라도, 우리는 이미 서로의 입장을 구별해 주는 몇 가지 특성을 강조할 수 있습니다. 의심할 여지 없이 우리 두 사람은 식물 세계가 우리 삶에 가져다주었고 지금도 계속해서 가져다주고 있는 도움에 고마워합니다. 우리의 분석과 제안이 달라지는 대목은 어떻게 식물 세계를 보살필 것인가 하는 문제와 관련됩니다. 마이클은 식물 세계 그 자체를 사유하면서 식물 세계가 우리의 전통적 저자들에게 나타나는 궤적을 추적합니다. 이는 우리 전통에 대해 새로운 이해와 충격을 주기 위해서입니다. 또한 그는 식물을 사유의 장으로 끌어들임으로써 인간 사유의 토대를 재구축하려고 노력합니다. 루스는 특히 전체 생명 세계와 관련하여 새로운 존재 방식과 실존 방식을 낳으려면 주체성에 대한 우리의 관념을 수정할 필요가 있다는 점에 주목합니다. 마이클이 대체로 그 중요성이 무시되어 온 식물 존재를 사유하면서 우리의 과거 철학을 해석하는 작업을 수행한다면, 루스는 주체성의 규정, 특히 성차화된 규정(sexuate determination)*에서 출발하여 우리 문화와 주체성의 토대를 급진적으로 다시 세울 것을 요구합니다. 이런 재정초화 작업은 생명과 생명의 발달에 대한 존중을 용인합니다. 마이클이 그리스 시대의 '퓌시스(phusis, 자연)'로 돌아가는 것이 식물의 성장에 내재해 있고 그것에 근접해 있는 인간의 성장——이 성장은 성차의 수준에서 일어나는 성장을 포함합니다——을 낳기를 바란다면, 루스는 이 '퓌시스'로의 복귀에 인간 주체성을 키우는 작업이 동반되어야 한다는 점에 관심이 있습니다. 그런데, 우리가 단절, 공백, 해소 불가능한 부정성을 취하고 자연환경 및 소속과 관련하여 초월성과 다른 관계를 맺지 않는다면,

---

* 'sexuate'는 이리가레가 만든 프랑스 신조어 'sexué'의 영어 번역어이다. 이리가레는 성적 존재가 되는 관계적, 심리적, 문화적, 신체적 측면을 모두 포괄하기 위해 이 용어를 고안했다. 'sexuate'는 영미권에서 사용되는 'sex(생물학적 성)'와 'gender(사회문화적 성)'의 구분에 얽매이지 않는 존재론적 차원에서 일어나는 성적 주체화 과정을 의미한다. 'sexuate'는 'sexual'과 호환되기도 하지만, 성적 차원을 포괄하되 좁은 의미의 '성(sexuality)'을 넘어서는 존재론적 차원에서 일어나는 '성적 되기(sexual becoming)'의 과정을 가리킨다. 이 의미를 담기 위해 'sexuate'는 '성차화된'으로 번역했다. 문맥에 따라서는 '성적'으로 번역하기도 했다. 'sexuation'은 '성차화된 존재(sexuate being)'로 되는 과정을 의미하는 용어로서 우리말 '성차화'로 번역하고 문맥에 따라서는 '성적 되기'로 번역한 경우도 있다. 'sexuate difference'는 성차(혹은 성적 차이)로 번역하였다.

인간 주체성을 키우는 일은 일어날 수 없습니다. 마이클이 우리의 현존 경제가 생태계에 일으킨 피해와 위험 주위를 맴돈다면, 루스는 우리가 깊이 성찰하고 발전시켜야 할 생태적 경제에 유효한 요소로 일부 동양 전통의 가르침과 안티고네가 옹호한 법을 상기시킵니다.

이런 점들은 우리 각각의 입장이 지닌 특징을 보여주는 여러 측면들 중 극히 일부입니다. 성급하게 대충 의견의 일치를 도모하는 대화를 통해 각자의 특성을 모호하게 흐린다면, 이는 우리 사유를 지각하지 못하게 해치고, 독자들이 새로운 존재 방식과 행동 방식으로 나아가기 위한 길을 열지 못하게 만들 수 있습니다. 우리의 환경, 일체의 생명 존재, 그리고 우리 인간의 생성이 현재 처한 상태는 새로운 존재 방식과 행동 방식을 긴급히 요구합니다.

책의 구성과 관련하여 우리가 처음에 제안했던 안은 책을 출판할 때 제1저자와 제2저자로 표기하는 것을 피할 수 있게 해주는 장점이 있습니다. 그러나 이 책에서는 그런 구성 없이 루스는 첫 번째 기고자로, 마이클은 두 번째 기고자로 등장할 것입니다. 이 책을 소개하는 편지와 뒤이어 나오는 많은 장들이 보여주듯이, 이런 방식은 우리의 성을 알파벳 순으로 배열한다는 사실을 넘어 이 책의 글쓰기가 가장 빈번하게 일어난 방식에 상응하는 것입니다.

2015년 8월
루스 이리가레

목차

2부 마이클 마더

일러두기

1. 이 책은 16개의 주제에 대해 루스 이리가레와 마이클 마더가 주고받은 편지 형식의 철학적 에세이를 모은 것이다. 따라서 각각의 상응하는 주제의 흐름에 따라 이리가레와 마더의 글을 번갈아 읽는 독서 방식이 가능하다.

2. 2013년 11월 이리가레의 첫 편지로 시작하였고, 2014년 11월 마더의 마지막 편지로 마무리되었다. 서문은 2015년 책의 출간 작업 때 작성되었다.

3. 원주는 각 부의 마지막에 미주로 넣었으며, 본문 중의 각주는 모두 옮긴이 주이다.

4. 단행본이나 선집의 경우 『 』로, 작품의 경우 「 」로 표기하였다.

1부

루스 이리가레

THROUGH VEGETAL BEING

프롤로그

친애하는 마이클 마더에게

나는 당신이 지안니 바티모와 공동 편집한 『시오니즘의 해체』[1]에 참여하라는 초대를 받으면서 당신을 알게 되었습니다. 이때 당신은 당신의 책 『식물 생각하기(*Plant-Thinking*)』[2]를 보내주겠다고 제안했습니다. 이 책은 흔히 일어나는 사유의 결핍이나 이완에 빠지지 않으면서 우리의 전통 형이상학을 극복하기 위한 방안으로 특히 식물 세계에 대한 명상적 성찰에 바쳐졌습니다.

나는 아주 오랫동안 식물 세계와 함께 살았기 때문에 당신의 책을 펼쳐 본문을 많이 읽기도 전에 놀라기도 하고 마음이 편안하기도 했습니다. 내가 느낀 놀라움은 당신이 『철학자의 식물(*The Philosopher's Plant*)』[3]에 넣기 위해 나의 사유에 관해 쓴 글을 받으면서 더욱 커졌습니다. 이 책은 몇몇 철학자와 식물의 관계를 다루고 있었지요. 내 작업에 대한 논평은 너무나 자주 일종의 전용 또는 비판에 국한되었습니다. 당신의 글을 읽는 동안 나는—비록 부분적으로 일어난 것이라 할지라도—, 나 자신에게로 다시 보내졌으며 나 자신으로부터 분리되지 않았습니다. 이것은 내게 깊은 감동을 안겨 주었습니다. 이것은 결코 나르시시즘적인 것이 아니라 첫 만남에서 경험할 법한 느낌이었습니다. 나는 이 경험이 우리 사이에 풍요로운 관계의 가능성을 예고한다고 생각했습니다. 어쩌면 이 느낌은 공동 작업을 통해 다른 사람들과 공유될 수도 있을 것입니다.

나의 결점 중 하나는 너무 빨리 열정에 무너지는 것이라서 나는 곧바로 몇 가지 질문이 궁금해지기 시작했습니다. 이 질문들에 대한 당신의 행동 방식은 벌써 내게 첫 답변을 주었습니다. 당신이 우리의 형이상학 전통을 해체하는 작업에 착수한 철학 트렌드에 속한다는 점에 내가 주목했다는 것을 고려한다면, 내가 궁금해하는 질문 중 하나는 니힐리즘의 극복에 관한 당신의 입장과 연관되어 있습니다. 나는 우리의 존재 전체를 초감각적 가치에 종속시키는 방식을 통해 니힐리즘 문화에서 포스트 형이상학적이라고 추정되는 시대로 이행하는 것에 대해서는 극도로 경계합니다. 나는 그런 이행이 일어날 때 발생할 일이 우리 인간에게 더 위험할 것이라는 점이 두렵습니다. 감각성에 불과한 것과 그 감각성이 상정하는 예술적 표현으로 후퇴함으로써 소위 말하는 형이상학의 극복이나 초월을 이루려는 시도는 모두 그런 위험을 보여주는 사례들이라 할 수 있습니다. 나는 동일성을 다수성으로 대체한다고 해서 그런 전환이 일어날 것이라고는 더 이상 믿지 않습니다. '여럿'과 '하나'는 종종 동일한 논리에 가담합니다. '하나(the one)' 혹은 '일자(the One)'가 사유와 주체성의 구성에서 제거된다면, 그것은 얼굴을 가린 채 독재자를 가장하고 다시 나타날 수 있습니다. 심지어 민주적 지도자를 가장하고 나타날 수도 있습니다.

 니힐리즘─니체는 니힐리즘을 올바르게 비판했었지요─을 진정으로 포기하는 길을 열고 계속 따라가기 어려운 것은 사실입니다. 나는 '둘'에서 시작하여 다르게 성차화된 주체들 사이의 관계를 문화적으로 정교하게 가다듬고 윤리적으로 실천하는 것이, 니체의 가르침을 존중하면서 니힐리즘을 극복할 통로이자 기본 구조로 기능할 수 있다고 생각합니다. 바로 이 점이 니체가 자신의 작업을 밀고 나가기 위해 여성이 필요하다고 말했을 때 느꼈던 점이 아닐까요? 니체의 이 발언은 충분히 진지하게 받아들여지지 않았습니다. 서구 문화에서 사유되지 못한 것이 바로 이 성차(sexuate difference)일지 모르기 때문입니다. 니체가 비판한 초감각적 가치가 사유되지 못한 성차를 대체해 왔습니다. 성차는 진지하게 다뤄질 충분한 가치가 있습니다. 이런 진지한 태도를 갖고서 성차를 사유하기 위해 성차로 돌아가는 것은 생명을 키우는 일에 우리 자신을 바치는 것과 같습니다. 생명을 키우는 일은 여전히 부족합니다. 특수한 초감각적 요구 조건에 종속되지 않으면서 보편적일 수 있는 문화를 형성하기 위해서뿐 아니라 우리의 인간적 에너지와의 관계에서 우리 자신을 새롭게 세우기 위해, 우리는 성차가 절실히 필요합니다. 실제로 성차는 동일한 성적 정체성을 취하지 않는 두 주체 사이의 환원할 수 없는 차이를 존중하면서 초월적 차원을 전제합니다. 여기서 초월적 차원은 신체적 물질성을 넘어서는 성차화(sexuation)가 연루되어 있기 때문에 감각적으로 남아 있는 초월성을 말합니다.

　당신은 식물 세계에서 해체론의 한계를 발견하였습니다. 오늘날 생명 자체가 위험에 처해 있다는 점을 고려할 때 이것은 영리하고도 현명한 선택입니다. 이 점이 내가 당신의 작업에 관심을 가졌던 이유이고, 우리의 공동 작업과 관련하여 내가 당신에게 제안을 했던 출발점이기도 합니다. 식물 세계는 내가 어린 아기였을 때부터 나를 살아남을 수 있게 해주었을 뿐 아니라, 『검경 (Speculum)』[4][*]을 출판한 후 사회적 환경에서 추방당한 내가 다시 생명의 뿌리를 찾을 수 있게 해주었습니다. 또한 식물 세계에서 피난처를 찾는 일은 우리가 망각해 왔던 그리스 문화의 시원에 내재된 몇몇 측면들을 드러내 보였습니다. 그것은 과거 서구의 문화에 대한 나의 비판을 밀고 나가도록 독려했습니다. 이 서구 문화 비

---

　* 『검경』은 1974년 이리가레가 박사학위 논문으로 제출한 후 출간된 책이다. 이리가레는 이 책으로 파리 프로이트학회로부터 추방당했다. 원래 검경은 산부인과에서 여성의 성기를 검사할 때 사용하는 반사경이다. 이리가레는 여성을 들여다보는 남성 지식을 나타내는 은유로 이 용어를 쓰고 있다.

판은 서구 전통이 인위적으로 부과한 중성적이거나 중성화된 모종의 보편적 정체성에서 시작하는 것이 아니라 생명 그 자체에서, 그리고 생명에 필수적으로 나타나는 성차화에서 시작합니다.

확실히 『검경』은 나의 여성적 정체성과 "물러남(step back)"—하이데거라면 이렇게 말했을 것입니다—덕분에 수행할 수 있었던 서구 전통 비판에 해당합니다. 내가 서구 전통의 활발한 직조 작업에 가담하지 않은 결과로 나는 이런 '물러남'을 취할 수 있었습니다. 그러한 추방은 우리 문화의 형성에 의식적으로 관여했던 사람은 도달하기 어려운 시각을 나에게 주었습니다. 이것이 니힐리즘적이지 않은 방식으로 서구 형이상학을 떠나기 위해 당신이 한 인간으로서 당신 자신에게로 돌아가는 것만이 아니라 식물 세계로 돌아가는 것이 필요했던 이유를 설명해 줄 수 있을 것입니다. 내가 보기에 이 선택은 최근 유행하는 동물 세계로 돌아가는 것보다 더 적절합니다. 식물 세계는 우리의 생존을 보장할 수 있는 세계와 관련되어 있을 뿐 아니라, 당신이 강조하듯이 우리를 가르쳐줄 많은 것들을 가지고 있기 때문입니다. 몇몇 위대한 영적 인물들이 동물보다는 식물 세계의 원소들에 비유되었던 것은 우연이 아닙니다. 최소한 영적 존재들의 메시지를 표현하는 점에 한해서는 그렇게 말할 수 있습니다. 식물 세계에 대한 당신의 강조는 당신이 생명을 지닌 살아 있는 존재라는 점 또한 상기시켜야 합니다. 살아 있는 존재라는 것은 성차화되어 있다는 것인데, 이 점은 우리 전통이 생명과 정신의 수위에서 거의 일깨워 주지 않는 것입니다. 그럼에도 내가 당신에게 던지는 첫 질문은 다음과 같습니다. 당신이 식물 세계의 가치와 중요성을 강조하는 것은 우리의 니힐리즘 전통을 단순히 뒤집어놓은 것에 불과하며 이 전통과 한 몸을 이루고 있는 것은 아닌지요? 그러나 분명 당신이 내린 선택지는 이것보다는 덜 위험한 것입니다. 그것은 인간성을 생성하고 키울 새로운 시대의 가능성을 보존하고 있습니다.

이제 나는 다른 문제가 궁금합니다. 어떻게 우리는 식물 세계에 대해 말할 수 있을까요? 식물 세계가 우리에게 가르쳐 주는 것 가운데 하나는 말하지 않고 보여주거나 말 없이 말하는 것이 아닌가요? 나는 우리가 담론의 이편이나 그 너머에서 보여주고 의미화하려고 시도할 것이라고 상상합니다. 이것은 책에서 감당하기 쉬운 작업이 아닐 것입니다. 이것은 우리에게 철학 언어의 전통을 포기하도록 요구할 겁니다. 우리는 그런 자세와 그런 도전을 시도할 수 있을까요? 나는 이 책의 내가 쓴 파트에서 그 위험을 감수하고자 합니다. 내가 이런 위험을 무릅쓰면 나는 제대로 이해받지 못하게 될 것이며, 일부 학계와 편집 서클에서 추방될 것입니다. 일부 학계와 편집 서클은 우리가 다른 사유 방식과 다른 논리를 취해야 한다는 것을 깨닫는 것이 아니라 자기네들이 숙달했다고 생각하는 정보와 재현과 학문의 언어에 필사적으로 매달립니다. 하지만 실상 그 언어가 그들을 오랫동안 지배해 왔습니다. 우리는 어떻게 다른 말하기를 찾아 함께 길을 만들 수 있을까요? 이 '다른 말하기'는 우리 전통이 우리를 밀어 넣었지만, 지금은 상당

부분 소진되어 버린 의미와는 다른 의미를 전달할 수 있게 해줍니다. 휠덜린(Hölderlin)이 그의 시「빵과 포도주(Brot und Wein)」[5]에서 쓴 것처럼, 어떻게 우리가 함께 "꽃처럼 피어나는" 말의 복수적 의미에 닿을 수 있을까요? 이런 의미의 복수성은 다 드러내지 않으면서 표현하려는 친밀성을 증언합니다. 완전히 다 드러내는 것은 친밀성을 파괴하게 될 테니까요. (『검경』의 출판사는 내가 복수의 의미를 표현하려 한 것이 마치 성경을 쓰겠다고 주장한 것인 양 비판하였습니다.)

이 문제는 내가 궁금해하는 세 번째 질문으로 이어집니다. 나는 당신과 나 모두 식물 세계와 함께 살아왔고 식물 세계와 친밀성을 계속 경험하고 있다고 생각합니다. 당신은 당신이 보낸 한 편지에서 친밀성이라는 말을 사용하였고, 그 말은 내 글들에서도, 특히 『세계를 공유하기(Sharing the World)』[6]*에서 많이 사용된 핵심 낱말입니다. 또한 이 책과 관련하여 내가 첫 제안에서 표현했던 희망을 반향하는 메아리처럼, 당신은 당신이 식물 세계에서 경험한 것을 다른 사람들에게 전해 주고 싶다고 썼습니다. 나는 이 경험이 지적 경험과 모종의 관련이 있다 할지라도 단순히 지적 경험에 불과한 것이라고는 생각하지 않습니다. 오히려 이 경험은 당신

---

* 『세계를 공유하기』는 성차에 대한 이리가레의 문제의식을 '동일자', '같음'으로 환원될 수 없는 타자의 문제로 풀어낸 책이다. 이리가레는 서로 다른 두 주체는 만남(encounter)을 통해 가까워지지만 가까움(nearness)에는 거리가 필요하다고 주장한다.

의 생존과 생성(becoming)에 본질적인 것이라고 생각합니다. 어쨌든 나에게 그것은 존재의 경험입니다. 이런 까닭에 그 경험을 전달하는 것에는 두려움이 있습니다. 이 두려움에는 욕망이 섞여 있습니다. 식물 존재(vegetal being)—나는 이 식물적 실존(this vegetal existence)이라고 부를 수도 있겠습니다—와의 공존은 나를 살아가게 하고 내가 하는 말과 비밀스럽게 어울립니다. 나는 식물 존재와 소통할 수 있을까요? 어떻게 식물 존재를 배반하지 않으면서, 식물 존재를 망각하지 않고, 그러한 망각 속에서 나 자신을 잊지 않으면서 식물 존재와 소통할 수 있을까요? 다시 말해 식물 존재와 나 자신을 모두 잃지 않으면서 식물 존재와 소통할 수 있는 방법은 무엇일까요? 어떻게 소통할 수 있을까요? 다시 말하자면, 나는 여전히 인간들 사이로 돌아올 수 있을까요? 어떤 길을 통해 돌아올 수 있을까요?

친애하는 마이클 마더 씨, 당신에게 이 책을 쓰자고 제안하면서 이런 물음을 던지게 되어 정말 미안합니다. 그러나 우리의 프로젝트는 우리 사이에서 일어나는 물음들을 만나야만 실행될 것입니다. 우리 두 사람이 식물 세계와 나눈 친밀성이 우리가 이 물음들을 절도 있고 평온하며 풍요롭게 다룰 수 있게 해주기를 기대합니다.

희망을 담아

루스 이리가레

파리, 2013년 11월 24일-12월 4일

1장

식물 세계에서 피난처 찾기

　어릴 때부터 식물 세계는 내가 가장 머무르고 싶어했던 곳입니다. 이것은 당시 내 삶의 맥락과 관련된 것이기도 하지만, 몇 가지 사건과 몇몇 사람들이 나에게 보인 태도에서 비롯된 것이기도 합니다. 나는 벨기에와 프랑스 국경 지역에 위치한 작은 탄광 마을에서 태어났습니다. 우리 가족은 아버지가 근무한 광산에서 제공하는 사옥에서 살았습니다. 아버지는 반은 벨기에인이고 반은 이탈리아인이었습니다. 어머니는 삼분의 이는 벨기에인, 삼분의 일은 프랑스인이었습니다. 두 분은 모두 자연을 사랑하고 광산에 속해 있었습니다. 아버지는 공학을 공부하고 광산에서 일하기 시작했는데, 그 광산의 감독관이 어머니의 아버지였습니다. 어머니와 아버지 모두 노골적으로 드러내는 편은 아니었지만, 자연을 사랑하는 마음과 외할아버지를 향한 존경심은 분명히 보였습니다. 나에게도 외할아버지는 가족의 영웅이었습니다. 외할아버지는 광부의 아들이셨는데, 자신이 저지른 무례한 행동 때문에 고등학교에서 퇴학당한 후 아주 어린 나이에 광부가 되었습니다. 외할아버지는 광산에서 일하면서 몰래 광산학교 입학시험을 준비하셨고, 결국 광산의 감독관이 되셨습니다.

외할아버지는 셋째 아이였던 나를 사랑으로 입양하셨습니다. 우리 집 형제 중 첫째와 둘째는 각각 어머니와 아버지가 가장 좋아하는 자식이었습니다. 외할아버지 역시 자연을 무척 사랑하셨습니다. 외할아버지는 낚시를 하러 가거나, 새 둥지를 보러 가거나, 정원을 산책할 때면 나를 자주 데리고 가셨습니다. 내가 연구에 착수할 수 있었던 것 역시 외할아버지 덕분입니다. 외할아버지는 돌아가시기 전에 부모님께 대학에서 공부하고 싶다는 나의 바람을 받아들이겠다는 약속을 해달라고 부탁하셨습니다.

나는 자연이 매우 소중한 환경에서 유년 시절을 보냈습니다. 자연은 내 오락 활동의 주요 원천이기도 했습니다. 어렸을 때 우리에게는 장난감이 많지 않았고, 장난감을 더 많이 가지려고 바라지도 않았습니다. 우리는 자연이 주는 것을 갖고 자연 속에서 놀았습니다. 내가 받은 유일한 기성 장난감은 기쁨보다는 고통을 안겨주었습니다. 대모가 큰 인형을 선물로 주었는데, 그 인형은 너무 크고 차갑고 딱딱했습니다. 죽었다고 말하는 편이 나을지 모르겠습니다. 이 인형 선물은 나를 완전히 절망에 빠트렸습니다. 나는 동물들, 그중에서도 토끼와 함께 놀면서 이 절망감을 달래려고 했습니다. 나는 토끼를 인형이나 아기 다루듯 대했습니다. 토끼에게 옷을 입히고, 작은 인형마차에 싣고 다니며, 우유를 먹이기도 했습니다. 이 모든 일들이 다소 힘들기는 했지만 토끼의 동작과 심장박동, 토끼가 마차 밖으로 뛰어내리는 모습이나 내가 보살펴 주려고 할 때 반항하는 모습에 나는 무척이나 기뻤습니다. 토끼는 살아 있었습니다! 나는 정원을 채우고 있는 나비, 무당벌레, 새, 양 등의 다른 동물들에게도 많은 시간을 쏟아부었습니다. 죽음보다 생명을 더 좋아하면서 나는 지상의 천국 같은 것을 다시 발견했던 것 같습니다. 더욱이 그 정원에서 종교 잔치가 거행되기도 했습니다. 정원에 있던 전나무는 크리스마스트리로 사용되었으며, 우리는 각종 식물과 덤불 속에 숨겨놓은 부활절 달걀을 찾아야 했습니다.

불행히도 나는 내게 일어난 두 사건 때문에 이 에덴동산에서 추방당했습니다. 학교 교육이 시작되고 첫 성체배령을 준비해야 했기 때문입니다. 이 두 사건 때문에 나는 몸이 아팠습니다. 나는 심한 피로와 계속되는 불안, 특히 양심의 가책에 곧잘 빠져들었습니다. 정원에서 즐겁게 놀던 어린 소녀는 겁에 질린 아이가 되어 자기 안으로 빠져들고 여러 감각상의 문제를 안게 되었습니다. 마침내 어머니는 내 건강 상태가 걱정되어 전문의에게 데리고 갔습니다. 그 전문의 선생님은 내가 학교에서 돌아오자마자 숙제를 하지 말고 정원으로 나가 놀라고 말했습니다. 의사 선생님의 말씀은 정말 훌륭한 처방책이었지만, 내가 고해성사하러 가야 하는 걸 막지는 못했습니다. 그리하여 나는 에덴동산에 살며 건강과 순수와 즐거움의 일부만 회복했습니다.

나의 유년과 사춘기 시절에는 또 다른 두 번의 격변이 일어났습니다. 이 두 사건은 부모님이 나를 기숙학교와 여름캠프에 보내기로 결정했을 때 일어났습니다. 부모님이 이런 결정을 내릴 때마다 매번 나의 단식투쟁으로 끝났습니다. 나의 단식투쟁은 의식적인 결정이라기보다는 본능적 행동에 가까운 것이었습니다. 분명히, 모든 사람들은 나의 태도가 어머니가 안 계시기 때문에 생긴 것이라고 생각했습니다. 나 또한 그렇게 믿었습니다. 그러나 그것이 진짜 이유였는지는 확실치 않습니다.

내가 세 번째 단식을 한 후 마침내 집으로 돌려보내졌을 때, 어머니는 무척 화가 났습니다. 내가 집안의 계획을 망가뜨렸기 때문입니다. 나는 며칠 동안 먹지 않아 몸이 쇠약했습니다. 그러나 어머니는 팔을 뻗어 나를 안아주는 대신 "정원으로 나가버려!"라고 소리를 질렀습니다. 놀랍게도 어머니의 행동이 나에게 별 영향을 미치지는 않았습니다. 정원에서 나는 마음이 편하고 평화로웠으며, 건강을 회복하기 위해 더 많은 것을 요구하지도 않았습니다. 부모님이 나를 다시 기숙학교에 보낼까 봐 걱정했을 뿐입니다.

다시 한번 어느 소아과 의사 선생님이 나의 구세주가 되어주었습니다. 모든 의사들이 구세주 역할을 했던 것은 아닙니다. 나중에는 나 스스로 치유하는 법을 배워야 했습니다. 이 현명하고 다정한 의사는 어머니에게 "이 소녀는 자유가 부족하여 아픕니다. 이 소녀는 주간학교에 다녀야 하며 기숙학교에 갇혀 지내서는 안 됩니다."라고 말했습니다. 다행히 의사 선생님이 어머니에게 내린 이 처방은 절대 진리가 되었습니다. 나의 일상은 무척이나 힘들었습니다. 나는 아침 일찍 일어나 기차역에 가 한 시간 동안 기차를 타고 한 시간을 더 걸어서 학교에 도착해야 했기 때문입니다. 그리고 오후 늦게 집에 돌아오기 위해 같은 여정을 반복해야 했습니다. 그러나 나는 내가 가장 좋아하는 곳으로 매일 저녁 돌아오는 이 방식에 만족했습니다.

역사적으로 엄밀히 말해 나의 마지막 단식투쟁을 이끈 사건은 내가 아직 기숙학교에서 지내고 있을 당시 모세가 죽었다는 소식을 편지로 받았을 때라는 점을 덧붙이고 싶습니다. 모세는 어린 토끼입니다. 나는 물이 가득 든 큰 대야에 빠져 있던 모세를 구했습니다. 나는 집에서 멀리 떨어진 기숙학교에 있을 때면 인생이 잘못되었다는 느낌을 받았고, 삶을 돌보기 위해 정원으로 돌아가야 했습니다.

나는 식물 세계에서 피난처를 구하고 식물 세계에게 도움을 청해야 할 필요가 있었음을 보여주는 다른 사례를 들 수 있습니다. 그것은 아주 사소하지만 매우 중요한 사건이었습니다. 어느 날 어머니는 언니가 엉엉 소리를 지르며 운다는 이유로 부당하게도 나에게 무거운 벌을 내렸습니다. 당시 나는 아직 매우 어렸습니다. 하지만 나는 집을 나왔고 그 일이 벌어졌던 정원을 떠나 숲으로 도망쳐 들어갔습니다. 숲은 정원에서 몇 마일이나 떨어져 있었습니다. 어머니는 사람을 보내 나를 찾았습니다. 그러나 나를 집으로 데리고 돌아가는 것은 쉽지 않았습니다. 그때 벌써 나는 사람이 아니라 자연에게 도움을 구했던 것입니다.

내가 대학 1학년 때 내린 결정도 생각납니다. 이 결정은 개인과 담론과 사유의 중성화에 맞서 나의 여성적 정체성과 가치를 지키기 위해 내린 것입니다. 그것은 생명 및 생명의 성장과 공유를 마비시키는 문화적 구성에 나 자신을 복속시키는 대신에 생명을 향한 갈망에 참여하는 것이었습니다. 이 모든 행동들은 완전히 의식적인 결정을 따른 것이 아니라 살고자 하는 의지에서 나왔습니다. 나는 생명의 조건을 본능적으로 느끼고 있었습니다. 반면에 나의 문화는 생명의 조건을 무시하고 경멸하기까지 했습니다. 나의 문화는 생명을 돌보고 키우기보다는 인위적으로 구성된 가치를 택했습니다. 이 구성된 가치가 사회적 관습이 된 것이지요.

내가 『검경』을 쓰고 있을 때에도 나의 선택은 확고했으며 생명의 윤리적 체현에 부합하는 것이었습니다. 그러나 그 선택을 이루는 토대는 아직 나에게 완전히 명징하게 보이지 않았습니다. 내가 도서관이 아닌 숲이나 바닷가에서 『검경』을 썼다고 누가 상상이나 할 수 있겠습니까? 하지만 이것은 나의 생명을 유지하는 데 반드시 필요한 것이었습니다. 그것은 단순히 내 사유의 필수 조건을 넘어서는 것이었습니다. 적어도 절대적으로 의식적 수위에서는 그랬습니다. 『검경』은 나를 대학에서, 수련의 과정을 밟고 있던 정신분석학교에서, 그리고 내가 자주 드나들었고 내 친구들이 참여하고 있던 과학 서클에서 추방시켰습니다. 그래서 나는 내가 추구했고 지지했던 진리가 무엇인지 의아했습니다. 하이데거의 용어로 말하자면, 당시 나는 '굽이(a bend)'나 '전환(a turn)'——ein Kehre——이 필요했다고 말할 수 있을지 모르겠습니다. 이를 통해 나는 나의 사유가 열거나 다시 열고 있던 지평의 일단을 흘깃 바라볼 수 있었습니다.

2013년 12월 5-10일

2장

생명을 망각한 문화

『검경』에 무슨 일이 일어났던 것일까요? 내 예상과 달리 이 책은 대성공을 거두었습니다. 나는 황무지를 횡단하는 것에 비견할 만한 사 년의 시간 동안 그 책을 썼습니다. 당시 나는 여전히 정신분석 수련을 밟고 있었고, 여성 해방을 위한 정치 활동가였습니다. 그렇기에 모든 시간을 책을 쓰는 데 바칠 수는 없었습니다. 더욱이 『검경』은 몇 주나 몇 달 만에 쓸 수 있는 책이 아닙니다. 책을 쓰자면 수많은 책을 읽고 또 읽는 긴 사유가 요구되었습니다. 『검경』의 성취가 대변했던 과제의 어려움을 인정한다면, 나는 이 책이 매우 제한된 독자층만 가질 것이라고 생각했습니다. 아마도 네 명쯤 되지 않을까 예상했습니다. 왜 하필 네 명이었을까요? 나는 『검경』이 진짜로 네 명의 독자를 얻었는지—나는 그들을 만난 적이 없습니다—확인할 길은 없지만, 많은 사람들이 이 책을 샀습니다. 미뉘 출판사(Les Editions de Minuite)는 출간 이후 서점에 부족한 재고를 공급하기 위해 토요일에도 문을 열어야 했습니다.

하지만 이런 성공과 동시에 나는 파리 뱅센 대학의 교수직을 잃었습니다. 나는 내가 소속되어 있던 라캉 정신분석학교에서 추방당했고, 나의 지인들과 친구들로 구성된 집단에서도 쫓겨났습니다. 과거에 나와 관계를 맺었던 사람들 중에 아무도 『검경』의 성공을 축하해 주지 않았습니다. 나는 내가 알지 못하는 여성들로부터 많은 편지를 받았습니다. 이들은 이 책이 자기네 삶을 바꾸었다며 고마워했습니다. 그러나 이 여성들은 주소를 적지 않고 성만 남겼기 때문에 그들과 연락을 취할 수는 없었습니다. 내가 사랑의 고통 때문에 이미 엄청난 괴로움을 겪고 있다는 사실이 나를 도왔던 것처럼, 이 여성들은 내가 이미 일어난 일을 견딜 수 있도록 많은 도움을 주었습니다. 나는 내 인생에서 별로 중요하지 않은 사회적 거부에 맞설 수 있는 힘을 가졌습니다. 당시 내가 보였던 저항은 일부 지식인에게는 결여된 저항, 특히 자살을 한 라캉의 몇몇 제자들은 갖고 있지 않았던 저항이었습니다. 그럼에도 그 일은 겪어내기 힘든 끔찍한 고난이었습니다! 나는 내 사회적 명성과 직업과 환경을 잃었습니다. 정신분석가가 되기 위해 함께 수련을 받았던 정신분석학자들과 친구들이 나와 인연을 끊었습니다.

더욱이 이 사람들은 이 모든 일들에 대한 책임을 나에게 돌렸습니다. 도대체 무슨 일이 일어나고 있는지 문화적 연관성은 언급하지 않은 채 단지 내게 고맙다는 말을 전하기 위해 편지를 쓴 여성들을 제외하면, 아무도 『검경』이 재현하는 문화적 사건의 객관성을 강조하지 않았습니다. 기득권을 갖고 있던 사람들, 특히 학계의 기득권을 지니고 있던 사람들은 나의 글쓰기 방식과 행동 방식을 비난하였습니다. 이들에게는 나의 글쓰기 방식과 행동 방식이야말로 내가 비판을 받고 추방된 이유였던 것입니다. 이런 점은 오늘날에도 여전히 상존하고 있습니다. 『검경』이 출판되고 난 후 일어난 일들과 관련하여 내 쪽에서 그럴듯한 이야기를 지어냈다는 암시도 풍기고 있습니다. 그러나 나의 글쓰기 방식과 행동 방식이 하루아침에 바뀐 것은 아닙니다. 차이를 만들어 냈던 것은 『검경』이 드러낸 진실이었습니다.

당시에는 나 자신도 이 사건의 객관적 중요성을 완전히 깨닫지 못했다는 점을 인정해야겠습니다. 지금에 이르러 나는 이 사건을 일종의 역사적 사건 혹은 세기적 사건으로, 다시 말해 각기 객관성을 지닌 두 개의 상이한 주체성이 도래한 사건으로 부를 수 있겠습니다. 나는 새로운 역사적 시각을 열어놓기 위해 투쟁했으며 지금도 계속해서 투쟁하고 있지만, 당시 나는 무슨 일이 일어나고 있는지 그 전체적 의미를 온전히 이해하지는 못했습니다.

우선 나는 생존을 위해 고군분투해야 했습니다! 이것은 사소한 문제가 아니었습니다. 다시 한번 대우주가 소우주인 나를 구하겠다고 반겨주었습니다. 언제나 나와 함께 있었던 것은 해와 하늘이었고, 나와 공기를 나누고 생명의 인내심을 보여준 식물 세계였으며, 내가 「동물의 연민」[1]이라는 글에서 말한 것처럼 일부 동물들, 가축이 아니라 대개 야생동물이었습니다. 실제로 동물은 대부분의 사람들보다 누가 언제 도움이 필요한지를 더 잘 감지하고 도움을 줄 수 있습니다. 심지어 영적 성격의 도움도 줄 수 있습니다. 이 영적 도움에 관해서는 특정 문화가 알고 있으며 우리에게 알려줍니다. 우리 서양 전통에서 은둔자들은 동물에게서 먹을 것을 얻고, 성령은 비둘기로 나타난다는 말이 전해집니다. 내가 『둘로 존재하기』[2]에서 밝혔듯이, 몇몇 동양 전통에서 영적 삶을 갈구하는 사람들은 새들에게서 가르침을 받습니다.

실제로 자연은 두 개의 위험으로부터 나를 보호해 왔습니다. 그 두 위험은 버림받은 뒤 외로워서 죽거나 매체의 재현(mediatic representation) 속으로 사라지는 것입니다. 나는 「신화와 역사 사이: 안티고네의 비극(Between Myth and History: The Tragedy of Antigone)」에서 이렇게 말했습니다. "나는 사회로부터―대학, 정신분석협회, 학계와 내 친구들, 일부 출판사, 그리고 더 최근에는 심지어 우리 가족까지―거부당했지만, 다행히도 자연 세계와 맺고 있는 관계는 빼앗기지 않았다. 나는 공적 단체에서 쫓겨나고, 내가 이따금 무덤의 흐릿한 장벽이라고 느낀 침묵에 갇히거나 가려져 있었지만 공기, 태양, 식물, 동물 세계와 맺은 관계를 빼앗기지는 않았다. 나는 국가와 도시, 그리고 내가 속해 있던 인간사회에서 쫓겨났고, 동시대 사람들이 더 이상 높이 평가하거나 가치 있는 것으로 여기지 않는 자연 세계로 돌려보내졌다. 그렇기에 나에게서 자연 세계의 뭔가를 빼앗을 필요는 없었다. 나는 이런 방식으로 자연 세계로 돌려보내지면서 살아남을 수 있었고, 더 바람직하게는 생명 그 자체가 무엇인지 되찾을 수 있었다."[3]

『검경』이 야기한 사건을 통해 나는 서구 전통이 무시했던 것, 즉 생명 그 자체로 다시 돌려보내졌습니다. 문제는 내게 생명을 표현할 수단도 언어도 없었다는 점입니다. 생명이 술어적 논리(predicative logic)인 표상적 사유 방식의 수단을 비껴가듯이, 생명은 표상(재현)을 벗어납니다. 생명은 이 모든 것들과 아무 상관이 없지만, '그 모든 것들'이 바로 우리 전통이 중요하게 생각했던 것입니다. 나는 학계와 사회적 세계에서 주요 인사라고 간주되었던 사람에 의해 추방당했고, 내 문화적 배경에서 추방당했으며, 무슨 일이 일어났는지 표현하고 나를 안내해 줄 언어도 없이 남겨졌습니다.

그때의 경험을 이야기하기란 참으로 힘이 듭니다. 살고자 하는 의지가 없다면, 때로는 감방에 갇히는 것이 아무것도 없이 남겨지거나 허무 속에 남겨지는 것—나는 이런 상태를 허무에 매장당하는 것이라고 말할 수 있겠습니다—보다 덜 끔찍할 것이라고 생각했습니다. 그때 나는 생의 의지를 격렬하게 느꼈습니다. 당시에 내가 살고 싶었던 것은 무엇보다 절대적으로 긍정적인 어떤 것에 대해 느꼈던 과거의 경험, 나와 함께 하며 나를 도왔던 사람들, 나를 낳아준 어머니에 대한 감사, 이런 것들에 충실하고자 했던 덕분입니다. 나는 살고 싶었지만 살아야겠다는 이 욕망을 또렷하게 인지할 수는 없었습니다. 그럼에도 나는 아무 힘이나 바라지는 않았습니다. 오직 살겠다는 욕망만 바랐습니다.

그래서 나는 나의 문화와 사회적 환경이 빼앗아간 생명 그 자체를 되찾고자 노력했습니다. 문제는 매순간 살아남을 수 있는 충분한 숨과 에너지를 익히는 것이었습니다. 나는 대개 이 숨과 에너지를 대우주로부터 즉, 공기와 햇살과 식물 세계로부터 받았습니다. 나는 이 생명의 원천에 엄청난 관심을 쏟았고 그 원천을 이해하거나 그것과 관계를 맺을 새로운 방법을 찾아 나섰습니다. 나는 내가 받은 것들에 큰 고마움을 느꼈습니다. 나는 서서히 안티고네로 돌아갔습니다. 내가 처한 상황과 그녀가 처한 상황 사이에 상당한 공통점이 있는 것처럼, 나는 새로운 방식으로 그녀를 이해했습니다. 한 사람에게 일어난 일이 다른 사람의 운명과는 거의 정반대라는 점을 제외한다면 우리 두 사람이 처한 상황에는 상당한 공통점이 있었습니다. 안티고네는 공기와 빛과 생명에 필요한 환경을 모두 박탈당했지만, 나는 내 동시대인들에게는 더이상 무가치한 자연으로 돌아갔습니다. 내 동시대 사람들이 생명에 보인 관심의 부족은 나의 생명을 구하고 나의 사유를 구했습니다.

또한 나는 그리스 문화의 맥락으로 돌아갔습니다. 특히 초기 그리스에서 고전 그리스 문화로 넘어가는 이행기로 돌아갔습니다.

이 이행기는 소포클레스(Sophocles)의 비극『안티고네(*Antigone*)』[*] 가 무대에 올려졌던 시기입니다. 나는 헤겔에 대해 쓴『검경』의 한 장(章)에서 이미 이 비극에 대해 논의했습니다. 이 장에서 나는 헤겔이 정신의 발달을 가능하게 하는 윤리적 세계를 확립하기 위해 인간의 법과 신의 법에 대한 책임을 각기 남성과 여성에게 배분하는 방식에 대해 의아한 생각이 들었습니다. 더욱이 내가 파리 뱅센 대학의 교수직에서 쫓겨났을 때는 안티고네라는 인물을 세미나 주제로 제안한 뒤였습니다.

하지만『검경』을 출간한 후 일어났던 여러 사건들을 겪은 다음 안티고네라는 인물에 대한 나의 이해는 점점 깊어졌습니다. 이런 연유로 안티고네에 대한 나의 해석은 덜 제도적이었습니다. 그 제도는 국가이거나 가족일 수도 있습니다. 안티고네에 대한 나의 해석은 하나의 정체성으로서뿐 아니라 거주지이자 환경으로서 자연 세계에 그저 속해 있다는 사실에서 출발하였습니다. 모든 문화적 필요 조건은 자연을 극복하고 은폐하며 망각하는 것을 목적으로 합니다. 이 문화적 필요 조건은 우리의 진정한 정체성을 가리고 숨기면서 그 정체성을 우리 각자와 우리들 사이에서 키울 수 없게

---

[*] 이 비극의 대체적인 줄거리는 다음과 같다. 오이디푸스의 죽음 이후, 안티고네의 두 오라비인 폴리네이케스와 에테오클레스는 왕위를 두고 싸우다 결국 죽음을 맞이한다. 왕위는 안티고네의 외삼촌 크레온이 계승하게 되는데, 그는 에테오클레스의 장례만 성대하게 치르고 폴리네이케스의 시신은 땅에 묻지 않도록 명령한다. 안티고네는 크레온의 명령을 어기고 폴리네이케스의 장례를 치러주려 하지만, 이내 발각되어 다브다코스 가문의 무덤에 산 채로 가둬진다. 이에 안티고네는 자살로 삶을 마감한다.

가로막는 다소 순진한 장치임이 드러났습니다. 우리의 전통적 세계와 현재 세계는 일종의 연극이거나 연극이 반복되는 것으로 보였습니다. 이 연극에서 생명은 더 이상 순환하지 않고 자라지 않으며, 키워지거나 공유되지도 않습니다. 자연에게 살게 해달라고 부탁하면서 이 극장을 비판하는 것이 나에게 하나의 가능성으로 다가왔습니다. 나는 이후 일정 기간 동안 이 가능성에 기댔습니다. 그러나 나는 내 자신의 두 부분 사이에서 이렇게 찢겨 있었습니다. 만약 철학자들이 이러한 찢김을 사유의 조건으로 여긴다면, 그것은 내가 선택한 것이 아니었습니다. 나는 살고 싶었고 생명을 키우고 싶었습니다. 생명의 대체물로서의 사유는 나에게 맞지 않았습니다.

나와 맞지 않았던 또 다른 점은 나에게 어울리지 않는 문화에서, 다시 말해 여성해방은 생물학적 수준에 멈춰야 한다는 사실에 동의하는 문화에서 여성으로 남아 있는 것이었습니다. 사실상 이는 전통적으로 여성에게 부여된 위치를 영속화하는 것이나 마찬가지입니다. 여성들이 자신들의 주체성을 구성하기 위해, 다시 말해 여성으로 존재하기 위해 필요한 문화적 가치를 여성들에게서 박탈하는 남성적인 문화에 여성들이 종속되는 한에서만 집 밖으로 나가도 좋다는 허락이 떨어집니다. 결단코 나는 그런 선택을 받아들일 수 없었습니다. 더욱이 나에게 그 선택이 남겨진 것도 아니었습니다. 나는 여성들이 만든 기득권을 포함하여 모든 기득권에서 퇴출당하였으며, 말을 꺼낼 기회조차 허락되지 않았습니다. 보부아르(Simone de Beauvoir)조차 나와 만날 약속을 거부했습니다. 자연에게 생명을 보존하고 키워 나갈 방법을 가르쳐 달라고 부탁하는 것 이외에 나에게 다른 대안은 없었습니다. 생명을 보존하고 키우는 일은 나 자신의 생명에서 시작해야 했습니다.

그리하여 나는 크레온과 안티고네가 대립하였던 제도적 갈등 이전 시대로 돌아가, 안티고네가 옹호한 질서가 무엇인지 물어보아야 했습니다. 안티고네가 크레온에 대항했다면 그것은 주관적 열정의 이름으로 행한 것이 아니었습니다. 일부 용감한 지식인들이 주장하듯이, 국가를 통치하는 데 무엇이 필요한지 아직 이해하지 못한 십대의 변덕이 아니라는 것은 말할 필요도 없습니다. 안티고네는 크레온이 시민들에게 부과한 자의적 법이 파괴하기 시작한 자연 질서를 지키기 위해 대항했던 것입니다. 실제로 안티고네는 생명을 지키고 생명 존재가 필요로 하는 자연적, 문화적 환경을 보존하기 위해 투쟁했습니다. 안티고네가 다른 질서(국가)에 맞서 지키고자 했던 가족 질서에 대한 염려를 제외한다면, 그가 지키려고 했던 것은 궁극적으로 가족의 문제도 아닙니다. 그 다른 질서에서 가족은 생명이 키워지는 장소로 남는 대신 국가와 권력자들을 위해 봉사할 것입니다.

안티고네가 대변하는 수수께끼 같고 여전히 불가해한 진리는 생명 그 자체를 표현하는 증거라는 생각이 머릿속에 떠올랐습니다. 안티고네는 생명이 절대라는 점, 즉 우리가 지키고 구현해야 하는 유일무이한 절대임을 증언합니다. 우리를 그저 목숨만 부지하는 생존에 굴복시키는 것이 아니라면 그 어떤 절대도 생명이라는 절대를 대신할 수는 없습니다. 안티고네는 남성들이 자의적으로 형성한 가치나 이상에 복종함으로써 그저 목숨만 부지하는 생존의 문화로 이행하는 것에 급진적 '아니오(NO)'를 선언하며 반대합니다.

생명에 관해서는 협상이란 있을 수 없습니다. 생명은 있거나 있지 않을 뿐입니다. 문제는 우리가 어떻게 생명이란 것을 키울 수 있는가 하는 점입니다. 생명은 결코 대상으로 취급될 수 없기 때문에 우리 문화는 이 질문에 답할 방법을 주지 않습니다. 그렇기에 나는 아직 존재하지 않았던 길을 열어야 했습니다. 내가 하늘의 한 조각을 열거나 새로운 진리를 눈치 채는 순간 그 빛을 가리기 위해 온갖 일들이 벌어졌던 것은 결코 우연이 아니었습니다. 나는 완전히 지쳐 오랜 친구에게 이렇게 고백했던 것을 기억합니다. "나는 막 떠오르고 있는데 다시 파묻혔다." 나는 어떤 글을 인용하거나 어떤 인물을 모방한 것이 아니었음을 맹세합니다. 나는 숨이 차서 숨 쉬는 방법을 되찾고자 했을 뿐입니다.

세상에 태어나면 스스로 숨을 쉬어야 합니다. 내가 속한 문화는 어떻게 호흡을 키울지 가르쳐주는 것이 아니라 말과 관념과 이상으로 호흡을 중지시키는 법을 가르쳤습니다. 그것은 내가 인위적 방식으로 숨을 쉬게 만들었습니다. 그리하여 나의 문화적 배경에 의해 그 배경으로부터 추방당하여 더 이상 그 가치를 믿지 않게 되었을 때, 나는 숨을 쉴 수가 없었습니다.

안티고네에게 가해진 죽음은 동굴에 갇혀 생명을 지닌 존재에게 필요한 공기와 햇빛을 박탈당하는 것이었습니다. 법으로 금지된 살인을 저지르지 않기 위해 크레온은 공공연하게 안티고네를 죽이지 않으면서 그녀를 죽이려고 했습니다. 심지어 그는 동굴에 갇힌 안티고네에게 음식을 가져다주라는 명령을 내리기까지 했습니다. 하지만 어떻게 공기와 햇빛 없이 음식을 소비하고 연소시킬 수 있을까요? 스스로 숨을 거두는 것 이외에 자신의 구금을 해결할 다른 방법이 안티고네에게 있었을까요?

나는 바깥에 있었습니다. 나는 숨 쉬기를 회복하려고 노력했습니다. 처음에는 살아남기 위해 그 다음에는 생명을 키우는 방법을 찾기 위해.

2013년 12월 14-25일

3장

보편적 호흡을 공유하기

처음에 나는 생명을 회복해야 했습니다. 그 생명은 단순히 살아남는 것이면서 또한 우리 문화가 나에게서 빼앗아 간 것이었습니다. 나는 더 이상 시골에서 살지 않았고 정원도 없었습니다. 숨 쉬기는 생명과 관련된 최초의 몸짓이자 최후의 몸짓입니다. 하지만 내가 살았던 도시 파리에서 호흡을 회복하는 것은 그리 쉬운 일이 아니었습니다. 나는 집이나 스튜디오에 머물지 않고 밖에서 공기를 마시며 걸을 수 있도록 가능한 한 자주 숲과 산을 찾아 도시를 떠났습니다. 어쩔 수 없이 파리에서만 머물러야 할 때에는 하루의 일정 시간을 공원에서 보냈습니다. 식물 세계는 내가 가장 머물고 싶은 장소였지만, 적어도 처음에는 에덴동산이라기보다 내가 살아남는 데 결정적인 장소였습니다. 식물 세계는 내게 필요한 공기를 제공해 준 모성의 장소가 되었다고 말할 수 있습니다. 하지만 나는 더 이상 태아가 아니었습니다. 나는 더 이상 탯줄과 태반을 매개로 한 모혈로 산소를 공급받지 않았습니다. 나는 이미 태어났고 스스로 숨을 쉬어야 했습니다. 식물 세계는 나를 둘러싼 환경과 함께 모성적 돌봄을 보장해 주었습니다. 몇 시간이고 앉아 있으면서 나는 일종의 공중 태반을 다시 형성할 수 있었고, 나무와 다른 식물들은 내게 아무런 보상도 요구하지 않은 채 내 호흡을 정화시켜 주었습니다. 나는 항상 자연—때때로 나는 자연을 '그녀'라고 부르고 싶습니다—이 내게 준 환대에 고마웠고 감동받았습니다. 자연은 늘 어디에서나 내게 아무 말도 하지 않고 아무런 보상도 요구하지 않았습니다. 자연은 나에게 생명과 생명에 대한 믿음을 되찾을 수 있는 장소를 제공했을 따름입니다.

자연, 무엇보다 식물 세계는 그것이 제공해 준 공간과 공기와 함께 나에게 자율성을 되돌려주었습니다. 자연은 내가 살기 위해 누구에게도 의존하지 않고 있다는 것을 증명했습니다. 살아가는 데는 숨 쉬기 하나면 충분합니다. 나는 식물 세계의 도움으로 혼자 숨을 쉴 수 있었습니다.

더구나 호흡은 식물의 생명에서 영적 생명으로의 이행을 가능하게 만들어주었습니다. 식물 세계 덕분에 나는 다시 살게 되었고 사유도 지속할 수 있었습니다. '공기가 있다'는 것으로 충분했습니다. 나는 또 다른 '있음'이 필요하지 않았습니다. 호흡 이외의 다른 것이 없어도 새로운 시작과 새로운 세계는 가능했습니다. 그리하여 나는 조금씩 내 안에 자유로운 호흡의 여분으로 만들어진 빈 터를 열어갔고, 그곳에서 나는 지각할 수 있었으며, 내가 지각한 것에 형상을 부여할 수 있었습니다. 처음에 나는 무엇보다도 "그게 아닙니다"라고 단언하고 내 전통이 가르친 진리에 의문을 제기할 수 있었습니다. 나는 일종의 부정적 존재론을 가로질렀습니다. 내가 살고 생각할 수 있었던 것은 나에게 진리로 전수되어 왔던 것이 아닙니다. 단순히 자연적 삶을 사는 동시에 그것을 초월하기 위한 매개로서 공기와 호흡이 수행하는 본질적 기능은 망각되어 왔습니다.

사실 이 매개의 기능은 이미 식물 세계와 나 자신 사이에 존재했습니다. 어떻게 보면 우리는 서로 교감하고 있었습니다. 비록 우리가 공기에게 같은 역할을 하지 않을지라도 공기는 우리를 살아 있는 관계 속으로 끌어들입니다. 공기를 통해서 나는 우리의 전통이 단절시킨 보편적 교환에 참여했습니다. 그리하여 나는 혼자였지만 혼자가 아니었습니다. 나는 보편적 공유에 참여했습니다. 나는 차츰 이렇게 관여하는 경험을 했으며, 이 경험은 나에게 위안과 감사와 책임감을 가져다주었습니다. 나는 무엇보다도 먼저 공기의 공유에 참여하는 지구의 거주자로서 세계 시민이 되었습니다.

1974년*에 나는 우리 문화가 무시한 사회적, 정치적 삶의 중요

---

* 박사학위 논문으로 제출한 『검경』의 출판 이후 이리가레는 파리 프로이트학회,

한 측면을 발견하거나 재발견하였습니다. 그것은 '대기와 대기를 유지하는 존재들을 보살피라'는 것이었습니다. 이 대의는 여성해방의 대의만큼이나 옹호하기 어려웠습니다. 대체로 나는 아무 말 없이 행동했습니다. 나는 비행기 타기와 운전과 흡연을 그만두었으며, 채식주의자가 되었습니다. 이 모든 일들은 하루아침에 일어난 것이 아니라 서서히 일어났습니다. 내게 가장 어려운 일은 담배를 끊는 일이었습니다.

바깥에서 보면 공기를 통한 보편적 교감은 하나가 되는 융합의 과정처럼 보입니다. 그러나 실상은 그렇지 않습니다. 호흡이 내가 거주하고 있는 공기와 나의 영혼과 정신에 들어와 있는 공기의 차이, 즉 외부와 내부의 차이를 상기시켰다면, 호흡은 또한 타자와 나의 차이를 상기시켰습니다. 타자들과 ─ 인간이든 인간이 아니든 ─ 하나의 전체를 이루기 위해 정체성을 잃어버리는 것은 우리 자신의 호흡을 포기하는 것과 같습니다. 이것은 끔찍한 생존투쟁을 발생시킬 수 있습니다. 경제적이고 사회적 수준에서 일어나는 주인과 노예의 투쟁에 앞서, 생명에 본질적인 공기를 갖기 위해 생명의 수준에서 일어나는 투쟁이 존재합니다. 그러나 우리는 이 투쟁을 인지하지 못하거나 그 문제를 무시하는 쪽을 택합니다. 유물론자로 추정되는 사람들은 우리 신체에 반드시 필요한 것들에 대해서는 거의 고려하지 않습니다. 우리 몸이 필요로 하는 최

자크 라캉의 세미나로부터 추방당한다.

초의 음식은 공기입니다. 이 유물론자들은 오염의 유해성을 잘못 판단하는데, 그것은 아마도 사람들에게 음식을 제공하기 위해서 일 것입니다. 그러나 먼저 숨 쉬지 않는다면 어떻게 음식을 먹겠습니까? 그럼에도 이들은 실직자들에게 일자리를 주기 위해 오염을 가장 많이 일으키는 공장 문을 다시 열자고 주장하는 데 주저하지 않습니다. 이들에 따르면 공장은 노동자의 소외와 착취를 일으키는 원인입니다.

관념론자이든 유물론자이든 상관없이 우리 사회 시스템의 모순은 적어도 부분적으로는 생명 자체, 그리고 생명의 최초의 몸짓이자 최후의 몸짓인 숨 쉬기에 대한 관심의 부족에 기초해 있습니다. 헤겔과 마르크스 두 사람 모두 공기와 숨 쉬기가 생명 유지나 정신에 반드시 필요하다는 점에는 별 관심이 없었다는 것은 의미심장합니다. 이들의 사상은 산 사람보다는 죽은 사람에게 말을 걸고 있지 않습니까? 바로 이런 점이 타자와 생명을 공유할 수 있기 위해 육체적이고 정신적인 차원에서 자신의 생명에 관심을 기울이는 대신, 각자가 타자에게 생명을 요구하는 그런 인간성으로 귀결되는 것은 아닐까요? 공기와 숨 쉬기에 무관심한 우리 사회의 모습은 또 어떤가요?

공기가 생명에 결정적이라면 공기는 또한 신체적, 정신적 전체의 응집력을 보장해 주는 유체(fluid)로서 필수적입니다. 이 전체가 개인일 수도 집단일 수도 있습니다. 우리가 공기를 고려하면서 전체를 형성할 수 있다면, 우리의 전체성은 체계적이고 권위주의적 성격을 잃게 될 것입니다. 또한 우리의 전체성은 각자가 자신의 단독성(singularity)을 잃지 않으면서 타자와의 관계 속으로 들어가거나 타자들과 공동체를 형성하기 위해 변화할 수 있을 것입니다. 우리의 숨 쉬기를 돌보면 우리는 더 유연해지고, 상황에 종속되지 않으면서 적응할 수 있게 됩니다. 그러면 우리는 숨을 더 중요하게, 더 섬세하게 만들기 위해 노력할 수 있습니다. 우리는 계속 살아 있으면서도 맥락에 따라 우리의 존재 방식과 행동 방식을 바꿀 수 있습니다. 우리의 전통은 숨 쉬기의 필요성과 잠재력을 무시하면서 우리의 주체성을 허약하면서도 경직되게 만들었습니다. 우리의 주체성이 어떤 변화도 두려워했기 때문입니다. 우리의 주체성은 자신의 윤곽과 형태를 생명 자체로부터 받지 않고 외부 세계로부터 받아왔기 때문에, 자아라고 추정되는 것을 어떻게 다루어야 할지 알지 못합니다.

숲과 정원에서 나는 나무가 취하는 형태에 대해, 다시 말해 나무가 어떻게 자신으로 남아 있으면서 변화할 수 있는지를 성찰했습니다. 나무는 살아 있는 존재로 나타났기 때문에 기구(device) 속에서 자신을 잃지 않으면서 변화하였습니다. 나는 인간인 우리가 왜 나무가 보여주는 이런 자질을 무시하고 문화에 동화되기 위해 구성된 형태에 기대는지 의아했습니다. 왜 우리는 계속 살아남아 있으면서 우리 자신의 에너지를 발전시키지 않을까요? 왜 우리는 우리의 자연적 존재가 꽃피도록 놔두지 않을까요? 우리 자신으로 남아 있는 것은 우리가 세계와 타자들과 관계하고, 우리 자신과 무관한 외부적 형태에 종속되었을 때보다 더 많이 세계와 타자들에게 나타날 유연성을 허용합니다. 우리 자신과 무관한 외부적 형태들은 우리들로부터 변화와 관련된 자율성과 자유를 빼앗습니다.

『검경』이 촉발한 거부감에는 새로운 사유 방식이 작동하고 있다는 것을 알아채지 못하는 무능력이 놓여 있었던 것이 아닐까요? 서구인으로서 우리는 역사의 한 시대에서 다른 시대로 건너가는 데는 전쟁과 파괴—소위 말하는 아버지의 살해—가 필연적이라고 생각하지 않는가요? 이런 생각은 나의 목적이나 욕망에 부합하지 않습니다. 나는 생명으로 돌아가고 싶었고, 어떤 사람이나 사물도 죽이거나 파괴하고 싶지 않았습니다.

그리하여 나는 생존을 도와주고 생명을 키우는 방법을 찾을 수 있을 것이라는 희망을 품고 우리 문화와 다른 전통을 살펴보기로 결심했습니다. 『동양과 서양 사이에서』와 『새로운 에너지 문화』[1]에서 밝혔듯이, 처음에 내가 요가 수련 선생님을 찾아간 것은 교통사고를 당했기 때문입니다. 요가 선생님은 프랑스인이었지만 인도의 크리슈나마차랴 학교(the school of Krishnamacharya)에서 수련을 한 적이 있었고, 인도 전통에 정통했습니다. 척추 근육을 강화시키기 위해 알려준 운동 이외에도, 그는 내게 호흡을 키우는 법을 가르쳐주었으며 읽을 책과 만나봐야 할 고수들까지 추천해 주었습니다. 나는 조금씩 내가 찾고 있던 우주를 발견했습니다. 그 우주에서는 호흡이 핵심적이었으며 생명 자체를 존중하고 키웠습니다. 또한 나는 나와 마찬가지로 몇몇 고수들—이를테면 부처님은 말할 것도 없고 크리슈나무르티(Krishnamurti)(『깨달음의 해』)[2] 같은 이들—이 나무에게 도움을 구했다는 사실을 알게 되었습니다.

나는 내가 익히 알고 있던 친숙한 세계를 발견했습니다. 그러나 이 세계에는 이후 동양 문화가 제공한 문화적 맥락이 없었습니다. 나는 치료적, 문화적, 영적 차원에서 동양 문화 전통의 문헌들을 읽기 시작했습니다. 예를 들어, 나는 베다(the Vedas), 수트라(the Sutras), 특히 파탄잘리(Patañjali)가 쓴 『요가-수트라』(Yoga-Sutras), 우파니샤드(the Upanisads), 바가바드 기타(Bhagavad Gītā), 바크티(Bhakti)[3] 등을 읽었습니다. 또한 몇몇 소설과 시뿐 아니라 스와미 사난다-사라스바티(Swami Sananda-Sarasvati), 스리 오로빈도(Shri Aurobindo), 미르체아 엘리아데(Mircea Eliade), 알랭 다니엘로(Alain Daniélou), 릴리언 실번(Lilian Silbun), 장 바렌(Jean Varenne), 하인리히 짐머(Heinrich Zimmer)와 같은 훌륭한 논평가들의 글도 읽었습니다. 나는 내가 새로운 우주로 진입하는 것을 넘어서 숨과 생명을 키우는 데 적합한 말과 이야기와 이미지와 인물과 신으로 나의 세계를 가득 채우고 있다는 인상을 받았습니다. 내가 모종의 우주를 재발견했던 것일까요? 그런데 그 우주는 로고스와 코스모스가 아직 분리되지 않은 문화적 전체를 형성했던 초기 그리스 문화에 존재했던 것이기도 합니다. 나는 자연을 키우기보다는 자연과 문화의 분리에 맞섰던 인물로 안티고네를 다시 소환할 수 있었습니다. 왜 이런 분리가 세계 유수 전통에서 일어나야 했으며, 어찌 된 일인지 실제로 일어났던 것일까요? 인간은 진화의 어느 시기에 어떤 필요성의 이름으로 자연을 키우지 않고, 자연으로부터 분리되고 하나의 자연으로서 자기 자신으로부터 분리되었을까요? 어떤 욕구가 인간이 그런 자세를 취하도록 만들었을까요? 그것은 피할 수 없는 일이었을까요?

나는 우리 전통뿐 아니라 다른 전통에서도 이 진화가 어떻게 나타나는지 탐구했습니다. 식물 세계가 존재하느냐 부재하느냐 하는 문제는, 종종 인간이 자기 안의 자연에서 시작하여 자연의 성장과 개화를 향해 나아가기보다는 기술적 논리나 도구를 이용해 자연을 정복하겠다는 목표로 추상적 정식화와 계산 속으로 헤매 들어갔던 시대를 알려줍니다.

그렇다면 인간이 그 아래에서 사랑을 일깨웠던 창세기(Genesis)의 나무와 아가(the Song of Songs)*의 나무는 어떻게 된 것일까요? 부처님이 탄생하셨고 명상했던 나무는 어떻게 되었을까요? 크리슈나무르티가 피난처와 평화를 찾고자 했던 나무는 어떻게 되었을까요? 드루이드교도**들이 겨우살이를 채취했던 참나무는 어떻게 되었을까요? 내 친구가 아프리카에서 정의를 나눠주었던 나무와 그 외 수많은 다른 나무들은 또 어떻게 되었을까요? 우리의 생

---

* 구약 성경의 일종으로 성문서 혹은 시가서에 포함된다.
** 켈트 다신교의 한 종파.

명과 영성에 공기를 공급해 주었던 이 나무들에게 무슨 일이 생긴 것일까요? 오늘날 나무는 인간의 다양한 사업을 위해 처리되는 재료에 불과한 것일까요? 가장 소중한 공공재를 이런 식으로 대하는 인류에게 과연 무슨 일이 벌어질까요?

2013년 12월 28일-2014년 1월 5일

4장

원소의 생성적 잠재력

　분명 공기는 지구 생명체에 가장 필수적인 원소이며, 물질의 상이한 상태들 간에 매개가 일어날 수 있도록 보장하는 가장 큰 힘입니다. 그런데, 물질은 우리 안에 있기도 하고 바깥에 있기도 합니다. 공기는 우리가 신체이면서 동시에 영혼이 될 수 있게 해주고, 대기가 밀도와 온도의 차이를 겪게 만들기도 합니다. 또한 공기는 우리 신체의 물질성이 영혼의 섬세함으로 옮겨갈 수 있게 해주듯이, 대지에서 하늘로 옮겨갈 수 있게 해줍니다. 우리의 사유 방식에서 공기에 대한 고려의 부족이 사유가 메마르면서 딱딱해지고 불변으로 만들듯이, 대기에 대한 존중의 부족은 유동적으로 흐르는 대기를 단단한 유리지붕으로 바꾸어버립니다.

　어느 때부터인지 육체와 영혼, 대지와 하늘의 연속성은 끊어졌습니다. 특히 공기의 밀도의 변화가 한 쪽에서 다른 쪽으로 건너가는 것을 보장하는 대신, 이 둘은 우리가 각각을 다르게 돌봐야 하는 것처럼 서로 대립하게 되었습니다. 대지의 대기를 돌보고 하늘의 자연을 염려하는 것이 같은 몸짓에 달려 있다는 것은 이제 사실이 아닙니다. 두 경우 모두 관건이 되는 것은 공기 자체의 완만한 변화입니다. 우리의 신체에서 영혼으로 옮겨가는 것도 이와 동일한 과정을 따릅니다.

미르체아 엘리아데가 요가 수행자를 식물에 비유했을 때—어떤 점에서는 탄트라교도 마찬가지입니다—그는 불행하게도 인간 문화가, 아니 적어도 서양 문화가 대체로 망각한 과정을 상기시켜 줍니다. 서양 문화는 우리가 영적으로 되고 우리 육체가 영적으로 꽃피우지 않게 하기 위해 죽을 것을 요구합니다. 하늘에서도 같은 일이 일어납니다. 하늘이 지상의 대기가 꽃피는 것과 같다는 것을 알았더라면, 우리는 비행기를 타고 날아다님으로써 한 곳을 다른 곳으로 이끄는 여러 대기층들을 횡단하고 흔들지 않으려고 망설였을 것입니다.

식물 세계는 대기의 습도 층위에 작용함으로써 대기가 적절한 밀도와 질을 유지하는 데 기여합니다. 예를 들어 꽃잎의 점성도와 수명은 수액의 활력과 대기 상태에 달려 있습니다. 사실 우리 인간에게도 동일하게 말할 수 있습니다. 하지만 우리는 영구적이고 불변의 항상성을 지닌 것만을 가치 있게 여기면서, 환경이자 정체성으로서의 자연을 정복한 것처럼 가장해 왔습니다. 그러한 자세는 생명의 나타남(appearing of the living)을 현상(appearance)으로 대체해 왔습니다. 대기는 나타남에 매우 중요하지만 이제 현상은 대기의 질과 아무 상관이 없게 되었습니다. 나타남보다 현상을 선호하는 문화에서 핵심 원소로서 공기의 중요성은 고정된 형태의 이미지(image)나 관념(idea)으로 대체됩니다. 우리는 나타남의 방식으로만 '공기'에 대해 말할 수 있습니다. 이렇게 되면서 "~처럼 보이는 것(looking like)"이 살아 있는 존재의 개화를 대체해 왔습니다. 사회적 규범과 유행 방식은 "~처럼 보이는 것"을 승인하고 지원해 왔습니다. 여러 수준의 가공물과 함께 사회문화적 환경이 자연의 소속에서 뿌리뽑혀 온 인간에게 부과됩니다. 이런 이유로 식물 세계는 생명 존재가 성장하기 위한 필수 환경이자, 생명 존재에게 생명 존재의 사례(事例)로서의 가치를 잃게 됩니다. 정말이지 애석한 일입니다.

공기는 생명 그 자체에 본질적 효용성을 지니고 있다는 점을 넘어서, 우리가 온갖 감각적 메시지들을 주고받기 위해 필요한 매개이기도 합니다. 공기는 너무 빡빡하거나 텅 비어 있지 않은 쾌적한 환경을 만들어줍니다. 그리하여 우리는 공기 안에서 아무 어려움 없이 일어나고 움직일 수 있습니다.

공기는 우리가 어디에 있든 어디를 가든 우리에게 보이지 않는 거주지를 제공해 주었습니다. 또한 공기는 보이지 않는 존재에 관심을 보이는 사람의 충직한 동반자입니다. 나는 전원을 걷는 동안 우주에 대한 사랑의 몸짓으로서 공기가 우리에게 주는 향기, 소리, 바람의 애무를 느낄 수 있었습니다. 공기의 부족을 무시하면서 우리는 얼마나 많은 것들을 놓칠 위험에 처하게 됩니까? 우리가 놓칠 위험 중에는 공기 덕택에 우리가 말하거나 듣는 언어도 포함됩니다. 우리가 언어에 부과한 과도한 부담 때문에 우리들 중 일부, 즉 서양인들은 노래를 통해서 공기를 가볍게 가꿉니다. 서양인들은 적어도 아리아나 선율의 형태로 공기를 모읍니다. 분명 이것은 생명이 필요로 하는 여분의 공기를 돌보는 것이 아닙니다. 오히려 인간 자신의 이익을 위해 공기를 이용하는 것입니다.

의심할 나위 없이 몇몇 사람들은 태초에는 물이 있었다고 주장하며 내게 이의를 제기할 것입니다. 여러 우주생성론은 물과 함께 시작합니다. 이전에 나는 내가 육생(陸生)의 존재를 가리키는 것이지 배아나 씨앗으로서 생명의 존재를 가리키는 것은 아니라는 점을 분명히 했습니다. 그런 경우라면 물이나 흙으로 논의를 시작했을 것입니다. 인간인 우리는 처음에 물에서 삽니다. 반면에 식물 세계는 땅 속에서 생명을 시작합니다. 식물은 자신이 생명을 시작한 곳에서 자연적으로 뿌리내리며 머무르겠지만, 우리 인간은 그렇지 않습니다. 사실 우리의 첫 번째 뿌리내림은 관계적입니다. 우리는 두 사람에 의해 잉태되어 어머니에게서 생명을 시작하여 어머니와 탯줄로 연결되어 있습니다. 실상은 좀 더 복잡합니다. 우리와 태반을 잇는 탯줄은 특히 호르몬의 단계에서 어머니와 우리의 매개자로 기능합니다. 그리하여 인간에게 뿌리의 문제는 복잡합니다. 아마도 이것이 우리의 기원과 관련된 수많은 신화를 설명해 줄 것입니다. 그러나 이것은 또한 우리가 우리의 자연적 출발점으로서 우리를 벗어나 있는 것을 정복하기 위해 구성된 뿌리를 제공하려는 노력을 끊임없이 계속해 왔다는 점을 설명해 줍니다. 우리가 뿌리에 의존하면서 동시에 뿌리 뽑힘을 대면해야 한다는 점을 인정한다면 특히 그러합니다.

우리 인간에게 뿌리내리기는 스스로 숨 쉬는 것입니다. 이는 우리가 충분히 고려하지 않는 것이며 상상하기 어려운 점입니다. 우리는 우리가 신의 숨결에서 태어났다는 가설로 이 어려움을 보상해 오지 않았던가요? 공기가 다른 원소들과 비교할 때 가장 미묘한 원소이듯이, 우리는 가장 미묘한 것에서 태어난 셈입니다. 우리가 그렇게 미묘한 어떤 것 덕택에 세상에 태어났다는 것을 어떻게 깨달을 수 있을까요? 어떻게 그렇게 놀라운 조건을 가정할 수 있을까요? 어떤 면에서 보면, 우리는 영혼 그 자체의 물질에서 태어난 것이 아닐까요? 나는 인류가 아직 자신의 운명과 관련하여 자신의 책임을 이해하지 못하고 있다고 생각합니다. 인류는 인간이 지닌 이런 특수한 측면을 무시합니다. 인간의 특수성을 이해하려면 궁극적으로 우리에게 호흡의 중요성을 상기시키는 여러 종교의 양상만이 아니라 인간의 관심이 필요합니다.

우리가 생명 유지를 위해 공기에 의존하고 있다는 것과 관련하여 가장 먼저 감사와 인정을 표시하는 자세는 식물 세계를 돌보는 것입니다. 또한 우리는 숨 쉬기를 통해 생명을 돌보는 우리 신체의 지능을 인정해야 합니다. 반면에 우리의 마음은 호흡의 중요성을 마비시키지 않을 때는 호흡을 망각합니다.

다행히도 우리 신체는 주로 물로 이루어졌습니다. 그리고 공기는 물에서 나옵니다.[1] 이 점이 아마 대부분의 고대 신화가 물을 태초에 위치시키고, 생명을 생성하는 물의 흐름을 막는 것이 원죄라고 정의한 이유일 것입니다. 생성의 잠재력을 지닌 물의 해방을 위한 말은 "여성적 여신의 말(feminine goddess word)"이라 할 수 있고, 그것은 하느님 아버지와 모든 신들의 나타남을 포함하여 만물의 나타남을 개시합니다(『리그베다』, 10: 125: 7). 하느님 아버지와 모든 신들의 역할은 만들고 꾸미는 것입니다. 하늘과 땅을 창조한 유일무이한 신은 없습니다. 그 이전에 세계를 구성하는 원소들이 있습니다. 관건은 원소들이 살아 있는 우주에서 발생하지 못하게 막는 악마들을 대체하는 것입니다. 따라서 창조한다는 것은 무엇보다도 세계를 해방시켜 존재하게 만들어 조직한다는 것을 의미합니다. 그리하여 생명을 지닌 존재들은 존재할 수 있게 됩니다. 특별히 물이 부족하지는 않으니까요.

물은 자기 안에 만물의 씨앗을 숨기고 있으며 '어머니'라고 불립니다. 물은 그로부터 세상이 나타난 최초의 황금알이 잉태된 장소입니다. 시원(始原)의 물은 그것이 지닌 욕망의 열정 덕분에 빛과 불을 생성시킬 수 있었으며, 아그니 신(the god Agni)*을 출산합

---

* 힌두교에 나오는 불의 신으로서, 하늘과 땅, 신과 인간을 연결한다. 제단과 의식에서 가장 먼저 하는 것은 향을 피우고 제물을 태우는 것이기에, 희생과 제의를 뜻하는 야즈나와 밀접한 관련이 있다.

니다. (『리그베다』, 10: 121: 7). 물이 흘러나오자 태양, 낮, 새벽, 불이 나타났고 태양과 불, 금처럼 빛을 발산하는 황금알이나 배아를 가져왔습니다. 황금알이 깨어진 후 신들, 즉 처음에는 인드라(Indra)**와 비슈누(Viṣṇu)***가 땅에 빛을 비추기 위해 빈터를 만들어 내야 했을 것입니다.

세계의 기원에 관한 이런 설명은 이 신화의 몇몇 판본에 정액이 끼어든다는 점을 빼고 나면 인간의 생식(生殖)과 유사합니다. 서양인으로서 우리에게 가장 놀라운 점은 생성의 힘이 인간이나 하느님 아버지에게 맡겨지는 것이 아니라 원소들에게 맡겨진다는 것입니다. 우주 전체를 낳은 것은 원소들의 진화, 특히 물과 열정의 결합입니다. 남성 신이 수행하는 역할은 이미 생성된 것을 기술적으로 건설하는 것입니다. 즉 땅을 단단하게 만들고, 공간을 넓히고, 하늘을 떠받치고, 강을 흐르게 하는 것입니다. 남성 신이 수행하는 주요 행동 중의 하나는 희생 지역(the sacrificial area)을 그려내는 것입니다. 희생 지역은 우주 질서가 영원히 지속되도록 돌보는 장소입니다.

예배에 바쳐진 이 가공의 장소를 가리키는 말은 놀랍게도 영어

** 『리그베다』에 등장하는 신 중 가장 신성하고 강한 신으로 전쟁의 신이다. 천둥과 번개를 다스릴 수 있다.

*** 창조의 신 브라흐마, 파괴의 신 시바와 함께 힌두교 삼주신 중 하나다. 우주 질서를 보호하고 유지하는 신으로서, 세계의 질서가 혼란스러울 때 여러 형태로 나타나 세상을 구원한다고 여겨진다.

의 빈터(clearing)입니다. 빈터는 나무 꼭대기의 방해를 받지 않고 하늘의 빛이 비치게 하기 위해 숲에 열린 공간입니다. 어떻게 베다의 빈터를 하이데거의 빈터*와 연결시키지 않을 수 있을까요?[2] 또한 두 경우 모두에서 공기의 역할, 그리고 공기와 관련된 나무의 역할에 대한 언급이 없다는 점에 어떻게 우리가 주목하지 않을 수 있을까요? 나무를 베어낸 숲은 하늘과 땅의 분리를 보증하는 기둥 역할을 해야 하며, 하늘과 땅 사이에 중재 공간을 마련해야 합니다. 그런데 베다와 하이데거 모두 서서히 땅에서 하늘로 옮겨가고 그 사이에 중재 공간을 차지하여 하늘에서 땅으로 빛을 전달하는 공기를 망각한다는 것은 놀랍습니다. 두 경우 모두 나중에 바람에 대해 말하고 있긴 하지만 공기 그 자체에 대해서는 말하고 있지 않습니다. 생명을 지닌 존재가 살고 성장하려면 반드시 먹어야 한다는 점은 구체적으로 말하고 있지만, 숨 쉬기가 반드시 필요하다는 점에 대해서는 언급하지 않습니다.

---

* '밝힘'으로 번역되고 있는 리히퉁(Lichtung)은 원래는 숲의 나무가 베어져 틈이 생겨나 밝아진 빈터를 말한다. 하이데거는 이 말을 전통적으로 인간의 이성을 의미했던 '자연의 빛'을 대체하여 인간의 근원적인 앎을 나타내는 말로서 사용한다. 그렇게 대체한 이유는 아마도 '이성적 동물'이라는 전통적 인간관이 세계 내에 존재하는 인간의 전체적인 존재 방식으로부터 앎을 파악할 수 없다는 점에 있을 것이다. 하이데거에 따르면 인간의 "현존재는 그 자신이 밝힘이다." 나아가 "세계-내-존재로서 밝혀지고 있는" 까닭에, 이러한 밝힘에 기초하여 세계 내부의 사물들을 보고 그것들에게로 다가가는 것도 가능해진다(노에 게이이치 외 지음, 이신철 옮김, 『현상학사전』, 2011, 밝힘(Lichtung) 항목 참조).

이제 숨 쉬기는 우리가 세상으로 들어오는 최초의 몸짓이라는 사실 외에도, 우리의 외적, 내적 공간이나 장소를 규정할 수 있는 몸짓입니다. 우주 생성론은 숨 쉬기가 생명을 키우는 기본 원소라는 핵심 원리를 고려하지 않습니다. 우리는 이 점을 인간은 아직 태어나지 않았으며, 아직 땅에 살고 있지 않다는 것을 가리키는 것으로 이해해야 할까요?

남성 신들은 원소들로부터 세계를, 아니 그들의 세계를 정리해내기 위해 자신들의 열정에 상당 부분 기대고 있지만, 원소들의 잠재력, 특히 구조화하는 잠재력은 거의 고려하지 않습니다. 리그 베다(Rg Veda)에는 고대 우주생성론을 보여주는 두 판본이 존재합니다. 평화적 생성에 해당하는 첫 번째 판본에서 물—때때로 '어머니'라고 불리는—은 물 자체가 지닌 간절한 욕망 덕분에 홀로 최초의 황금알을 낳고 이 알에서 세계가 나옵니다(10: 129: 3). 두 번째 판본에서 영웅은 전사의 신 인드라(Indra)입니다. 여기서 원수(原水)**의 수호자에 맞서 남성 신들이 벌이는 호전적 행동에서 세계의 창조가 일어납니다. 첫 번째 판본에서 두 번째 판본으로 옮겨가는 과정에서 가장 중요한 사건 중 하나가 불의 신 아그니의 배신이라 불리는 것입니다. 아그니는 뒤로 물러나 부끄러움을 느끼지 않고 불멸을 얻으려고 인드라 일족에게 충성을 맹세합니다. 그리하여 원수의 열정으로 생성된 아그니는 물의 세계에서 자신

** 시원의 물을 가르키는 것으로서, 영어는 'original waters'이다.

의 지분을 갖는 것을 포기하고, 특히 희생과 연관된 모든 것을 얻기 위해 인드라를 섬기기로 합니다. 아그니는 원소의 잠재력에 매달리는 대신, 불로서 희생 제의에 참여하고 인드라를 섬깁니다. 이제 열정과 활력, 성장 그리고 만물의 나타남을 제공해 주는 것은 더 이상 원소들이 아닙니다. 처음에는 호전적인 남성 신들이, 그 다음은 인간의 가공 행위가 서서히 원소의 잠재력을 대체합니다. 이와 동시에 '물(Water)'은 '강(river)'이 되고 인드라의 순종적인 배우자가 되어 그를 찬양합니다.

불은 신들에게서 훔쳐오기 전에―이를테면 프로메테우스의 이야기―먼저 '어머니'라고 불리는 원수(原水), 즉 원소들의 생성적 잠재력에서 훔쳐옵니다. 전체가 자신의 성장을 빼앗기듯이, 불은 자연의 원천에서 떨어져 나오면서 통제력을 상실합니다. 이제 세상은 "때로는 악을 이루고, 때로는 용감한 행동을 이루는" 인간의 가공 행위에 종속됩니다(소포클레스, 「안티고네」, 65-66). 어찌 되었든 인간은 자연 에너지를 다소 인공 에너지로 변형시킵니다. 인공 에너지는 자체 자원이 부족할 뿐 아니라 모든 것을 가공된 수단과 형태에 복속시킵니다. 자기 자신의 형상에 따라 스스로 자라고자 했던 존재의 생성은 중단됩니다. 오직 식물 세계―그리고 일부 야생 동물도?―만이 계속 원소적 근원의 잠재력을 보여줍니다. 식물은 땅에 뿌리를 내리고, 태양의 빛과 온기, 그리고 비가 가져다주는 습기 덕분에 공중에서 자랍니다. 우리는 아리스토텔레스를 따라(『자연학(Physics)』, B1) 식물 생명만이 퓌시스 자체의 잠재력을 증언한다고 말할 수 있을 것입니다.

따라서 불의 지위는 애매모호하고 문제적으로 되었습니다. 인간에 대한 인간의 착취는 모든 생명 존재의 에너지 착취와 함께 시작합니다. 그 에너지는 기원적 알의 깨어진 두 부분 사이의 가공된 중간 세계에 놓이게 됩니다. 깨진 알의 한 부분은 하늘로 기능하고 다른 부분은 땅으로 기능합니다. 이 두 부분 사이에서 원소의 에너지는 더 이상 땅 위를 순환하지 않습니다. 원소의 에너지는 사실상 상실되었습니다. 그때 이후로 나무는 살아 있는 과거 에너지를 목격한 특권적 생존자로 남아 있다고 말할 수 있을까요? 그러므로 나무는 단순히 생존과 새로운 세계의 생성 사이의 연결성을 부활시키려고 하는 사람들에게 매우 중요합니다. 새로운 세계의 생성은 인간 존재의 생성에서부터 시작됩니다.

2014년 1월 7-18일

5장

계절의 리듬에 맞춰 살기

 원소들은 인간이 쉽게 정복할 수 있도록 자신을 내어주지 않습니다. 원소들은 할 수 있는 한 인간의 지배에 저항합니다. 특히 계절의 형태로 저항하는데, 안타깝게도 오늘날 계절은 사라지고 있습니다. …… 실로 계절은 한 원소에서 다른 원소로의 이행, 원소들 간의 상호작용, 다른 원소로의 변형을 보여줍니다. 엠페도클레스(Empedocles)*는 이를 넌지시 암시하였습니다. 이 끊임없는 변형이 일어나지 못하게 막으면 만물은 마비되고 불모(不毛)로 바뀝니다.

---

 * 엠페도클레스는 기원전 5세기경 고대 그리스에서 활동한 철학자로서 만물이 4원소에서 생겨났다고 주장했다.

베다의 시대에 '데몬(daemons)'***—때때로 용에 비견되었던—은 물을 가두어 밖으로 흐르지 못하게 막아서 세계의 생성을 가로막았습니다. 오늘날 계절의 부조화는 인간이 원소들을 극악무도하게 전용하고 자기 마음대로 원소들을 대상으로 환원시키는 것에서 기인했습니다. 이 계절의 부조화는 세상을 불모로 만들고 있습니다. 우리는 흔히 사람들이 슬픈 어조로 "이제 더 이상 계절이 없다!"라고 말하는 소리를 듣지만, 문화계에서 내가 계절에 대해 언급하는 것은 부적절하고 시대에 뒤떨어졌으며 예술적이지 않은 것처럼 보입니다. 심지어 한 라디오 기자는 계절에 대해 이야기한다고 나를 비난하였습니다. 마치 계절을 말하는 것이 정치적으로 의심스러운 일이라도 되는 듯이 말입니다. 나는 같은 기자가 크리스마스나 부활절을 맞아 관련 행사를 방송하지만, 이 축하 행사와 자기들이 실제로 축하하는 우주적 사건 사이의 연결점을 찾지 못한 채 방송을 하고 있다고 생각합니다.

자연의 생산이 신의 창조보다 앞선다는 문제와 관련해서는 끝없는 논쟁이 있었습니다. 이 문제에 관해 엘리아데***도 일부 언급하였습니다. 많은 사람들, 특히 여성들은 신의 창조보다 자연이 우선한다는 것을 지지했다는 이유로 사형을 선고받았습니다. 적어도 우리 전통에서 자연의 힘과 신의 권능을 조화시키지 못했다는

** 데몬은 신과는 별개로 초자연적인 영적 존재를 뜻한다.

*** 미르체아 엘리아데는 루마니아 출신의 비교종교학자이자 작가이다. 주요 저서로는 『세계종교사상사』, 『영원회귀의 신화』 등이 있다.

것은 무척 놀라운 일입니다. 우리 전통은 자연적 부분과 영적 부분의 연속성을 해결하려고 하기보다는 우리를 두 부분으로 쪼개 놓았습니다. 그러나 두 영역의 연속성을 해결하는 것이야말로 우리의 인간적 삶을 성취하는 데 절대적으로 중요한 문제입니다. 게다가 자연적 부분은 여성에게, 영적 부분은 남성에게 할당되어 자연과 영성은 진정으로 결혼을 할 수 없게 되었습니다. 신성한 결혼, 히에로가미(hierogamies)˚라고 불리기도 하는 이 결혼은 세계의 생성에 결정적인 사건이었습니다. 신성한 결혼은 동등한 가치를 지닌 두 요소들 혹은 신적 인물들 사이에서 일어나야 합니다. 만약 여성 혹은 여성적인 것이 남성 혹은 남성적인 것에 비해 평가 절하된다면, 둘 사이의 결합은 일어날 수 없습니다. 이런 점은 원소적, 신적, 인간적 수위에서 모두 그러합니다.

이 모든 단계들은 원래 그것들에게 의미를 부여해 준 우주적 차원에 기초합니다. 우리 시대 사람들은 매사를 인간적 측면으로 환원시키기 때문에 우주적 차원을 이해하는 데는 어려움이 있습니다. 우리는 신들 사이의 사랑이 계절에 영향을 준다고 생각하는 시대에서 얼마나 멀리 떨어져 있는가요! 이제 우리는 여러 전통의 많은 문헌에서 그런 생각을 언급하는 대목을 발견합니다. 이를테면 시바(Siva)˚˚의 사랑 이야기를 보면, 연인들이 사이좋게 포옹을 하느냐

˚ 히에로스 가모스(Hieros gamos)로 불리기도 하며, 남신과 여신의 성교를 따라하는 종교 의식이다.

˚˚ 힌두교의 최고 신으로, 힌두교 삼주신 중 하나이다. 창조와 파괴의 신으로 불리

갈등에 빠지느냐에 따라 햇살이 비치게 할 수도 번개를 내리칠 수도 있습니다.[1]

우리는 또한 히에로가미로서 육욕적(肉慾的, amorous) 결합은 연중 아무 때나 일어나는 것이 아니라 오직 봄에만 일어나고, 이 결합은 식물적 환경에 깊이 빠져 있으며, 심지어 식물에게 일어나는 것에 견주고 있음을 볼 수 있습니다. 「아가(the Song of Songs)」는 더 오래된 수메르의 히에로가미[2]를 다루는 시들로부터 여러 주제를 가져오고 심지어 가사를 가져오기도 합니다. 「아가」에서 연인들은 겨울이 지나갔기 때문에 사랑하는 사람을 불러 잠에서 깨웁니다. 정원은 연인들이 만나 포옹하는 장소입니다. 이런 시와 노래에서 우리는 농업 시대, 목가 시대, 호전적 제왕의 시대 사이의 관계를 그리는 일종의 원근법(scenography)을 발견합니다. 이 시대들은 결혼이 꽃피는 데 우호적이었습니다. 실제로 이 시대들은 가족의 유대, 특히 신부 측 어머니와 신랑 측 아버지의 유대를 인정하거나 인정하지 않습니다. 이와 동시에 이 시대들은 점차 자신들의 기원이었던 우주적 히에로가미로부터 멀어집니다.

의심할 나위 없이 우리가 우주적 히에로가미에 근접해 있을수록 결혼은 육욕적이면서 또한 신성합니다. 이 두 차원 사이에 찢김이나 균열은 아직 일어나지 않았고, 연인들은 자연적이며 영적인 속성을 나누는 것을 즐깁니다. 이것은 연인들에게 에너지와 행

며, 한 손에는 트리슈라라고 알려진 삼지창을 들고 있다.

복과 생식력을 가져다줍니다. 우리는 또한 그때는 여성이 남성 못지않게 애무에 참여했으며, 남성의 육체는 여성의 육체만큼이나 묘사되고 칭송되었다는 것에 주목합니다. 남성의 육체는 몸으로 구현된 일체의 것들에서 상상할 수 있는 방식으로 그려졌던 것이지 섹스에만 초점을 맞추고 있지 않습니다.

한 해의 갱신은 빛이 돌아와 낮이 길어지는 겨울에 일어납니다. 그때는 탄생을 축하하는 것과 같습니다. 그 탄생은 빛의 탄생이면서, 생명이 싹트고 다시 자라나 사랑이 새롭게 일어날 것이라고 전해 주는 희망의 탄생입니다. 신은 동지(冬至)에 세상에 올 수 있지만 혼인을 하기에는 너무 이르고 춥습니다. 동지에는 사랑을 예견할 수는 있지만—왜 꽃봉오리의 형태로는 예견될 수 없을까요?—아직 실현할 수는 없습니다. 사랑이 꽃피려면 더 많은 온기와 빛이 필요합니다. 그 빛은 흰빛일 뿐 아니라 태양의 노란빛이기도 합니다. 신성한 결혼은 봄에 일어나는데, 이때 하늘과 땅은 잔잔한 공기와 햇빛을 통해 결합합니다.

그때 대기는 아주 신성해지고 땅—나는 땅을 '그녀'로 부르겠습니다—은 새 순과 첫 꽃 봉우리의 느린 열림을 통해 미소 짓는 것 같습니다. 새들은 노래합니다. 새들의 노래는 어떠한 표현도 넘어 경이(wonder)로 나타나는 깊은 침묵 속에서 울려 퍼집니다. 공기는 맑아 보입니다. 하지만 우리가 느낄 수 있고 우주적 에너지의 교감을 만들어내는 수많은 진동과 유대와 존재들이 공기를 가로지르고 있습니다. 이 우주적 교감의 밀도와 성격은 가볍고 순

결합니다. 정원의 색깔은 여전히 밝고, 특히 흰색과 분홍색을 띠고 있습니다. 만물은 자라지만 사랑으로서의 생명은 신중합니다. 때는 온 세계가 함께 나누는 약혼의 시간입니다. 만물은 사랑을 축하할 방법을 찾고 있습니다. 만물은 앞으로 나아가고, 꽃피우고, 노래 부르고, 어깨를 으쓱하며 걸어가고 춤을 춥니다. 또한 만물은 생명의 육욕적 신비 속으로 조율해 들어가는 명상적 침묵에 다가가고, 몸짓을 하고, 말하고, 유지하는 새로운 방법을 찾기 위해 꿈꾸고 상상합니다. 봄은 모두가 사랑에 빠지는 때이자 재탄생을 경험하는 때입니다. 이 재탄생은 각자에게 그것을 나누려는 종종 서투른 추동력과 함께 일어납니다. 그것은 수동적으로 나타날 수도 있고 능동적으로 나타날 수도 있습니다. 의심할 나위 없이 봄은 가장 멋지고 신성한 계절입니다. 그러나 우리는 이 계절을 가꾸는 데 실패했습니다. 이제 봄은 점점 사라지고 있습니다.

　서양은 봄을 해치며 여름을 선호해 왔습니다. 아마도 이는 육체적 사랑의 영적 잠재력을 크게 고려하지 않는 종교적 전통 때문일 것입니다. 서양에서는 인도에서 볼 수 있는 것 같은—예를 들어 코나라크(Konarak)* 또는 카주라호(Khajurāho)**처럼—, 사원의 정면에 서로를 껴안고 있는 연인이 새겨져 있는 광경을 볼 수 없

---

* 코나라크는 인도 오리사 주에 13세기에 세워진 브라만 신전이다. 태양신 수르야의 전차를 형상화하여 건축되었다.

** 카주라호는 인도 마디아프라데시 주에 10-11세기에 세워진 것으로 추정되는 사원이다. 사원 벽면에는 성적이고 애로틱한 조각들이 장식되어 있다.

으며, 카마 수트라(Kama Sutra)* 같은 신성한 책을 찾아볼 수도 없습니다. 우리는 연인이 사랑을 나누기 전에 주고받는 베갯머리송사를 알 수 없고, 연인이 한 여인을 포옹하는 동안 그녀가 사색하는 봄을 그리고 있는 일본 동판화의 아름다움에 익숙하지도 않습니다. 우리 전통에서 성은 영적 생성과 공유가 일어나는 장소가 아니라 언제나 위반으로 보이는 것 같습니다. 하지만 우리의 성적 에너지를 키우지 않는다면 사랑은 어떻게 되며, 또 우리의 몸과 정신은 어떻게 될까요? 인간이 자연의 리듬과 조화를 이루며 순수하게 사랑을 나누면서 신을 모방할 수 있는 전통이 더 신성하지 않을까요? 아이스킬로스(Aeschylus)는 "성스러운 천국은 대지의 몸을 관통할 때 야생적이다."³라고 썼습니다. 이 말이 스완 박사가 『여성의 섹스(The Woman's Sex)』에 대해 쓴 의학 논문이나―그것이 아무리 유용할지더라도―, 우리 시대의 뻔뻔하고 음당한 에로틱한 문학보다 더 열정적이고 더 도움이 되지 않을까요? 우리는 어째서 감히 성관계에 대해 말하는 철학자들―이를테면 사르트르, 메를로-퐁티, 심지어 레비나스까지 포함하여―조차 신성한 욕망의 공유보다는 주인과 노예의 투쟁을 표현하는 언어로 성관계를 설명하는 지경에 어떻게 이르게 되었을까요?

서구는 꽃보다는 열매에 집중해 왔습니다. 그리고 육체적 사랑을 아이를 낳기 위한 길로 삼았던 것이지 연인을 꽃으로 만들지

---

* 카마수트라는 고대 인도의 성애, 남녀 간의 연애, 결혼, 성교에 대해 기술한 책이다.

는 않았습니다. 실제로 서양이 봄보다 여름과 가을을 선호하는 것은 아마도 우리 문화가 남성적인 문화이고 생산에 강조점이 놓였기 때문일 것입니다. 남성/인간(man)은 생산을 통해 자연과 경쟁할 수 있습니다. 그는 자연의 성장과 개화를 축하하고 지원하는 대신에, 자신의 가공 행위를 통해 자연보다 뛰어나려고 애씁니다.(예를 들어 아리스토텔레스, 『자연학』, B1). 남성/인간은 자신의 힘으로 자연의 힘을 대체하기 위해 자연의 잠재력을 정복하고자 합니다. 그는 자연이 자신의 리듬과 생식력에 맞춰 자라도록 놔두지 않고 자연을 자신의 계획에 맞춤으로써 자연의 생명과 생산을 마비시킵니다. 그는 점점 더 자연의 과정에 끼어들어 자연이 가속화된 인위적 리듬에 맞춰 더 많이 생산하도록 몰아넣으려고 애씁니다.

의심할 나위 없이 열매—일반적으로 대지의 열매로서 인식되는—가 열리는 때는 아름다운 시절입니다. 땅은 자신의 위대한 지혜로 매 계절에 무엇을 먹으면 좋을지 알려줍니다.

예를 들어 감자와 호두와 밤이 가을에 추수되는 것은 우연이 아닙니다. 이것들은 우리 몸이 필요로 하는 것에 반응합니다. 불행히도 자연이 우리에게 주는 것에 충분한 관심을 기울이거나 고마워하지도 않은 채 식사 방식을 결정한 것은 우리의 변덕, 아니 우리 사회의 변덕이었습니다. 인간은 자연이 아낌없이 베풀어 준 생명을 찬양할 능력이 없는 것 같습니다. 인간은 자연의 생산성과 비교하여 자신의 노동의 힘이 지닌 우월성을 증명하고 싶어합니다. 인간은 혼자 생산하고, 자연 자체의 생산의 발전에는 기여하지 않을 것입니다. 이 모든 것들은 에너지를 늘리고 키우기보다는 에너지의 손실에 이르게 될 것입니다. 이는 모든 생명체에 해악을 끼칠 것입니다.

열매를 따고 추수를 끝낸 후 우리 전통은 마녀의 날이라 할 수 있는 할로윈과 사자(死者)의 날을 기념합니다. 두 기념일 사이에 이틀 간격밖에 없는 것은 우연이 아닙니다. 10월 말과 11월 초는 악몽의 시기, 마술과 비합리성의 시기, 그리고 죽음의 시기가 도래한다는 것을 의미합니다. 우리는 밤이 가장 길고 대지에 거의 아무것도 나타나지 않는 계절—겨울—로 접어들고 있습니다. 우리 문화는 밝음과 가시적 생산을 선호해 왔습니다. 우리 문화는 어둡거나 숨겨진 것을 가치 있게 여기지 않을 뿐 아니라 두려워하기까지 합니다. 우리 문화는 신의 절대 빛이 보이지 않는 것을 엑소시즘(exorcism)이라고 부르지요? 식물의 비밀스러운 발아, 아니 인간 존재의 비밀스러운 배태(胚胎)조차도 그것에 값할 만한 가치를 평가받지 못하고 있습니다. 발아 혹은 배태는 흙이나 자궁의 어둠 속에 있는 수액의 생식력을 증언합니다. 그것은 또한 나타남(appearing)은 생명 성장의 일부에 지나지 않는다는 사실을 증언합니다. 생명의 비밀스러운 과정을 비웃는 것은 생명의 나타남을 현상(들)으로 오인할 위험이 있습니다. 이 위험은 시초부터 우리 전통에 놓여 있던 위험이며, 서양 문화를 근절(根絶)의 문화로 변질시킨 위험입니다.

오랫동안 여성은 뿌리의 세계에 근접해 있었습니다. 특히 '마녀'로 불린 사람들, 자연 세계와 자신들이 알고 있는 살아 있는 치유적 속성에 충실했던 사람들이 그러합니다. 이들은 지상의 에너지를 공유하고, 땅이 때에 맞춰 생산한 뿌리를 먹고 살 수 있기 때문에 겨울을 두려워하지 않습니다. 애석하게도 우리는 땅에 충실했던 여성들에게 무슨 일이 일어났고, 모종의 방식을 통해 지금도 여전히 일어나고 있는 것에 대해 듣거나 읽었습니다(예를 들어 수잔 플래처(Susan Fletcher)의 아름다운 소설 『코라그(Corrag)』가 있습니다).[4]

자연은 우리에게 거주할 멋진 장소를 제공합니다. 하나의 고유한 것으로서 자연은 또한 계절과 지리적 위치에 따라 늘 변하고 생성하고 있습니다. 자연은 우리가 매번 필요로 하는 모든 것들을, 말하자면 우리가 숨 쉬고, 먹고, 감각을 통해 사유하고, 나누기 위해 필요로 하는 모든 것들을 줍니다. 인간의 달력과 비교하면 계절의 리듬은 얼마나 풍요로운가요!

계절이 우리에게 가져다주는 헤아릴 수 없는 다양성과 비교해 보면 우리의 연간 일정은 너무 추상적이고 우중충하며 돈에 지배되는 것 같아 보입니다. 그럼에도 우리는 일과 휴식, 축제를 위한 쇼핑의 시간과 판매의 시간을 번갈아가며 왕복하는 일을 계속합니다. 우리는 자연 환경을 성찰할 여유를 찾지 못하고, 생명을 즐기고 키우며 나눌 시간을 만들지 못한 채 이리저리 돌진합니다. 그 와중에 생명은 서서히 사라집니다. 우리의 생명, 우리 지구의

생명, 그리고 지구에 살고 있는 모든 살아 있는 존재들의 생명이
사라지고 있습니다.

2014년 1월 23일-2014년 2월 6일

6장

자연 존재의 놀라운 다양성의 복원

공기를 통해 보편적 교감에 참여하고, 원소들의 생성적 힘에 몸을 담그고, 계절의 리듬에 맞춰 살아가면서 나는 조금씩 바뀌었습니다. 나는 살아 있다는 것이 어떤 의미이고 다른 생명 존재와 만난다는 것이 어떤 의미인지 경험하였습니다. 나는 모든 것이 다소 자의적이고 강압적인 방식으로 계획된 세계의 수면 위로 떠올랐습니다. 나는 혼자서 다른 생명 존재들을 존중할 때만 얻을 수 있는 진정한 자유를 발견했습니다. 나는 더 이상 나와 아무 상관 없는 질서에 조정당하지 않았습니다. 적어도 어느 정도까지는 그렇게 했습니다. 나는 이 질서를 단순히 반대하지도 않았습니다. 나는 사회 안에서 공존에 필수적인 규칙들을 존중하려고 노력했지만, 나 자신의 주체성을 억누르지 않는 구조로서 그 규칙들을 존중하였습니다. 그 규칙들은 나의 주체성과는 관련 없는 것으로, 쓸데없는 갈등이나 토론에 에너지를 소모하지 않고 도시로 이사 오기 위해 고려해야만 했던 적절한 시민적 맥락으로 남아 있었습니다. 중요한 것은 그곳에 없었습니다. 어찌 되었든 그 모든 것은 이미 죽었고, 나의 욕망은 살고 생명의 문화를 가꾸는 것이었습니다.

그러므로 그들이 나에게 그곳에 있으라고 강요할 때 나는 그곳에 있으면서 있지 않았습니다. 어떤 점에서 나는 그곳에 부재했습니다. 내가 살아 있는 존재 즉, 어린아이나 더 드물게는 어른, 새나 야생동물, 나무나 꽃을 만나지 않는 한, 나는 거기에 있지 않았습니다. 나는 이 살아 있는 존재들과 교감을 시작했습니다. 그것은 축제의 순간이었습니다. 그 순간 나는 피상적이고 상투적인 말보다 훨씬 더 많은 것을 나누었습니다. 잠시뿐이었지만 생명이 싹트고 꽃피웠습니다. 그것은 때때로 그날의 선물이었고, 내가 인내심을 갖고 길을 낼 수 있도록 도와주었습니다. 나는 그런 사건들을 기념하기 위해 매일 저녁 시를 쓰기 시작했습니다. 시는 하루의 기도[1]였습니다. 이렇게 시로 쓰지 않았더라면 그런 사건들은 금세 잊혀지고 말았을 것입니다. 이제 그것들은 내가 길을 열고 추구하는 데 도움을 준 중요한 활주로 등(燈)이었습니다.

실제로 살아 있다는 것은 자기 안에 뿌리내리는 것을 의미합니다. 그러나 또한 취약하다는 의미이기도 합니다. 대부분의 사람들은 광고가 느끼라고 추천하는 것을 제외하면 거의 느끼지 않으며 사실상 둔감해집니다. 사람들은 일종의 갑옷을 입고 살아갑니다. 갑옷에는 아주 작은 창문만 열려 있고, 오직 선별된 지각만이 허용됩니다. 생명으로 다시 돌아오고 난 다음 나는 나의 전 존재를 통해 많은 것을 느꼈습니다. 그것은 놀랍도록 풍부한 것이었지만 위험스럽기도 했습니다. 어떻게 나는 나의 주체성을 잃지 않고 만남의 덧없음에 시달리지도 않으면서 내가 경험하고 있는 모든 것들을 경험할 수 있을까요? 나는 한 어린아이를 만난 후에 이 생각을 했습니다. 나는 우리가 헤어지고 난 후 그 아이가 불행해지는 것을 바라지 않았습니다. 이런 점은 비단 그 아이만이 아니라 나에게도 해당되는 일이었습니다. 어떻게 하면 한 경험이 다른 경험과의 연관 속에서 평가절하되거나 다수성으로 소멸되지 않으면서 그 많은 경험들을 통합할 수 있을까요? 어떻게 하면 서구 문화에서 인간이 그랬던 것과 달리, 만인과 만물을 하나의 전체로, 아니 '나의' 전체로 구부리지 않으면서 그 경험들을 조직할 수 있을까요? 나는 감수성과 감각성보다 우리의 전통적인 지성을 택하고 싶지 않으며, 다른 생명 존재들과 더불어 맺는 관계보다 대상과의 관계—그 대상이 이데아이든 절대이든—를 택하고 싶지 않습니다.

나는 우리의 문화를 뒤집어 놓아야 했습니다. 다시 말해 우리 문화가 내게 가르친 것을 전복해야 했습니다. 하지만 생명의 문제에 관한 것이라면 하루아침에 뒤집을 수는 없습니다. 대신 생명은 단계적으로 나아갈 것을 요구하였습니다. 이렇게 차근차근 행동하기 위해 나는 하루 중 일정 시간을 자연에 머물렀습니다. 나는 가급적 정원과 공원과 숲과 산과 바다에 머물렀습니다. 이것은 나에게 힘과 통합성을 되찾도록 도와주었을 뿐 아니라, 나의 길을 열어갈 수 있게 도와주었습니다. 게다가 그것은 황홀한 순간이었습니다. 그 시간은 남은 하루 동안, 아니 그 이상으로 나를 지탱해주었습니다. 매일매일 쓰는 많은 시에서 나는 자연이 가져다준 마법적인 매혹을 떠올립니다. 인간은 너무나 자주 무시하지만 새들은 이 마법적인 매혹을 노래합니다. 새들이 그렇게 하듯이, 나 또한 내가 찬양하려고 하는 자연의 아주 작은 사건들에 가급적 가까이 다가가 나의 고마움을 말로 표현하려고 했습니다.

자연이 우리에게 경험하도록 제공한 것은 너무나 아름답고 다양하며, 우리의 모든 감각에 말을 겁니다. 그래서 나는 극장이나 전시회에 가는 대신 자주 자연 속에서 시간을 보내는 것을 좋아합니다. 내가 계속해서 극장과 전시회에 간다면, 그것은 무엇보다도 예술가의 작품을 고려하기 때문입니다. 하지만 예술작품들은 자연이 주는 것만큼의 생명과 에너지와 기쁨을 주지 않습니다. 오히려 그 작품들은 내가 창작자에 대한 답례로 주기로 한 에너지를 나에게서 가져갑니다.[2]

자연에 머무를 때 나는 살아 있는 환경에 있습니다. 그리하여 나는 살아 있는 에너지를 공급받고 공유합니다. 더욱이 자연은 다정한 마술사입니다. 예를 들어, 가을에 태양이 사라지면 몇몇 나무의 잎들은 색깔이 노란색으로 바뀌면서 정원에 태양의 분위기를 만듭니다. 겨울에 나뭇가지와 덤불은 이미 작은 싹으로 덮여 있고, 이 싹은 새로운 힘과 봄의 희망을 전합니다. 이것은 겨울이 땅에게 죽음의 시간만이 아님을 보여주는 또 다른 증거입니다. 매 계절의 형태와 색깔은 조화로운 주변을 만들기에 적합해 보입니다. 봄의 잎은 작고 초록빛이어서 태양의 빛과 온기가 지나갈 수 있는 반면, 여름의 잎은 아주 강렬한 빛과 열로부터 우리를 보호하기 위해 더 두껍고 짙은 색을 띱니다. 봄과 초여름의 과일은 매우 맛있고 신선한 붉은 색깔인 반면, 늦여름과 가을의 과일은 영양이 풍부하고 색깔이 더 진합니다. 일 년 중에서 맨 먼저 열리는 과일은 껍질이 거의 없어 따자마자 곧바로 먹을 수 있습니다. 여름에 열리는 과일은 껍질로 덮여 있어 맛을 보려면 껍질을 벗기는 것이 좋습니다. 가을의 과일은 단단한 껍데기에 덮여 있어 껍데기를 깨야 먹을 수 있습니다.

이 모든 일은 사려 깊게 일어납니다. 이것은 경이로운 기적이라고 생각할 수 있지만, 대부분의 사람들은 그들이 빚지고 있는 이 모든 것을 정상이라고 여기며, 자연의 풍요를 찬양하거나 자연이 아낌없이 주는 것을 감사하는 마음 없이 그저 소비할 수 있는 것으로 생각합니다. 옛날에는 통상 식사를 할 때마다 앞뒤로 기도문을 외웠습니다. 그런 태도는 공동체를 세우는 가장 좋은 방법이었을 것입니다. 애석하게도 땅의 열매를 찬양하는 일은, 몇몇 숭배의 장소를 제외하면 너무 빨리 신을 향한 기도로 바뀌면서 포기되었습니다. 물론 땅의 열매를 찬양하는 숭배의 장소가 어느 정도 남아 있기는 합니다. 이 숭배의 장소에는 열매에 대한 언급이 있습니다. 그러나 그 언급은 소략할 뿐 아니라 그것이 예배를 드리러 모이는 진정한 동기도 아닙니다. 대지의 열매를 함께 나누고 기념하는 것은 공동의 시간과 공간을 정의하는 적절한 길이기 때문에 사태가 이렇게 된 것은 매우 유감스럽습니다.

분명히, 동물의 소비를 중심으로 조직된 축제의 식사는 이와 동일한 의미를 부여받을 수 없습니다. 그 식사는 자연의 리듬에 따라 결정되는 시공간을 공유하는 것이 아니라 각각의 생식력을 지니고 있습니다. 더욱이 이 식사는 살아 있는 존재의 살해를 전제합니다. 이 식사가 공동체의 찬양에 부응할 수 있다면 그 공동체는 더 이상 잠재적으로 보편적인 공동체가 아닙니다. 대신 이 식사는 심지어 전쟁 같은 의미를 띠면서 특정 예배나 씨족의 특수성을 나타냅니다. 실제로 이 식사는 대지가 우리 모두에게 아낌없이 나눠주는 열매에 감사하는 평화롭고 즐거운 나눔이 아니라 희생제의나 기념에 더 가깝습니다.

나는 지구 행성이 우리에게 선사하는 다양한 선물들 중 몇 가지만 언급했습니다. 나는 자연이 우리에게 주는 무한히 다양한 경관과 자연이 영원히 진화하고 있다는 것에 관해서는 거의 말하지 않았습니다. 우리가 환경에 관심을 갖고 자연과 교감하는 것을 받아들인다면, 자연 속에서 걷고 머무는 일은 결코 지루하지 않습니다. 인공적으로 구성된 우주에서 일어나는 일과는 대조적으로 자연 세계의 다양성은 우리를 갈라놓기보다는 통합합니다. 이것은 또 다른 미스터리로 보입니다. 그 미스터리는 자연의 세계에서 각각의 존재는 뿌리내리고 있으며 그 뿌리에 충실하다는 사실로 해명될 수 있을 것입니다. 자연의 세계에서 개개의 존재는 자신의 실존을 확립하기 위해 우리의 생명을 이용하는 대신, 우리를 살게 하고 심지어 우리를 우리의 생명으로 돌려보내기도 합니다. 개개의 존재는 자신으로 남으면서 상대의 생명을 침해하지 않고 공유할 것을 제안합니다. 이런 환경에서 우리가 받기로 동의한다면, 모든 지각은 우리에게 살아 있는 에너지를 전해 줍니다.

또 다른 중요한 점으로는 자연, 특히 식물 세계와의 관계에서는 질이 양보다 우세하다는 것입니다. 양은 서양의 논리에서 어떻게든 특권을 누려왔던 것으로 생명을 키우는 일에는 관심이 없습니다. 우리 문화는 『베다』에 나오는 최초의 호전적 신이 원소들에게 했던 것처럼 살아 있는 존재들에게 그렇게 행동합니다. 서양인은 양적 평가를 통해 자연의 활력과 에너지를 자신의 구조물에 복속시키기 위해 너무나 자주 그것들을 움켜쥐려고 했습니다. 그러나 생명 그 자체는 양보다는 질과 더 많이 연관되어 있습니다. 무엇보다도 이런 것들이 생명에 낯선 형태로 정의될 때는 특히 그렇습니다. 생명은 자신의 형태를 가지고 발전합니다. 이 형태를 다소 자의적으로 규정된 형태로 대체해 버리는 것은 그 형태를 찢어서 무(無)로 흘러가게 하면서 성장을 마비시킵니다. 불행히도 우리의 문화 전통은 이런 식으로 작용해 왔습니다. 활기와 활력을 전용하는 것은 생명 존재의 성장과 개화가 아니라 생명 없는 인공적 문화로 귀결됩니다. 이런 문화에서 사람들은 맹목적으로 양을, 특히 에너지의 양을 추구함으로써 살아남기 위해 서로 맞서 싸웁니다. 그러나 이들은 에너지를 사용하지 않고 무분별하고 사려 없이 소비할 뿐입니다. 이것은 정말 비합리적인 행동입니다. 왜냐하면 자연은 우리가 에너지를 우리의 목적에 맞추기 위해 전용하는 일을 포기한다면, 우리 모두에게 충분한 양의 에너지를 주기 때문입니다. 내가 숲을 걸어가며 만난 나무들은 많은 에너지를 건네주는 반면에, 죽은 나무의 목재로 만들어진 탁자는 그렇지 않습니다. 틀림없이 탁자의 재료는 완전히 가공된 것보다는 에너지 단계가 더 좋을 것입니다. 하지만 탁자는 이미 나무의 수액에서 분리되었고 탁자의 모양은 우리가 계획한 것입니다.

원소의 세계와 식물의 세계로부터 에너지를 받고 공유하는 일에 동의하는 것은 고갈되지 않는 에너지 자원을 살아 있게 조절하고 규제하는 것입니다. 이는 서로 본성적으로 다른 인간들 사이의 사랑하는 관계에서 일어날 수 있는 일입니다.

2014년 2월 7-14일

7장

우리의 감각지각을 키우기

우리 전통은 우리의 감각지각을 생명을 키우는 일과는 무관한 문화를 위한 전용의 수단으로 사용해 왔습니다. 그것은 우리 감각지각을 자연, 타자(들), 우리 자신과의 소통 속으로 들어가기 위한 방법으로 여기지 않았습니다. 우리 전통은 우리 감각의 잠재력을 건너뛰고 실재를 표상한다고 추정되는 말을 교환양식으로 간주하여 그에 의존했으며, 말(words)을 로고스(logos)로 모아 들였습니다. 그리하여 우리는 한 그루 나무의—혹은 한 송이 꽃의— 단독성을 사유하고 그 실재성 속에서 그것을 만나기 위해 그 나무 앞에 머무르는 대신, 기껏해야 이것은 떡갈나무야—혹은 이것은 데이지야—라고 생각하면서 그것을 지나칩니다. 그런 다음 우리는 이들을 우리의 세계로 통합해 들입니다. 그렇게 하면서 우리는 종종 나무의 열매나 목재로 무엇을 할 수 있을지 궁금해하거나, 꽃을 꺾으며 꽃을 그 뿌리와 그것의 성장에서 떼어냅니다. 또한 우리는 다른 생명 존재를 만나지 못하고, 이 만남이 우리에게 가져다 줄 수 있는 혜택을 맞이하지도 못합니다.

우리의 문화는 우리에게 오직 명명(命名), 관념, 효용, 또는 움직이지 않는 '얼굴'을 통해서만 나무를 만나라고 가르쳤습니다. 그리하여 우리 문화는 현재 우리의 시각(sight)과 생명 존재 간의 만남에서 얻을 수 있는 에너지의 상당 부분을 포기했습니다. 실제로 나무는—어떤 생명 존재나 마찬가지로— 대부분의 가공된 대상들이 그러하듯이, 우리에게 보여지기만 하지 않습니다. 나무는 또한 스스로 살아가기 때문에 우리에게 볼 것을 줍니다. 나무를 보는 것은 내게 에너지를 가져다주는 반면, 가공된 대상을 보는 것은 에너지를 빼앗아간다고 말할 수 있습니다. 특히 나무는 끊임없이 그것이 나타나는 공간과 형태를 창조하지만, 가공된 대상은 그것이 있을 법한 장소와 현상들을 재창조하기 위해 나를 필요로 합니다.[1]

나무는 우리에게 시각의 잠재력을 되돌려주고, 보고 살아가는 능력과 함께 우리를 우리 자신으로 돌려보냅니다. 우리를 둘러싼 대부분의 친숙한 대상들은 우리에게서 보고 살아가는 능력을 빼앗습니다. 실제로 장폴 사르트르(Jean-Paul Sartre)가 '깡통따개(tin opener)'나 '메트로의 복도(corridor of the metro)'에 대해, 보다 일반적으로는 우리의 기술적 환경에 대해 분석하였듯이,[2] 대상은 자기를 바라보는 특정한 방식을 자기 용도에 맞춰 우리에게 부과합니다. 지금은 대개 우리 인간의 것이 된 주위 환경은, 우리가 창조하고 지배해 온 우주의 주인이 우리라는 인상을 줄 수 있습니다. 하지만 주위 환경은 점점 더 자신들의 힘 안에 우리를 가두고 우리의 살아 있는 에너지를 빼앗아 갑니다. 주위 환경은 점차 우리 감각의 잠재력을 약화시키고, 우리의 감각을 단순한 인식의 수단으로 축소시킵니다. 이 경우 우리의 감각은 우리가 만나는 것이 자율적 생명 존재가 아니라 인간에 의해 만들어진 어떤 것이거나 그렇지 않으면 최소한 부호화된 어떤 것으로 인식합니다.

그리하여 감각지각은 인간의 관념이나 계획에 기대게 됩니다. 인간의 관념이나 계획은 감각지각을 살아 있는 뿌리와 성질로부터 단절시키고, 우리의 신체적 속성과 문화적 속성 사이에 다리를 놓는 감각지각의 능력을 제거합니다. 사물에 대한 지각, 무엇보다도 모든 생명 존재에 대한 지각은 감각지각의 구체적인 특이성과 감지할 수 있는 자질에 주목하는 것을 통해, 감각적 자질을 명칭으로 대체하지 않으면서 우리의 관심을 단순한 물질적 단계에서 영적 단계로 이끌 수 있게 합니다. 장미를 응시하면서 나는 많은 말이나 담론을 통해서는 얻을 수 없었던 집중을 얻는 데 도움을 받았습니다. 꽃의 감각적 자질의 조합은 그것이 다양한 수준에서 내게 일깨운 관심 덕분에 내가 집중할 수 있도록 해줍니다. 그리고 나는 눈에 띄지 않게 집중에서 명상으로 옮겨갑니다. 이런 상태로 사는 데 시간이 소요된다면, 그 시간은 일종의 황홀경

(ecstasy)으로 전환될 수 있을 것입니다. 그 황홀경은 에너지의 집중에서 나옵니다.

서양 전통에서는 어떤 교육도 나에게 이런 체험에 대해 알려주지 않았습니다. 나는 파탄잘리와 그가 쓴 『요가 수트라』로부터 감각지각을 키웠을 때 생기는 정신적이고 에너지적인 혜택을 알게 되었습니다.[3] 그러나 파탄잘리의 경우 에너지가 정점—이른바 삼매(samadhi)*의 상태—에 이르도록 지각을 개발하려면 주체와 대상의 이중성이 사라질 때까지 지각되는 것을 영적으로 내면화하는 작업이 요구됩니다. 나의 경우, 삼매경은 다른 생명 존재—예를 들어 떡갈나무나 장미—와 나 자신 사이에 이중성을 보존하되 나의 지각 방식의 변화를 통해 얻을 수 있다고 생각합니다. 나는 더 이상 나무나 꽃을 그저 눈에 보이는 대상으로 보지 않고 보이지 않는 부분을 응시합니다. 말하자면, 나는 나무나 꽃에 생기를 불어넣는 수액을 응시합니다. 이 수액으로부터 시작하면 내 쪽에서 정신적이든 물질적이든 전용을 하지 않고도 나무와 꽃이 나에게 나타날 수 있습니다. 나는, 나 자신과 나무와 꽃 사이에 존재하는 환원될 수 없는 이중성이 생명에 대한 사랑에서 피어나는 삼매경으로 이끌 수 있다고 생각합니다.

분명 삼매경에 이르는 길은 내가 지각하는 존재가 다른 인간일

---

* 삼매로 번역되는 요가의 최고 경지로서 잡념을 버리고 한 가지에만 몸과 마음을 집중하는 상태를 일컫는다.

때, 특히 나 자신과 다른 한 인간일 때 더욱 중요해집니다. 더욱이 나는 그런 삼매경을 다른 사람과 공유할 수도 있는데, 이는 보다 완성된 욕망의 충족을 의미합니다. 이런 삼매경의 공유는 성적 사랑에서도 일어날 수 있고, 우리의 성적 매력을 영적 생성으로 이끄는 길로 만들 수도 있습니다. 이것은 삼매경으로 나아가는 길이며, 두 사람 안에서 일어나는 깨달음입니다. 두 사람 안에서 일어나는 깨달음은 한 사람한테서 일어날 수 있는 깨달음보다 더 강렬합니다.

하지만 나는 여전히 자연에 홀로 있습니다. 아마도 나는 인간들 사이로 돌아온 뒤 한참 후에야 그 경험이 무엇인지 알게 될 것입니다. 나는 나의 에너지를 키우면서 내가 이미 알고 있는 것들로부터 그 가능성을 언뜻 보았을 뿐입니다. 그러나 삼매경의 가능성은 나에게 먼저 식물 세계로부터 시작해서 다른 생명 존재들을 지각하는 방식을 바꾸라고 요구합니다. 이제 삼매경에 이를 가능성은 내가 세상을 보는 방식을 바꿀 것입니다. 그것은 자연의 모든 원소들을 지배하려고 하지 않으면서 이 원소들과 공존할 수 있는 인간으로 나를 바꿀 것입니다. 그렇게 되면 나는 원소들과 함께 살고, 원소들과 공유하며, 원소들과 교환할 것입니다. 이제 우리들 각자는 우리 존재의 단독성이 우리에게 가져올 수 있게 해주는 것들을 다른 존재와 전체에게 건네 줄 뿐 아니라, 다른 존재들이 우리에게 주는 것을 받습니다.

인간은 더 이상 자신과 자신의 언어에서 출발하여 만물과 만인을 하나의 전체로 모아들이는 존재가 아닙니다. 인간은 다른 생명 존재 사이에 있는 생명 존재입니다. 개개 존재는 다른 존재를 정복하거나 융합하지 않으면서 자신의 뿌리와 자연적 속성(belonging)에 충실하게 남아 있습니다. 모든 생명 존재의 장소를 지키고 유지하는 것은 체화된 개개 존재의 특수성과 그 특수성이 타자들에 의해 존중받는 것입니다.

나는 우선 교육의 필요성을 말했습니다. 시각은 우리 전통에서 가장 결정적인 감각이기 때문에 보는 방식의 '전환'이라고 말할 수 있겠습니다. 우리는 나무를 보는 법을 배워야 합니다. 우리는 나무를 정신적으로 표상하고 명명을 통해 고정시키기 위해 나무의 현재 형태를 보아서는 안 됩니다. 그보다는 살아 있고 변화하는 것으로서 나무의 존재를 봐야 합니다. 우리는 봄, 여름, 가을, 겨울의 자작나무에 같은 이름을 부여합니다. 이름은 나무의 형태, 색깔, 소리, 냄새를 가리키는데, 이런 감각들은 하루 사이에 달라지지는 않는다 하더라도 한 해의 시간이 바뀌면서는 완연히 달라집니다. 그럼에도 우리는 자작나무에게 동일한 이름을 부여합니다. 우리는 자작나무를 말하기 위해 늘 동일한 이름을 씀으로써 자작나무의 생생한 현존(presence)으로부터 자작나무를 지워버립니다. 또한 자작나무와 함께 현존으로 들어가려는 우리의 감각지각을 스스로 박탈합니다. 하지만 이는 우리 문화가 우리에게 진리라고 가르친 현존의 방식이 아닌가요? 이 진리는 우리에게 우리의 살아 있는 지각을 포기하도록 요구합니다. 그럴 경우 우리는 어떻게 우리의 생명과 세계의 생명을 돌볼 수 있을까요? 키워진다는 것은 생명 자체에 무관심하게 된다는 것을 의미할까요, 아니면 생명을 키우는 법을 배우는 것을 의미할까요?

듣기에 관해 말하자면, 듣기가 지금 여기 나에게 나와 함께 존재하는 생명 존재와 더불어 그 생명 존재와 맺는 관계를 의미하지 않는다면, 과연 무엇을 의미할 수 있을까요? 그러한 듣기에 이르려면 우리는 우선 침묵이 무엇인지 경험해야 합니다. 침묵은 우리가 다른 생명 존재를 들을 수 있게 해주는 근원이자 매개입니다. 우리의 전통은 침묵을 해치는 말하기를 선호해 왔습니다. 여기서 나는 헤겔과 붓다를 비교할 수 있습니다. 헤겔에게 도(道)의 목표는 가능한 모든 담론들을 하나의 전체로서 모아들일 수 있는 것인 반면, 붓다에게 도의 목표는 침묵에 이르는 힘을 갖는 것입니다. 우리 전통에서 침묵은 과소평가되고 경멸받으면서 자연과 자연에 동화된 여성들에게 남겨졌습니다. 침묵을 지킬 힘이 없으면 나무나 꽃을 만날 수 없는 것은 사실입니다. 여성이 침묵을 지키거나, 교감적(phatic) 언어—로만 야콥슨(Roman Jakobson)이 말한—를 사용하여 태아나 신생아가 존재하고 자랄 수 있도록 자유로운 공간을 주는 것은 사실입니다. 여성은 다른 생명 존재의 말을 듣는 데 익숙합니다. 여성들은 부호화된 메시지만이 아니라 몸짓도 듣습니다. 식물 존재의 경우라면 몸짓에 귀를 기울여 듣는 것은 필수적입니다.

다른 존재의 고유성을 듣고 나 자신의 고유성과 연관하여 그것의 환원불가능성을 고려하는 것은 진리와 담론, 혹은 전체를 안다고 가정되는 주인에 대한 의존을 극복하는 길입니다. 이것은 다른 생명을 나의 생명과 나의 세계를 초월해 있는 것으로, 내가 영원히 알 수 없는 것으로 인식하는 것입니다. 그리하여 나는 이 생명을 듣고, 이 생명이 내가 조작하거나 지배할 수 없는 무언가로 존재하고 성장할 수 있게 놔둡니다.

다른 생명 존재와 나 사이에 시공간의 침묵을 남겨놓는 것은 각자의 경계를 지킴으로써 나 자신으로, 내 자신 속으로 돌아올 가능성을 유지하는 것입니다. 의심할 나위 없이, 내가 내쉬는 숨결은 식물의 생명에서 전적으로 독립해 있지 않습니다. 그럼에도 나는 식물과의 관계에서 내가 인간이라는 점에 충실해야 합니다. 이를테면, 나는 식물에게 물을 주어 식물이 나에게 깨끗한 공기를 줄 수 있게 합니다.

침묵은 지배나 종속 없이 더불어-존재하는 일(being-with)에 핵심적입니다. 침묵은 차이 속에서 공존할 수 있는 최초의 장소입니다. 침묵은 우리가 기계처럼 메시지를 등재하는 것이 아니라 타자에게 귀를 기울여 들을 수 있는 장소이자 그런 장소를 만들어냅니다. 나는 나무 잎사귀에 부는 바람의 음악을 들을 수 있고, 대기의 온기와 건도, 습도에 따라 바뀌는 나무의 소리를 들을 수 있습니다. 나를 로봇으로 만든 수많은 부호에도 불구하고, 이 모든 것들은 나의 숨, 나의 자유, 나의 살아 있는 존재를 회복하도록 도와줍니다.

나는 듣기에 머물러 있었습니다. 듣기는 우리 문화가 로고스를 통해 이론을 구성하면서 전용한 두 번째 감각이기 때문입니다. 나는 아직 맛과 냄새에 다가가지 않았습니다. 우리 전통은 그것들이 지닌 인간적, 정신적인 잠재력을 고려하지 않고 맛과 냄새를 너무 성급하게 자연의 속성이자 우리의 욕구 차원에 남겨놓았습니다. 일부 동양 전통에서 신은 우리가 가진 각각의 감각들에 해당하는 반면, 우리 서양 전통에서 신을 향해 날아오르는 것은 종종 지각의 감각적 힘을 포기하는 것을 의미합니다. 서양에서 음식의 맛을 즐기는 것이 종교적 행위로 들어오는 경우는 거의 없지만, 고대 동양의 숭배 의식에서 음식의 맛을 즐기는 것은 생명을 창조하고 부활시키는 비슈누 신을 기리는 것을 의미했습니다. 나는 이 직관적 느낌이 얼마나 적절한지 몸소 체험했습니다. 그리하여 나는 동시대 사람들에게 약을 먹는 대신 비슈누* 신을 기리는 법을 배우라고 권합니다. 중요한 점은 많은 양의 음식과 술을 집어삼키는 것이 아닙니다. 그보다는 자연과 인간, 그리고 우리가 그런 멋진 맛을 경험하도록 해준 신을 찬양하면서 정말로 좋은 음식과 음료를 골라서 향유하는 것입니다. 이런 태도는 미각을 영적 생성에 이르는 도(道)가 되게 할 수 있습니다.

우리는 후각을 무엇보다 동물적 감각으로 여깁니다. 『로버트와

---

* 비슈누 신은 힌두교 신으로 브라흐마 신, 시바 신과 함께 힌두교 삼주신 중 하나이다.

콜린스(*Le Robert & Collins*)』 사전이 제시한 예를 보면 이런 점이 잘 드러납니다. 개의 후각을 다루는 것이 아니면, 후각이라는 단어는 비유적 의미를 담고 있지 않은 경우 대개 악취를 가리킬 때 사용됩니다. 이 사전 편찬자들은 종교 의식에서 후각이 신에게 귀속된 의미를 포함하여 후각이 갖는 오래된 중요성을 망각한 것 같습니다. 오직 몇몇 요가 수행자들과 니체가 머물렀던 산의 인간만이 후각이 영적 존재에 이르는 길이라는 점을 기억합니다. 이제 우리의 코는 무엇보다도 숨 쉬기를 통해 자연적 삶에서 영적 삶으로 건너가는 특권적 감각입니다.

촉각은 어떤가요? 내가 제안한 바와 같이 우리의 감각지각을 교육하는 것 속에는 모든 감각들에서 촉각을 다시 일깨우는 일이 들어갑니다. 특히 자작나무의 풍경, 숲 속에 부는 바람의 노래, 장미의 향기, 라즈베리와 복숭아 맛을 움켜쥐려고 하지 않고 이런 감각들에 의해 어루만져질 때 촉각은 일깨워집니다. 우리를 감싸는 태양의 온기, 우리의 살갗을 어루만지는 산들바람, 자연이 우리에게 제공하는 여러 형태의 접촉 등등 수많은 것들이 있습니다.

하지만 내가 인간들 사이로 돌아오는 위험을 무릅쓰도록 북돋아 준 것은 아마도 촉감일 것입니다.

2014년 3월 2-9일

8장

인간 동반자에게 향수를 느끼기

인간 동반자를 갖고 싶다는 욕망은 정원과 숲에서 다시 한번 일어났습니다. 내가 1998년 3월 29일에 쓴 시에서 말했듯이, "오직 정원에서만/ 그대는 도착할 수 있습니다./ 그곳에는 이미 충만함이 존재합니다./ 행복도 있습니다./ 당신의 존재는 뭔가 그 이상일 것입니다./ 홀로 맛보고/ 전체와 혼동되지 않으면서/ 그 사람이 나타납니다."[1] 인간 동반자에 대한 욕망을 느끼는 것은 모성적 돌봄이나 의료적 돌봄의 욕구로 대체될 수 없습니다. 동반자에 대한 욕망은 자율성을 얻고 건강을 회복한 후에 생길 수 있습니다. 성적 끌림은 단순한 성적 본능이나 충동과 혼동될 수 없습니다. 인간 동반자를 향한 욕망은 우리가 홀로 자연에서 느끼는 충만함을 넘어서는 어떤 존재──사람 혹은 사물──를 욕망한다는 것을 의미합니다. 이 욕망에는 새로운 상태, 우리가 다른 사람과 함께 하는 관계 바깥에서는 도달할 수 없는, 인간성 성취의 또 다른 단계에 다가가는 것이 들어 있습니다.

동반자의 존재에 대한 욕망은 그 동반자가 이미 실제로 존재하든 아니면 그저 마음속에서 바라기만 하든 상관없이 언제든 일어날 수 있습니다. 하지만 나는 동반자를 향한 갈망이 참으로 순수하고 강렬했던 두 순간이 기억납니다. 두 번 모두 내가 자연과 교감을 나누며 충만함을 느꼈을 때 일어났습니다. 첫 번째는 봄이 막 시작되던 3월 29일 어느 멋진 정원에 있을 때였습니다. 두 번째는 8월의 어느 날 숲 속에 있을 때였습니다. 지복이라고도 할 수 있는 보다 완전한 나눔에 대한 갈망을 일깨웠던 것은 내가 온전히 살아 있다는 느낌이었습니다.

에덴동산에서 우리의 삶이 이랬어야 하지 않을까요? 우리는 선악에 대한 지식을 전용하는 척 가장하기 전에 우리 인간을 포함한 자연을 신의 선물로 찬양했어야 하지 않을까요? 문제는 만물을 판단하려는 욕망이 아니라 행복을 나누는 것이 되었어야 하지 않을까요?

판단하는 것은 인간으로서 생명을 꽃피게 하지 않고 자신을 한낱 자연의 생명에 불과한 것으로부터 잘라냄으로써 그것을 초월하는 길입니다. 서구인이 차이를 유지한 채 공유하지 못했기 때문에 걸어간 길이 바로 이 길이지요? 자연이 주는 초월성에 다가가려면 이와는 다른 접근법이 필요합니다. 전자의 관점에서 인간이 되는 것은 구성된 세계로 들어가기 위해 우리의 자연적 에너지를 포기하라고 요구합니다. 후자의 관점에서 인간이 되는 것은 자연의 에너지를 인간화하고 그것을 다른 생명 존재와 공유하기 위해 키워야 한다고 요구합니다. 이 작업은 서로 다르게 성차화된 인간에서 시작되어야 합니다.

나는 자연에서 충만함을 경험했기 때문에 몸으로 체화되지 않은 초월성을 위해 그 경험을 포기하는 것이 내키지 않았습니다. 이것은 내게 원죄와 흡사한 것 같았습니다. 인류 최초의 커플은 그들이 필요로 하고 갈망하는 모든 것들을 주고 있는 아름다운 정원에 함께 존재하는 것을 즐기는 대신, 선악을 결정하는 신성한 힘을 전용하고 싶어했습니다. 나는 실제로 우리가 계속해서 이런 잘못된 길을 가는 경우가 흔히 일어난다고 생각합니다. 나는 자연의 충만함에서 시작하여 그 충만함에 대한 감사 위에서 미래를 건설하려고 했습니다. 어떻게 이 일을 해낼 수 있을까요?

자연에서 경험했던 행복의 기억을 잃지 않기 위해 나는 매일 시를 쓰기 시작했습니다.[2] 이런 시작(詩作) 습관은 나의 일상을 바꾸었습니다. 나 자신을 느끼고, 내 삶이 지고의 행복이라는 실타래를 따라 흐르는 것에 감사를 느끼는 쪽으로 나의 일상이 바뀌었습니다. 그러자 내가 알아차리지 못하는 사이 자연에서 느낀 행복은 내가 사랑에서 느꼈거나 사랑 속에서 살고 싶어했던 것 속으로 흘러 들어갔습니다. 나는 자연에서 느끼는 행복과 사랑에서 느끼는 행복이 서로 얽혀 들어갈 수 있고 또 마땅히 그래야 한다는 것을,

그리하여 내가 이 둘을 결합시킬 길을 열어야 한다는 것을 새롭게 깨달았습니다. 감각적 초월(sensible transcendence)이라는 말이 갈망과 직관을 동시에 가리키면서, 나의 인간적 여정의 새로운 지평을 열어줄 전체적이면서 체화된 지각이 될 수 있을 것이라는 생각이 머릿속에 떠올랐습니다.

나는 기독교 전통의 맥락에서 교육을 받았기 때문에 감각적 초월의 경험에 익숙했어야 합니다. 하지만 복음의 전수 방식은 예수가 표상할 수 있는 감각적 초월이 무엇을 의미하는지 알려주지 않았습니다. 너무 많은 것들을 기독교 메시지로 돌리지 않는다면 인간이 된 신성이란 어떤 의미일까요? 인간성 안에 초월성이 존재할 가능성을 의미하는 것이 아니라면 다른 어떤 의미가 있을까요? 문제는 기독교 유산이 플라톤주의의 영향 아래 전승되어 온 상태로 남아 있는 것인지, 아니면 아담과 이브가 인간성을 성취하기 전에 신성에 도달한 것처럼 가장해 왔던 것과 동일한 방식으로, 다시 말해 신성이 우리의 육화된 상태를 키우는 것을 건너뛰었던 것과 동일한 방식으로 기독교 유산을 잘못 이해해 왔던 것인지 여부입니다. 니체가 오직 한 사람의 기독교인만이 존재한다고 말했을 때, 혹은 광기 어린 남자의 외침을 통해 공공장소나 교회에서 "'신은 어디로 갔습니까?'…… '나는 당신들에게 말하겠습니다. 우리가 신을 죽였습니다. 당신과 내가 그를 죽였습니다. 우리는 신을 죽인 살인자입니다. 우리는 어떻게 살인을 저지르게 되었습니까?'"[3]라고 천명했을 때, 그는 틀리지 않았습니다.

예수의 신성한 속성이 전승되는 데 있어서 부계 계보를 강조하는 것은 내가 감각적 초월이라고 부르는 것이 일어나지 못하게 방해했습니다. 나는 감각적 초월의 경험은 무엇보다 먼저 수평적 차원에서 서로 다르게 성차화된 두 신체 사이에서 일어날 수 있다고 생각합니다. 감각적 초월이 일어나려면 물질적 신체가 존재해야 하고, 또한 신체에 생기를 불어놓고 한 신체를 다른 신체와의 관계 속에 놓는 성적 속성이 존재해야 합니다. 이와 함께 두 신체가 같은 성이 아니면서 자신의 자연적 속성에 충실할 때 초월이 일어나야 합니다.[4] 성차화는 우리 존재와의 관계에서 경험적이며 부차적인 것이 아니라, 우리 존재에 구체적 형태와 개별성을 부여합니다. 우리의 정체성이 식물 세계와 공유될 수 없는 추상적 구성물에 불과한 것이 아니라면, 우리의 정체성은 모종의 성적 행위를 하기 전에 이미 성차화되어 있습니다. 나의 인간적 조건을 취하면서 식물과 생생한 교감 상태에 머무르려면 성차화된 속성의 초월을 체화하는 일이 필요합니다. 인간 동반자를 갈망한다는 것은 초월을 몸으로 체화할 필요성뿐 아니라 그것을 갈망한다는 것을 의미합니다.

그럼에도 자연에서 살며 느꼈던 더없는 행복으로부터 찢겨 나오는 것은 간단하지 않았습니다! 나를 반겨주고, 돌봐주고, 그 많은 행복을 안겨준 식물 세계를 존중하기 위해 나의 인간적 여정을 추구할 필요가 없었을까요? 나는 식물 세계를 생명을 키우는 인내의 모델로 삼지 말았어야 했을까요? 다시 말해 생명을 유지하고, 생명이 자라서 꽃피게 만들거나 그렇게 되도록 놔두며, 생명을 공유하는 인내의 모델로 식물의 세계를 참조하지 말았어야 했을까요? 나는 자연이 준 행복을 누리는 것에 만족할 수 있었을까요? 이런 질문들은 다소 허망한 것이었습니다. 거듭 말하거니와 이런 질문은 너무 정신적인 것이었으니까요. 내가 정원이나 숲―산은 말할 필요도 없겠지요―에서 느낀 행복감은 여러 이유로 오래 지속될 수 없었습니다. 해가 지면 땅거미가 질 것이고, 소나기가 내리면 몸을 피할 곳을 찾지 않을 수 없습니다. 또 우리가 언제나 초봄이나 한여름에 있지 않다는 것도 분명합니다.

다행히도, 인간 동반자에 대한 욕망은 자연에서 느끼는 행복이 영구적이지 않다는 애석함을 견딜 수 있게 해주었습니다. 그러나 나는 자연에서 느낀 행복을 기억하고, 자연이 내게 준 것을 잊지 않으면서 인간 동반자를 향한 여정을 계속하는 방안을 고민하기 위해 그 행복의 의미를 내면화해야 했습니다.

이 작업은 참으로 쉽지 않았습니다. 우리 문화는 어떻게 이 작업을 수행해야 할지 가르쳐주지 않았기 때문입니다. 정말이지, 어떻게 서구의 논리를 따르면서 말을 통해 내가 느낀 바를 재현하고 표현하며 평가할 수 있을까요? 확실히 시는 내가 느낀 바를 찬양하고 찬미할 수 있는 한 가지 방법이자 나의 충만한 느낌과 고마운 마음을 표현하는 인간적인 방식이었습니다. 나의 전통은 시가 이런 작업을 하기에 적합하다고 생각할 만큼 가치 있게 여기지 않았습니다. 출판사가 나의 시집 『일상의 기도(*Everyday Prayers*)』를 출간하지 않겠다는 이유로 내세웠던 것도 이런 점이었습니다.

시를 쓰는 일은 자연에 머무는 것만큼 충만함을 가져다주었지만, 나는 여전히 더 많은 것을 갈망했습니다. 나는 내가 갈망하는 것을 어떻게 깨달을 수 있었을까요? 내가 이 질문에 대해 내놓을 수 있는 간단한 첫 번째 대답은 상호성(reciprocity)을 갈망한다는 것이었습니다. 처음에는 촉각의 상호성이었습니다. 내가 욕망했던 것은 몸짓이었고, 그 가운데서도 특히 상호적 몸짓이었습니다. 나는 만지면서 만져지고, 살갗이 따뜻한 사람을 껴안으면서 껴안아지기를 갈망했습니다. 이 몸짓들은 우리가 살아 있다는 것을 보여주고, 우리가 생명을 나눌 수 있을 뿐 아니라 나누고 싶어한다는 것을 보여줍니다. 이 몸짓이 어른이 되는 가장 기본적인 것일 수 있을까요?

처음에 나는 갓난아기나 어린아이처럼 자연에 안기는 것만 그리워했다는 점을 인정합니다. 그런 그리움이 종종 다시 일어났다는 것도 틀림없이 사실입니다. 하지만 자연에 대한 향수는 결코 완전히 채워질 수 없다는 사실을 넘어, 나는 자랐고 더 많은 상호관계를 갈망했습니다. 자연은 태양의 따뜻함과 바람의 어루만짐으로 나를 감쌀 수 있고, 식물 세계와 몇몇 야생동물로 나를 에워쌀 수 있습니다. 야생동물들은 멋진 노래를 부르며 내 곁에 있어줍니다. 하지만 자연은 그/그녀의 팔로 나를 안을 수 없습니다.

상호관계에 도달하려면 나는 초월할 수 있어야 합니다. 내가 상호성에 이르기 위해 타자를 타자로 존중하고 싶다면, 이 초월은 가장 먼저 촉각에서 일어나야 하는 것은 아니라 할지라도 적어도 촉각을 포함해야 합니다. 나의 전통은 여전히 인간이 지닌 이런 잠재력을 무시하여 몸으로 체현된 관계를 본능적인 욕구 차원이나, 기껏해야 아이를 갖기 위한 변태적 행동 차원에만 남겨놓습니다. 이런 대안들 중 그 어느 것도 내가 자연에서 느낀 행복 너머로 나아가도록 허용하지 않았습니다. 그 너머로 나아가려면 나는 나 자신에게 돌아와 나 자신 안에 있어야 했으며, 나의 인간적 개별화를 취하고 별개의 신체로서 나의 한계를 존중해야 했습니다. 게다가 나는 나의 자연적 속성이 그 자체로 나 자신에게, 그리고 타자와의 공유에서 행복의 원천이 되는 길을 찾아야 했습니다. 이를 간단히 표현하면, 나는 자연과의 교감에서 느낀 무한을, 나의 인간적 욕망에 부합하는 것으로서 내가 떠맡아야 하는 무한으로 옮겨야 했습니다. 이런 무한의 느낌을 자연에서 인간으로 옮기려는 행위가 내가 다시 인간들 사이로 돌아가도록 독려했습니다.

2014년 3월 11-17일

9장

인간들 사이로 돌아가는 위험을 무릅쓰기

만물은 경직되어 있습니다. 땅, 벽, 몸짓, 말 모두 단단히 굳어 있습니다. 만물은 고정된 상태로 남아 있고, 매일 똑같은 형태를 띠고 있습니다. 우리는 같은 소리를 듣고, 같은 냄새를 맡거나 혹은 냄새가 부족하다고 느낍니다. 반면, 자연에서는 모든 것들이 시시각각 변합니다. 나뭇잎, 꽃, 풀잎, 냄새, 소리는 매일 바뀝니다. 숲과 정원은 끊임없이 변하지만 영원하고 안전하다는 인상을 줍니다. 도시는 이와 정반대입니다. 도시에서 변하지 않는 상태는 안전하지 않다는 느낌을 줍니다. 나는 내 욕망에 따라 움직이는 대신 부호를 따라야 했습니다. 나는 그 부호에 대해 묻지 않을 수 없었습니다.

도시에서는 낮과 밤조차 남아 있지 않습니다. 땅거미가 지면 도시는 환하게 밝혀지고, 높은 층에 사는 경우가 아니면 당신은 햇살을 거의 볼 수가 없습니다. 어디쯤 해가 뜨고 시간은 몇 시인지 알기도 어렵습니다. 도시에서는 숲에서처럼 자연의 햇살이 당신을 안내할 수 없으며, 냄새도 덜 납니다. 새들의 지저귐은 어떤가요? 비둘기는 온종일 울어댑니다. 나무와 고양이가 적다는 것은 다른 새들도 없다는 것을 의미합니다. 당신은 차량이나 이웃의 소음, 근무시간, 상점의 개점과 교통수단에 적응하는 법을 배워야만 합니다.

이런 상황에서 나는 어떻게 움직이고 성장할 수 있을까요? 나의 에너지는 하나의 부호에서 다른 부호로 전해지면서 점차 사라졌습니다. 모든 존재는 생명에 적합하지 않게 되었으며, 그 결과 방향을 잃게 되어 세계 속으로 들어갈 수 없었습니다. 이런 구성된 질서에서 나는 나 자신을 잃었습니다. 나는 로봇으로 변했습니다. 나는 진정으로 살지 못하고 살아남으려고 애썼을 뿐입니다.

하지만 나는 동반자를 찾기 위해 도시에 있었습니다. 나는 어떻게 동반자를 찾으려고 했던가요? 종종 나는 너무도 외로워 온기라도 느껴보러 지하철을 탔습니다. 지하철에서 각양각색의 행동을 보여주는 정말로 다양한 사람들을 보고 만났습니다. 이 사람들의 행동은 재미있고 놀라웠습니다. 나는 지하철에서 머리를 빗고, 이빨을 닦거나 손톱 손질을 하는 것이 적절한 행동인 줄 몰랐습니다. 이런 행동은 요즘 특별히 유행하는 것 같지도 않고 친근한 분위기를 형성하지도 않았으며, 사람들 사이에 나쁜 거리감을 만들어냈습니다. 피크닉을 가는 사람들도 보았는데, 이들 역시 사람들을 끌어당기기보다는 밀어내는 듯했습니다. 그러나 대부분의 사람들은 아이팟이나 다른 기계 장치에 연결된 이어폰으로 귀를 막고 자신 속으로 빠져들었습니다. 책을 읽는 사람들도 간혹 눈에 띄어 좀 더 가까이 다가갈 수 있었습니다. 이 사람들은 가끔 나에게 미소를 보이기도 했습니다.

지하철의 단골 승객들은 대개 이런 모습을 하고 일하러 가거나 집으로 돌아옵니다. 그들은 어딘가로 가고 있을 따름이지 사실상 만남은 거의 일어나지 않습니다. 당신에게 상냥하고 사려 깊은 사람도 일부 있습니다. 그러나 지하철을 타고 가면서 동반자를 만날 수는 없었습니다. 기차라고 해서 더 낫지도 않았습니다. 나는 기차로 여행하는 사람들을 알게 되었지만, 동반자를 만나는 일은 점점 더 어려워졌습니다. 이 사람들은 자리에 앉자마자 노트북을 열었으니까요. 게다가 이런 교통수단은 사람들을 다소 마비시키거나 어느 하나에 빠지게 만드는 것 같습니다. 사람들은 어디론가 가고 있을 뿐 당신에게 자유롭게 다가오지 않습니다. 그들은 진실로 당신과 함께 있지 않으면서 당신과 함께 있습니다. 그들은 스스로 주도권을 쥐거나 활력을 보이지 않은 채 기계의 움직임에 자신을 내맡기며 같은 방향으로 운반되고 있을 뿐입니다. 그곳에서는 어떤 것도 내가 자연에서 경험했던 것과 닮지 않았습니다. 다른 사람들의 움직임도 그렇고 나의 움직임도 그랬습니다.

나는 카페가 누군가를 만나기 더 좋은 장소가 될 수 있지 않을

지 궁금했습니다. 하지만 많은 사람들은 바에 서서 가급적 빨리 뭔가를 마시고 있었고, 다른 사람들은 이미 동행자가 있거나 약속한 사람을 기다리고 있었습니다. 카페 역시 만남의 장소로는 적합해 보이지 않았습니다.

더욱이 자연에서 만난 모든 것들은 진리를 따르고 있었지만, 도시에서는 모든 것들이 인공적으로 코드화된 것처럼 보였습니다. 자연에서 만난 진리는 나를 나 자신의 진리로 돌려보냈습니다. 사람들은 자기 외부에서 규정된 진리, 자신의 진리에 부합하지 않고 자신으로 돌아가는 것에서 점점 더 멀어진 진리에 맞추려고 애쓰고 있습니다. 그러나 자신으로 돌아가야 진리에 빛을 던질 수 있습니다. 내가 만났던 사람들은 자기 바깥을 떠돌아다니느라 함께 나눌 생명의 에너지가 없었습니다. 사람들은 생명에 충실하지 않은 문화적 작업에 예속되어 자신과의 관계에서는 망명 상태에 빠진 채 다른 사람들이 존중하는 진리를 찾아 헤맸습니다. 그 진리는 모두가 공유하는 진리라고 추정되었지만 실상 특정 문화나 전통에 속한 사람들만이 공유할 수 있는 것으로 구성되었습니다. 그리하여 긍정과 불확실성, 권위주의와 강요된 부호를 맹목적으로 추종하는 행위가 착종된 상태가 나타났습니다. 이 착종 상태는 판단의 수준에서뿐 아니라 감정과 욕망의 수준에서도 공유가 일어나지 못하게 가로막았습니다.

물론 정보를 교환할 수는 있었습니다. 하지만 이런 종류의 접촉은 한 사람이 다른 사람에게 나타나는 것을 허용하지 않고 현재의 만남과는 상관없는 제삼자를 통해서만 소통이 일어나도록 했습니다. 그러나 이는 실제로 만남이 일어나지 못하도록 막고 적절한 방식을 통해 몸으로 구현되지 못하게 방해했습니다.

그래서 나는 나를 살아 있게 하고 육체적·정신적 건강을 유지하도록 도와준 식물 환경을 잃었을 뿐 아니라, 다른 생명 존재와 공유함으로써 얻었을 잠재적 에너지 또한 잃었습니다. 에너지의 차원에서 볼 때, 만들어진 물건이 대개 그러하듯 정보는 에너지를 키우거나 복원하는 것이 아니라 우리에게서 여분의 에너지를 빼앗아 갑니다. 정보는 우리 자신이 자랄 수 있는 수액을 공급해 주지도 않습니다. 오히려 우리의 활력을 이용하여 우리의 형상을 대체하는 형태를 생산하거나 전달합니다. 때때로 정보의 공유는 우리가 특정 사회와 문화 혹은 장소에 맞춰 들어가도록 도와줄 수 있습니다. 하지만 대개 정보는 우리 자신의 것이 아닌 세계의 메커니즘 속으로 우리를 변형시켜 밀어 넣습니다. 실상 우리는 때로는 자신의 영역을 잃어 버린 동물로, 또 때로는 자신에 맞는 거주지를 찾아다니는 구성된 주체로 이리저리 방황하고 있습니다.

내가 만난 대부분의 사람들은 시공간과 관련하여, 그리고 무엇보다도 자기 자신과 관련하여 망명 중이었습니다. 그리하여 그들은 정보에 기댔습니다. 정보는 이들이 인위적인 가족적 거주지로 기능하는 사회로 통합해 들어가는 하나의 통로로 남아 있었습니다. 따라서 습관과 관습과 기존 규칙을 유지하는 일은 전 층위에서 도시의 통치를 책임지고 있는 사람들이 해야 할 주요 역할이었습니다. 이런 습관과 관습과 규칙들이 가족 구성원들을 묶어주는 자연의 유대를 대체했기 때문입니다.

하지만 자의적으로 구성된 이런 연결의 특성은 사람들 사이의 관계가 자연의 층위에서 일어나지 못하게 막습니다. 사람들은 생명의 에너지를 걸러내는 부호화에 예속된 채 간헐적으로 다른 사람과 교감하는 순간에 이릅니다. 그러나 이 교감의 순간은 여러 형태의 부호 속으로 사라지기 때문에 두 사람 사이에서 오래 지속될 수 없으며 키워질 수도 없습니다. 우리가 이런 교감의 순간에 관심을 기울일 수 있다면, 더욱이 두 사람이 동시에 그렇게 할 수 있다면, 이런 순간은 하이데거가 말한 '밝힘(the lightening)'처럼 우리의 삶에 들어올 수 있습니다. 하지만 이런 순간은 극히 예외적으로 일어나며, 좀처럼 '공동의 빈터(common clearing)'가 될 수 없습니다.

하이데거가 의미했던 것과 비교해 볼 때, 이 밝힘은 보다 전체적 차원에서 자신과 타인을 밝히며 보다 완전한 공유가 일어나게 할 수도 있지만, 결국 오해와 갈등과 분열을 일으킵니다. 이런 밝힘은 욕망이나 사랑을 일깨우는 근원에 놓여 있지만 우리는 그것이 갖는 의미에 관해서나, 그 밝힘의 공유가 더 잘 이루어질 수 있도록 발전시키는 일에 관해서는 별 관심을 보이지 않습니다.

아마도 나는 이런 종류의 경험을 찾고 있었던 것 같습니다. 그 경험은 나무 잎사귀와 기둥을 거쳐 숲의 심부를 밝히는 햇살이나 빛과 관련이 있습니다. 하이데거가 이런 현상을 사유의 차원으로 옮겼다면, 나는 그것을 내 존재 전체로 살아내면서 우리의 내면에 존재하는 두 태양을 가급적 연결시키고 싶습니다. 욕망과 사랑은 우리 내면의 태양 같은 것이 아닐까요? 우리는 이 두 태양의 빛을 서로에게서 갈망하는 것이 아닐까요? 이런 사건이 우리의 자연적 속성과 영적 속성 사이에 가교를 만들어 우리의 인간성을 실현시킬 수는 없을까요?

우리 전통은 신적 존재의 드러남과 연관된 모종의 신비한 현상들에 접근하려고 할 경우를 제외하면, 일어날 수도 있을 이런 사건의 중요성을 드러내지 않았습니다. 내 생각에, 우리 사이의 욕망과 사랑은 언제나 신비한 경험에 관여하고 있으며, 언제나 부정적인 경로에 직면합니다. 우리는 타자를 만날 수 있게 되기 전에 타자를 타자로서 지각하고 있다는 환영을 얼마나 많이 포기해야 할까요? 진정한 공유에 이르기 전에 우리는 우리의 신체감각과 느낌, 직관과 사유를 얼마나 많이 변화시켜야 할까요?

이런 문화 영역은 두 사람, 무엇보다도 같은 세계에 속하지 않는 두 사람 사이의 공유를 허용하지 않는 규칙과 규범에 종속된 채 제대로 키워지지 못하고 있습니다. 두 사람은 그들의 감수성을 살아내거나 표현하는 양태에 의해, 또 타자의 타자성을 고려할 수 없는 다른 본능적 에너지 때문에 서로로부터 분리되어 있습니다. 본능적 에너지는 공유보다는 소유나 전용이 그 목적이기 때문에 타자의 타자성을 고려할 수 없습니다. 이렇게 잘못 구성된 주관성을 다시 건너가는 일은 신성의 본질을 지각하기 위해 신비주의자들이 걸어갔던 부정적인 길과 공통점이 있습니다. 불행히도 우리의 전통은 신에게 닿기 위해 우리의 인간적 조건을 너무 빨리 건너뛰었습니다. 이는 은총보다는 고통을 안겨주고, 우리가 에덴동산에서 경험한 행복을 우리에게서 빼앗아간 원죄를 영원히 지속시킵니다.

그때 이후로 우리는 우리 안의 서로 다른 부분 사이에서 찢겨진 채—처음에는 우리의 신체와 정신 사이에서—, 자신을 찾아 헤매고 다닙니다. 우리는 우리 자신을 모으거나 온전함을 되찾지 못하고 있습니다. 이런 작업은 우리의 자연적 속성을 키우는 일 바깥에서는 이루어질 수 없습니다. 우리가 나눌 수 있는 절대는 자연의 경험에 상응하는 것입니다. 자연의 경험에서 시작하지 않는다면 우리는 살아 있는 존재들로서 만날 수 없습니다. 우리들 각자는 우리의 자연적 속성을 대체해 온 여러 문화적 구성물들 사이에서 찢겨져 있으니까요.

그리하여 나는 우리가 있는 장소에 따라, 이를테면 직장이나 휴일, 거리나 대중 교통수단, 정원이나 카페, 스포츠 경기장이나 예배 장소, 회의나 레스토랑 등등에서 다양하게 체화된 인간 존재들을 만났습니다. 그러나 실상 나는 다른 역할이나 기능을 접하기는 했지만 다른 사람을 만나지는 못했습니다. 동반자가 될 만한 사람도 당연히 만나지 못했습니다. 정보에 기반을 둔 문화는, 우리 문화처럼 우리의 존체 전체에 대한 교육을 충분히 고려하지 않고 우리를 일종의 하드 디스크로 만들어버립니다. 그 하드 디스크는 꽉

차 있고 복잡하며 이런저런 문화와 전통과 언어 등등에 맞춰져 있습니다.

내가 자주 컴퓨터를 휴대하고 다니기는 했지만 컴퓨터는 나의 욕망과 맞지 않았습니다. 본능에 불과한 관계에 만족하는 것 또한 더 이상 나와 맞지 않았습니다. 우리의 본능이라는 것은 이미 특정한 방식으로 코드화되었고 더 이상 자연적 열망을 표현하지 않기 때문에 더더욱 나와 맞지 않았습니다. 오히려 본능은 우리를 우리의 자연적 속성에서 추방된 상태로 유지시키는 문화적 규범에서 벗어나려는 필사적인 노력을 보여줍니다. 나는 식물 세계와 함께 하면서 자연적 속성을 상당히 회복하였고 다시는 거기서 떨어져 나오고 싶지 않았습니다. 그럼에도 나는 나의 자연적 속성이 다른 인간과 나누는 전면적 공유로 꽃피도록 만드는 길을 여는 작업은 힘들고 시간이 오래 걸릴 것이라고 생각했습니다. 특히 우리에게 익숙한 것들을 극복하고, 우리의 인간성을 이루기 적합한 상태에 도달하여 진정으로 인간적 친밀성을 나누는 것은 참으로 어렵고 오랜 시간이 걸릴 것입니다.

2014년 3월 24일-4월 6일

10장

자신을 잃고 자연에게 다시 도움을 요청하기

사람들과 만나는 것은 가끔 나를 즐겁게 했지만, 나를 지치게 만들기도 했습니다. 에너지를 나누려 하다가 오히려 잃어버렸던 것이지요. 하지만 나는 내 마음과 내 모든 존재에서 빛나는 태양이라기보다는 마음의 쇼 같은 것을 느끼며 집으로 돌아왔습니다. 나는 말을 듣고 몸짓을 보았습니다. 나누었던 대화나 교류도 기억합니다. 그러나 그곳에 실제 존재나 교감의 경험은 없었습니다. 어떻게 보면, 나는 내가 실제로 참여할 수 없는 만남의 구경꾼으로 남아 있었습니다. 나는 그 만남에 완전히 참여해 보려 했지만, 결과는 꽤나 고통스러웠습니다. 왜냐면 나는 다음에 올 일을 기대했고 일어난 일의 후속 사건을 기대했지만 대개 그것은 아무것도 아닌 것으로 끝났으니까요.

내가 그 관계에 쏟아 부은 에너지로 무엇을 할 수 있을까요? 비난하거나 태만의 감정에 빠지는 것은 내게는 흥미 없는 일처럼 보였습니다. 그래서 나는 가능한 한 자주 자연에서 시간을 보내며 요가를 하였습니다. 나는 요가 선생님이 내게 조언해 준 대로 기다렸습니다. 요가 선생님은 내가 무엇을 기다려야 하는지 말해 주지는 않았지만, 최소한 그의 권유는 내가 계속해서 에너지를 잃지 않도록, 내 인간 존재의 실현을 향한 과제를 추구할 수 있도록 도와주었습니다. 나는 또한 글을 썼습니다. 나는 릴케(Rilke)가 젊은 시인에게 건네주었던 조언에 따라 그렇게 하는 수밖에 없었으니까요.[1]

물론 나를 이기적인 사회 부적응자로 여기는 사람들도 있었습니다. 다행히 나는 정신분석 수련을 받은 적이 있었고, 이 수련 덕분에 그런 비판들을 상대화할 수 있었습니다. 게다가 나는 내가 자주 접촉했던 사회환경에서 물러나지 않았습니다. 2장에서 설명한 것처럼 나는 한때 그런 사회환경에서 추방되었었지요. 사람들은 그들에게 어떤 질문도 던지지 못하게 하기 위해 우리를 유령이나 로봇으로 바꾸어 놓는 사회에서 내가 나 자신을 계속 희생시키길 바랐던 것인지도 모릅니다.

가장 자주 제기되는 주장 중 하나는 민주적 도덕주의 같은 것입니다. 민주적 도덕주의에서 개인은 반민주적인 존재로 여겨질까봐 질문조차 할 수 없습니다. 민주적 문화의 약점은 종종 그 옹호자들을 허무주의적으로 만드는 것만큼이나 권위주의적으로 만든다는 점입니다. 실제로 인간 존재를 돈의 소유자로 흡수해 들이는 것은 인간을 아무것도 아닌 존재로 축소시킬 뿐입니다. 돈은 어떤 인간도 결정할 수 없는 다소 자의적인 관습에 불과합니다. 일부 정치인들이 민주적 통치자나 지도자로 보이기 위해 만들어 내는 수사적 노력을 목격하는 것은 비극적인 웃음을 자아냅니다. 그들은 다른 사람을 대표하는 척하기 전에, 인간 존재란 무엇이고 누구인지에 대해 고민하는 것이 바람직할 것입니다. 아아, 그들은 인간성 자체에 대해서는 어떤 질문도 던져보는 일 없이 사람들을 통치하는 것을 목표로 합니다. 그래서 현재의 민주 정권들은 곧장 재앙을 향하고 있습니다. 오늘날 시민들이 가장 긴급하게 해야 할 일은 자신들의 생명을 그릇된 담론과 환상에 불과한 약속에 맡기지 말고, 생명을 보존하고 키우는 데 관심을 기울이는 것입니다.

이런 요구는 공공의 선을 존중하라는 고집스러운 호소와도 같습니다. 분명히 이 도덕주의적 슬로건에는 내용에 대한 설명이 수반되지 않습니다. 또 우리는 같은 담론에서 소위 공공선을 해치는 것을 금지하는 말과, 우리가 일상적으로 수행한 일 덕분에 조금씩 얻은 대단치 않은 재산에 대해 통치자들이 가하는 추가적인 공격을 들을 수 있습니다. '공공(公共)'의 의미에 대한 이해도 명확하지 않습니다. 오직 선출된 자들의 이념적 계획에 시민을 종속시키는 최후의 수사적 장치로 이해될 때를 제외하면 말이죠. 이런 경우 우리는 사전의 정의를 들이대며 맞설 수도 없습니다. 선출 권력자들이 그 단어[공공]에 갖다 붙이는 의미는 그들의 이른바 민주적 힘을 행사하기 위해 가장 시급한 필요조건입니다.

의심의 여지 없이, 단어가 실재에 뿌리를 두고 있지 않다면 단어는 모든 의미를 상실하거나 어떤 의미든지 채택할 수 있습니다. 이제 민주적 지도자가 존중을 요구해야 하는 첫 번째 공공선은 생명 그 자체와 생명의 본질적 환경에 관한 것입니다. 민주적 프로그램이 모든 시민의 생명 조건에 주된 관심을 보일 때까지, 지도자들은 설득력이 없을 것입니다. 지도자들은 시민들의 숨을 자연적 차원뿐만 아니라 문화적 차원에서도 빼앗을 수 있기 때문에 더더욱 그렇습니다. 그들은 인간의 (혹은 인간이 아니더라도) 생명의 필요성에 기초해 있지 않습니다. 정부가 무엇보다도 생명을 유지하고 생명을 키우는 힘 자체를 돌보지 않는다면, 정부는 대체 무엇을 하는 것입니까?

그들은 가정이 생명을 책임져야 한다는 데 대한 나의 심문에 항의할 것입니다. 소포클레스의 비극 『안티고네』에 담긴 메시지를 다시 한번 언급해도 될까요? 생명 돌보기를 도시 통치로부터 분리시키는 것은—안티고네가 반대한 것이지요—환경과 생명 문화에 모두 심각한 결과를 초래합니다. 도시를 다스리는 규칙들은 생명 그 자체에 대해서는 자의적으로 되는 반면, 가정 내에서 생명은 다시 자연적 상태에 빠집니다. 크레온의 권력 기관으로부터 안티고네가 지켜내는 문화적 질서는 이러한 교착 상태와 만나지 않습니다. 그러나 우리는 우리 시대에 풍자적 방식으로 이 교착 상태와 직면하게 되고, 이것은 우리를 극한 위험에 처하게 합니다. 사실 우리는 여전히 생명 존재가 필요로 하는 환경보호법과, 생명을 유지하고 키우는 것과 관련된 법이 부족합니다. 이런 경우에 사회를 만든다는 것은 무슨 의미일까요? 사회적 삶은 생명의 소비를 위한 장소 이외의 어떤 것일 수 있을까요?

확실히 우리는 사회에 살면서 이점을 누리고 있습니다. 그러나 그 이득이 우리의 생명에 치명적 해를 입히는 것은 아닐까요? 생명의 문화 자체가 부재한 상황에서 어떻게 달리 될 수 있을까요? 그저 자연적으로 생존하는 것에서 사회적 구성원으로 건너가는 것만으로는 생명을 키우는 일이 가능하지 않습니다. 여기에는 한 단계가 부족합니다. 내 생각에, 이 단계는 자연적 가족에서 문화적 혹은 정치적 가족으로 이행하는 것으로 이루어질 수는 없습니다. 우리가 이 단계에 이르려면 관계적 차원으로서 우리의 성차화된 정체성을 취함으로써 성숙에 도달해야 합니다.

실제로 성적 성숙은 우리가 원래 속해 있던 가족을 떠나도록 추동합니다. 이처럼 가족이라는 집에서 떨어져 나오는 목적은 새로운 가족을 꾸리기 위한 것일 수 있습니다. 이렇게 되면서 우리는 살아 있는 성인으로서 사회적 환경 속으로 들어가는 단계를 놓치게 되고, 우리의 자연적 속성으로부터 관계적인 세계를 건설해야 한다는 과제도 놓치게 됩니다. 우리가 꾸리게 되는 새로운 가족은 성차화된 정체성을 제대로 키우지 못하고 부모의 역할을 떠맡는 데 전념하게 됩니다. 사회문화적 환경에서 우리는 자신의 자연적 에너지가 법이나 규칙에 예속된 무성의 개인으로 활동하게 됩니다. 법과 규칙은 우리의 살아 있는 욕망에 대해 추상적이고 임의적입니다.

분명히 우리는 출산이 아니라 우리 사이의 연결을 만들어 내는 것을 욕망합니다. 이러한 연결은 사생활이나 성적 관계에 제한되어서는 안 됩니다. 그 연결은 또한 사회적 직조물을 짜내는 데에도 기여해야 합니다. 이는 우리의 관계적 잠재력을 키우는 일인 것이지 그런 잠재 역량에는 아무 관심도 없이 돈과 상품에만 기초한 어떤 것을 구축하는 일이 아닙니다. 우리의 자연정체성에 충실한 사회적 조직을 짜내고 그 정체성을 개별화하고 키우는 일에 기여하는 작업은 오늘날 존재하지 않습니다. 우리는 우리 생명에 본질적인 자연환경을 돌보는 일뿐 아니라, 우리가 인간으로서 발전시켜야 할 사회적 환경을 고려하는 일에도 소홀합니다. 이러한 맥락에서 우리는 어떻게 인간 동반자를 찾을 수 있을까요?

나는 철학자들, 시인들 그리고 문학 전반의 독서에서 어떤 도움을 받을 수 있을까 궁금했습니다. 그런데 내가 접근한 작가들은 그 물음을 무시하거나 간과하는 쪽을 선택하지 않는 경우 모두 동일한 문제에 부딪히는 것 같았습니다. 예를 들어, 하이데거는 매우 격렬하고 다면적인 사랑을 했습니다. 하지만 그는 인간 존재의 관계적 측면을 자신의 글에 반영하지 않습니다. 이런 관계적 측면이 우리의 전통 형이상학에 물음을 던지며 극복하는 결정적인 길이라는 사실에도 불구하고 말이죠. 이 점에서 헤겔 변증법은 성적 차이를 사적이나 공적 역할로 흡수해 들이는 것을 역사적으로—소포클레스의 비극 『안티고네』를 언급함으로써—해석했습니다. 이처럼 성차를 사적·공적 역할로 흡수해 들이는 것은 남성과 여성이 전체적 존재로 만나고 공유하는 것을 방해합니다. 하지만 헤겔은 상호보완적이지만 대립하는 성적 부분들의 이중성이 나타내는 난국을—이는 남성 문화에 의해 일방적으로 정의되어 왔는데—타개할 길을 제공하지 않습니다. 니체의 경우는 특히 생명을 재현하는 자로서 여성적 형상과 인물에 큰 관심을 보입니다. 니체는 여성적 형상과 인물의 실패를 격렬하게 비판하고, 오직 모성만이 이 실패를 바로잡을 수 있다고 단언합니다. 그럼에도 니체는 자신의 작업을 추구하기 위해서는 여성 동반자가 필요했다는 점을 인정합니다. 그는 그런 동반자를 구하지 못했습니다. 우리는 이런 동반자의 결핍이 적어도 부분적으로 그에게 일으킨 에너지 소진에 대해서도 알고 있습니다..

　니체를 따르는 철학자들이 여성 동반자를 찾는 니체의 추구의 진지성을 의식하지 못한 것은 아닌가 하는 생각이 듭니다. 메를로-퐁티, 사르트르, 레비나스는 그들의 글에서 성교(sexual intercourse)를 이야기합니다. 이런 성적 관계는 자연에서 자연을 공유하는 것이 아니라 자연을 지배하는 관점에서 일어나는 것입니다. 그리고 이는 여성적 동반자를 찾는 니체의 추구와도 맞지 않습니다. 메를로-퐁티와 사르트르에게 있어, 성적 장면은 주인과 노예의 투쟁과 더 많이 연관되어 있습니다. 이 투쟁에서 시각은 감각이나 의식으로서 중요한 역할을 합니다. 레비나스에게 있어,

연인 사이의 신체 접촉은 여전히 여성 파트너를 자연성으로 환원하고, 남성은 그의 형이상학적 절대(들)로 되돌아가기 위해 이용됩니다. 그러므로 이 철학자들이 수행하는 어떤 작업도, 새로운 인간성을 향한 다리를 건널 힘을 얻기 위해 여성적 동반자를 찾고자 한 니체의 비극적 호소에 대답하지 않습니다. 니체의 사유는 아마도 최악의 오해를 불러일으키는 것이 아닐까 싶습니다. 이는 어쩌면 서양에서 우리가 직면하고 있는 문화와 주체성의 끔찍한 위기를 설명해 줄지도 모릅니다.

나는 시인들과 소설가들의 작품을 읽으면서 나의 길을 안내할 빛을 발견하고자 했습니다. 하지만 나는 무엇보다도 불행과 괴로움 그리고 버림과 만났습니다. 서로 다른 성적 차이를 지닌 동반자들 사이의 아름답고 평화로우며 상호호혜적이고 풍요로운 관계에 대한 이야기나 묘사를 읽으면서, 기쁨을 얻거나 위안을 받은 일은 거의 없었습니다. 기쁨과 위안이 일어날 때는 수잔 플레처의 소설처럼 자연 환경에서였고 또 자연에 대한 사랑의 공유와 함께할 때였습니다. 그래서 나는 숲이나 산에서 내 탐구를 추구하기로 결심했습니다.

2014년 4월 11-17일

11장

숲에서 다른 인간을 만나기

　대부분의 우리 동시대 사람들에게, 숲에서 동반자를 만나기를 갈망하는 것은 야생 상태, 즉 동굴인(洞窟人, caveman)으로 되돌아가기를 바라는 것과 같습니다. 사태가 어떻게 돌아가는지 사람들이 걱정하기 시작하면서, 우리는 원시인들에 대한 이미지, 스펙터클, 담론이 번성하는 것을 보게 됩니다. 생명 진화에 대한 의문도 생겨납니다. 예를 들어 우리가 자연으로 돌아갈 필요가 있다는 나의 말에 대해서, 한 대학 강사는 "그건 크로마뇽인으로 돌아가자는 얘기 아닌가요"라고 웃으면서 반대했습니다. 그 대학 강사의 말에 나는 이렇게 대답했습니다. "나는 어떻게 생명을 지킬 것인가가 궁금할 뿐입니다." 이런 식의 토론은 나를 완전히 지치게 합니다. 이 사람들은 내가 그들에게 가져다주는 에너지에 대해서는 어떤 인정도 하지 않을뿐더러, 내 에너지를 빼앗아 갑니다. 더욱이 나를 업신여기면서 말이지요. 이런 일은 우리 시대에 매우 흔히 일어납니다.

나는 많은 서양 학자들이 우리 시대에 어울리는 인도의 신 시바(Siva)를 알고 있지 못하다고 생각합니다. 시바의 주요 속성은 불과 시각입니다. 그러나 시바는 한쪽 발을 물 속에 담그고 있고, 한 손에는 물의 흐름을 지배하는 삼지창을 들고 있습니다. 시바는 최대의 정신 집중이 가능한 요가 선사(yogi)를 나타냅니다. 또한 시바는 사랑의 신으로 여겨집니다. 크리슈나(Krişna)—그리고 예수도?—와 달리, 시바는 소수의 여성들을 데리고 다니지 않고, 오직 한 여성에게만 자신을 제한합니다. 하지만 같은 존재를 둘로 구현하고 있는 두 여성이 차례로 그의 파트너가 됩니다. 시바가 두 여성 중 누구를 사랑하느냐에 따라, 어떤 때는 창조의 신이 되고, 어떤 때는 파괴의 신이 됩니다. 따라서 시바가 사랑하는 동반자의 역할은 세계와 모든 생명 존재의 운명에 결정적입니다. 시바의 백색 파트너라고 불리는 파르바티(Parvati)*는 불을 유지하고 창조적일 수 있게 하는 여신입니다. 파르바티는 산의 여인이라고도 불립니다. 산은 공기를 더 섬세하고 신선하게 하며 호흡을 상승시켜 영적인 것이 되게 하는 장소입니다. 실제로 파르바티의 형상은 마

---

* 파르바티는 인도 신화에 나오는 여신이다. 시바가 첫 번째 부인 사티를 잃은 후, 상심에 빠지자 산의 신 히말라야가 사티를 파르바티로 새롭게 태어나게 한 후 시바에게 보낸다.

리아의 형상과 공통점을 보입니다. 마리아 또한 산에서 나타나고 기독교적 전통에서 성령의 신선하고 온화한 부분을 체현합니다. 칼리*는 시바의 흑색 여성이라고 불립니다. 칼리는 신의 정열을 달래지 않고 그것을 악화시켜 종종 불을 파괴적으로 만듭니다.

시바는 한 시대에서 다른 시대로의 이행을 관장하는 신으로서 그의 동반자가 파르바티인지 칼리인지에 따라 이 이행의 과업을 수행하는 신으로 볼 수 있습니다. 나에게 시바는 서구의 니체적 '늙은이'와 니체 자신이 경망하게도 '초인(superman)'이라 부른 '새 인간' 사이의 전환을 보장하는 신으로 보입니다. 나는 시바의 현 시대를, 역시 불이 지배하고 있는 성령의 시대인 유대 기독교의 제3시대와 비교하는 것이 가능하다고 생각합니다. 불행히도 서구 전통은 한 시대에서 다른 시대로의 이행을 완수하는 데 있어 성차의 역할을 충분히 고려하지 않습니다. 이 점은 니체가 자신의 작업을 추구하기 위해 여성 동반자가 필요하다고 느꼈던 직관이 왜 인정받지 못하는지 설명해 줍니다. 이 자리에서 나는 소설가 알무데나 그란데스(Almudena Grandes)의 『이네스와 기쁨(*Inés and the Joy*)』에 나오는 의미심장한 말을 인용하고자 합니다. "불멸의 역사는 종종 사랑 이야기이다."[1]

시바는 생명 존재의 변형과 사랑의 신입니다. 그는 니체와 같은

---

* 칼리는 인도 신화에 등장하는 죽음과 파괴의 신이다. 산스크리트어로 '검은 여자'라는 의미를 갖고 있으며, '공포의 여신'을 뜻하는 '바이라비'로 불리기도 한다.

문화권에 속하지 않고 니체의 시대에 속하지도 않습니다. 그럼에도 이 신의 형상은 니체가 직면했고 또 우리 시대가 맞닥뜨리고 있는 위기를 타개할 해결책을 부분적으로 제공합니다. 시바는 대우주와 소우주를 형성하는 네 가지 원소와, 그 원소들이 모여 서로 다른 것으로 변화하는 장소를 공공연히 자기 안에 구현하고 있습니다. 그의 한쪽 발은 여전히 물에 담겨 있고, 다른 발은 벌써 춤을 추면서 지구의 중력을 넘어서는 신의 능력을 보여줍니다. 그의 한 손은 불을, 다른 손은 강의 지배를 나타내는 삼지창을 들고 있습니다. 이 모든 것은 시바 안에 존재하고 변화합니다. 따라서 우리는 시바를 명상함으로써 세계의 보편적 물질대사를 명상합니다.

우리는 니체가 서구의 낡은 인간에서 시바와 같이 행동하는 새로운 인간으로의 이행을 확실히 보장한다고 상상하기는 어렵습니다. 물론 니체는 그런 이행을 가능하게 해주는 길을 암시하고 있기는 합니다. 니체는 신체에 관심을 가졌지만, 자신을 너무 자주 속박하였습니다. 이를테면, 그는 실제로 춤추는 대신 춤에 대한 암시, 춤의 은유나 치환에 자신을 묶어두었습니다. 하지만 물질의 변형 효과는 그와 같지 않습니다. 의심할 나위 없이 니체는 여타의 서구 철학자들보다 몸의 상태에 더 지대한 관심을 보이고 있습니다. 하이데거가 니체 사상의 이러한 측면에 대해 언급한 것이 항상 옳은 것은 아닙니다. 그러나 니체가 자신의 신체 에너지를 키우는 방법을 발견하지 못한 것 역시 사실입니다. 또한 몸에 관한 그의 관심은 종종 생리적인 것이 아니라 정신적인 것으로 비칠 수 있습니다. 이는 서구적 전통이 우리의 자연적 속성을 키우는 데 소홀하였고, 심지어 그것을 망각했다는 증거입니다. 니체 역시 우리 문화의 과거 형상에 대한 성찰을 새로운 형상의 출현과 혼동했습니다. 새로운 문화 형상은 요가와 명상으로 가져올 수 있지만, 니체는 적어도 과거에 대한 성찰을 새로운 문화 형상보다 지나치게 선호했습니다.

시바는 성취한 요기로서 명상을 수행합니다. 이것은 실제로 생각에만 그치는 것이 아니라 그의 에너지 집중과 영적 변화와도 호응합니다. 니체는 자연적 에너지가 부족하고 그 에너지를 키우지 못했기 때문에 자신의 일이나 자신의 생명조차 추구할 수 없었습니다. 니체는 또 자신이 어디에 살 것인가 선택하는 문제에서도 실수를 범하였습니다. 그는 시바가 가장 좋아한 거주지인 숲이 아니라 산을 택했고, 심지어 얼음을 선택하기도 했습니다.

니체가 높고 싱그러운 곳을 선호한 것은 그에게는 의미 있는 일이었지만, 서구 전통에서 일어났던 것처럼 사유의 동결을 반복할 위험이 있으며, 서구 전통의 바깥에 머물러 있음으로써 그 전통에 대한 해석 이상으로 나아가지 못하는 위험 또한 상존합니다. 내 생각에, 니체가 동일자의 영원회귀에 대한 직관을 얻을 수 있었던 것은 그가 서 있었던 곳의 고도 덕분입니다. 대기의 밀도의 변화 그리고 그 고도에 어울리는 호흡의 변화뿐 아니라 자신이 서 있던 곳의 고도의 차이가 가져다준 관점 덕분에, 니체는 자신이 속해 있던 전통이 그를 수인으로 만든 집단을 떠날 수 있었습니다.

하지만 이것은 니체가 되고 싶어했던 초인—새로운 존재—이 되는 법을 알려주기에는 충분하지 않았습니다. 그런 일을 하는 데 는 숲이 더 나았습니다. 니체가 숲에서 만난 은둔자만이 아직 신 의 죽음에 대해 듣지 못한 것은 우연이 아닙니다.[2] 어쩌면 우리가 숲에서 만날 수 있었던 신은 이미 죽은 것이 아니라 아직 도래하 지 않은 것인지도 모릅니다. 숲은 얼고 불타는 것 사이의 대립에 서 벗어나는 것이 가능한 장소입니다. 숲에서는 우리의 문화적 전 통의 근원인 물질과 형상—질료(hyle)와 형태(morphe)—사이의 구분을 피할 수 있기 때문입니다. 숲은 인간이 형상을 부여해야 하는 질료로 환원되지 않고 물질이 자신의 형상을 생산할 수 있 는 환경입니다. 숲은 우리에게 사는 것이 무엇으로 이루어져 있는 지 보여줍니다. 숲은 우리가 생명 존재로서 살아가고 성장하는 데 필요한 물질적 원소들을 제공한다는 점을 넘어서, 물질—질료— 이 살아 있는 한 자기 자신의 형태(들)—형상—을 생성한다는 점 을 가르쳐줍니다. 우리 인간이 물질에게 형상을 부여하는 책임을 떠맡고 있는 존재인 척 가장할 때, 우리는 생명을 훼손하는 사람 으로 행동합니다. 더욱이 우리는 살아 있는 존재로서 우리 자신의 형상을 만드는 과제를 조물주의 권능으로 대체합니다.

어떤 면에서 시바는 우리에게 숲에서 어떻게 행동해야 하는지 보여주는 힌두 신입니다. 그는 특히 명상, 춤, 사랑을 통하여 자신 의 개별성에 도달하기 위해 숲에 머뭅니다. 그는 자신의 운명을 성취하기 위해 식물 세계에 살고 있습니다. 그의 운명은 자기 자신의 형상을 만들어낼 수 있는 생명 존재가 되는 것입니다. 그는 식물이 되기 위해 식물 존재를 모방하거나 전용하기 위해 식물과 공존하는 것이 아닙니다. 니체적 가르침을 빌리자면, 그는 자기 자신이 될 수 있기 위해 식물과 공존합니다.

　시바는 식물 세계와의 소극적 교감에만 만족하지 않기 위해 자신의 에너지를 적극적으로 키우고 그 에너지가 적절히 구현되도록 이끌어야 합니다. 명상과 춤은 살아 있는 에너지의 집중과 변형에 기여합니다. 또한 시바는 그의 남성적 에너지를 깨우고, 그 에너지가 얼어붙거나 불타지 않도록 하여 에너지가 척박하거나 파괴적이 되지 않게 하고, 그의 살아 있는 에너지가 미래의 생성에 활용될 수 있게 하는 데 어울리는 동반자가 필요합니다.

2014년 4월 21-25일

12장

어떻게 우리의 살아 있는 에너지를
키울지 생각하기

서구 전통은 자연 에너지를 키우는 데 소홀했고 자연의 성장과 생산보다는 인간의 가공을 선호했습니다. 초기 그리스 문화가 자연이 우리에게 보게 하는 것을 알도록 해주는 사유에 주목했지만, 그리스 황금시대 이후부터 자연적 나타남은 평가 절하되기 시작하여 자연에 관한 인간의 계획과 행동으로 대체되기 시작했습니다.

소포클레스의 비극『안티고네』에서 민중의 목소리를 대변하는 코러스는 자연에 충실한 경제를 인간의 욕구로 대체하는 것이 안고 있는 위험을 크레온에게 경고함으로써 극의 진행에 개입합니다. 하지만 크레온은 민중의 지혜에 귀 기울이지 않고 안티고네에게 사형 선고를 내립니다. 자연의 가치를 지배하고자 하는 남성적 힘에 맞서 안티고네가 자연의 가치를 옹호했기 때문입니다.

안티고네가 자신의 목숨을 걸고 지키고자 했던 자연권은 서로 연결되어 있는 세 가지 측면을 포함합니다. 모든 생명 존재에게 필요하고 신의 보호 아래에 있는 환경인 우주 질서에 대한 존중, 인간의 가공 너머의 자연 생성에 대한 존중, 우리의 육체적 정체성 차원으로서의 성적 차이에 대한 존중입니다. 성적 차이는 우리가 살아 있는 동안에 중성화되어 구별되지 않는 개인으로 환원되지 않도록, 그리고 사후에는 그저 특색 없는 물질로 환원되지 않도록 우리를 보존합니다. 타자(들)와의 관계에서 우리의 차이는 우리가 사회에서 떠맡는 역할과 물질적이거나 정신적 재화의 양에서 비롯됩니다. 이 차이는 이미 우리의 자연적 속성과 단절되어 있고 자연적 속성을 지키고 키우는 것을 방해합니다. 우리의 자연적 정체성과 문화적 생산 사이의 표현은 부족하며, 이는 인간성의 성취를 불가능하게 만듭니다. 나아가 인간세계로 간주되는 것을 생산하기 위해 사용되는 에너지는 중성의 에너지입니다. 그것은 생명 존재로부터 제거된 에너지이자, 다소 독재적인 통치자들을 위해 추상적 권력으로 변형된 에너지입니다. 통치자들은 자의적인 법을 통해 권력을 부과합니다.

그곳에는 우리의 자연 에너지를 키울 곳이 없습니다. 자연 에너지가 발생할 때, 특히 성적 욕망에 의해 에너지가 깨워질 때, 자연 에너지는 우리의 성장 잠재력으로써 방출되고 미래의 시민을 위한 재생산 과정을 따를 것입니다. 자연 에너지가 국가의 효과적인 규범에 맞춰 만들어지지 않는 한에서는 말이지요. 실제로 우리는 사적 에너지와 성장을 공동 질서에 희생시켜야 하고, 이것은 생명의 질서와 병행하게 되었습니다. 결과적으로 우리는 우리의 살아 있는 에너지를 가지고 무엇을 해야 할지 모릅니다. 우리는 우리에게서 에너지를 빼앗아가는 사회문화적 경제에 에너지를 투자하거나, 우리의 에너지 구현을 방해하는 초감각적 가치에 에너지를 유예하면서 에너지를 소진할 뿐입니다. 어쨌든 이 에너지는 우리 자신의 성장을 위해 그리고 타자(들) 및 세계와 살아 있는 관계를 맺기 위해 활용될 수 있게 남아 있지 않습니다.

하이데거가 사유의 차원을 포함하여[1] 손이 하는 일에 대해 심오하고 아름다운 말을 하고 있기는 하지만, 그는 우리 자신의 존재를 빚는 데 관해서는 침묵합니다. 물론 그가 한 말이 사유의 새로운 지평을 연 것은 사실입니다. 하이데거는 사유의 새로운 지평을 여는 것이 필요하다는 점을 잘 알고 있었지만, 그 열림의 성격을 인식하지는 못한 채 그것을 준비할 수밖에 없었습니다. 확실히 새로운 지평의 열림은 더 이상 우리 손이 하는 일만의 문제가 아니라, 우리의 완전한 존재와 관계되며 사유와 행동양식의 보다 급진적 변화를 요구하는 과정의 문제입니다.

아리스토텔레스에 따르면 그러한 진화는 우리에게 작업의 가공에 개입하는 4원인론(four causes)에 의문을 제기하라고 요구합니다. 4원인론이란 질료인(the material cause), 형상인(the formal cause), 동력인(the efficient cause), 목적인(the final cause)을 말합니다.

우리 자신의 존재에 이르기 위해 성취해야 하는 작업에서 이 네 가지 원인은 아리스토텔레스가 분석한 것과는 다른 방식으로 상호작용합니다. 사실 우리 자신이 물질이고 형상이며, 만드는 자이고 목적입니다. 우리는 더 이상 무언가를 만드는 것이 아닙니다. 이 무언가가 사유처럼 정신적 산물이라고 합시다. 우리는 "너 자신이 되어라!"라는 니체적 교훈을 따라 우리 자신이 되기 위해 노력합니다. 아리스토텔레스의 4원인론에 대한 설명에 사용되는 유명한 예를 인용하자면, 이 일은 컵을 만드는 것처럼 그렇게 쉬운 일이 아닙니다. 이제 물질은 살아 있고 이미 형태(들)과 목적(들)을 가지고 있습니다. 형태는 만들어 빚어질 수 있지만 무(ex nihilo)에서 이루어질 수 없으며, 우리 자신의 의도만 따를 수도 없습니다. 우리는 만들면서 또한 만들어집니다. 우리는 그 작업의 최종 목적지를 예상하거나 결정할 수 없습니다.

우리는 사유와 삶의 또 다른 경제로 들어가고 있습니다. 여기에서는 존재와 존재자에 대한 하이데거적 구별이 더 이상 작용하지 않습니다. 존재와 존재자는 하나가 다른 것과의 관계에서 어떤 가상의 본질을 나타내지 않으면서 언제나 서로를 변화시키고 있기 때문입니다. 궁극적으로 우리 존재가 그로부터 우리가 성장해야 하는 본질(essence)이 됩니다. 여기서 본질이라는 말은 확실히 다른 의미를 갖고 있습니다. 본질이란 그로부터 우리가 시작하고 발전시켜야 하는 본래의 잠재력을 의미합니다. 그러나 이 잠재력은 전통적 본질처럼 결코 순수하지 않습니다. 우리가 한 남자와

한 여자에게서 태어났다는 사실, 즉 우리 염색체와 유전자가 이미 혼합되어 있다는 사실 외에도, 우리는 또한 문화적 맥락에서 잉태됩니다. 이 문화적 맥락은 우리를 만들어낸 사람들과 우리가 살기 시작한 최초의 장소에 작용합니다. 식물 세계와 달리 우리의 '본질'은 결코 간단하지 않습니다. 우리의 본질은 우리 인간의 뿌리를 보다 복잡하고 불확실하게 만듭니다. 이런 이유로 우리는 식물을 피난처이자 우리 생명을 지원해 주는 것으로써 필요로 합니다.

존재와 존재자 사이의 끊임없는 상호작용—나는 '존재(being)'와 '존재하기(to be)'라고 부르고 싶습니다—은 하이데거적인 사유 방식, 보다 일반적으로 서양의 사유 방식이 발전해 온 지평에 의문을 제기하고, 하이데거가 추구한 것에 모종의 해답을 줄지도 모르겠습니다. 이것은 또한 시간 자체에 대한 우리의 관념을 수정하여, 우리가 과거에 대해 느끼는 원한을 넘어설 수 있게 해줍니다. 니체에 따르면, 우리가 낡은 인간을 떠나 새로운 인간으로 나아가지 못하는 근본 이유가 바로 이 과거에 대한 원한 때문입니다.[2] 우리는 언제나 작동 중인 존재이고 시간이며 또 마땅히 그러해야 합니다. 그리하여 우리는 우리 스스로 우리의 길이라고 생각했던 길에 대해서가 아니라 시간 자체에 대해서나, 우리 외부에 있거나 우리와 관련 없는 것처럼 보이는 현실에 대해서 원한을 품지 않으면서, 우리 자신이 되는 일에 책임을 지지 않았다는 점에 대해서만 스스로를 책망할 수 있습니다. 사실 우리의 원한은 우리가 인간성을 생성하는 데 노력하지 않았기 때문에 느끼는 불만에서 생깁니다.

우리의 자연적 속성으로 돌아가 자연이 주는 생명 에너지를 회복하고 그 에너지를 다르게 사용하는 방법을 배우지 않는 한, 우리는 새로운 인간 존재로의 이행을 이룰 수 없습니다. 계절의 리듬에 맞춰 사는 것은 우리가 자연의 뿌리로 돌아가 인위적으로 만들어진 시간성에 순응하는 것보다 더 많은 활력을 유지하는 데 도움이 됩니다. 그리하여 우리는 우리의 존재를 연간 주기에 맞추어서 형성하라는 조언을 듣습니다. 이를테면, 우리는 봄이 우리에게 주는 부가적 힘을 맹목적으로 쓸 것이 아니라, 우리가 이 부가적 힘에 쏟아부은 성장을 생각하도록 애써야 합니다. 우리는 겨울 동안 더 열심히 노력하라고 자신에게 요구하면서 이 노력을 성공적으로 완수하기 위해 약물에 의존해서는 안 됩니다. 그렇게 하지 말고 우리는 우리 자신 안으로 돌아와 우리 자신을 모아들여 생명을 유지하면서 미래에 생성될 씨앗을 준비해야 합니다.

이런 방식으로 우리의 에너지를 키우는 것은 실천하기 그리 어려운 일이 아니며, 일부 철학자들과 작가들의 글이 보여주는 것처럼 적어도 부분적으로는 우리 서구 전통과 조화를 이룰 수도 있습니다. 하지만 우리는 성적 욕망이 일깨운 에너지에 관해서는 지침(指針)이 부족합니다. 바로 이것이 우리 전통이 성적 끌림을 실수나 죄악으로 여기지 않을 때 오로지 육욕의 불행만을 말하는 이유일 것입니다. 우리 전통은 육욕이 깨어나는 것에 관해서는 말할 수 있지만 육체적 사랑을 인간적으로 충족시키고 공유하는 것에 대해서는 말할 수 없습니다. 이는 인간성을 성취하는 데 가장 핵심적인 요인이지만, 대부분의 동양 전통들조차 육욕의 차원을 경시합니다. 예를 들어 자연적 유대의 문화라는 문제를 다룰 경우, 유교는 성적 사랑의 계발을 우리의 '인간 되기' 속으로 숙고해 들이지 않으면서 자연적 유대의 담론을 부모나 다른 가족 구성원들 간의 관계에 한정합니다. 우리의 성적 속성과 그것의 공유를 키우고 가꾸는 일은 우리의 생명 에너지 경제를 찾기 위해 우리가 계속 추구해야 하는 과제인 것 같습니다.

2014년 4월 26일-5월 4일

13장

몸짓과 말은 원소를 대체할 수 있을까?

아마도 우리의 성적 속성을 키우는 것은 인간이 되는 길을 만드는 것과 같습니다. 사실 이는 우리 인간이 개별화되는 것에 기여할 것입니다. 식물 세계는 우리처럼 성적이지 않고, 동물 세계도 우리가 하듯이 성적 활동을 하지 않습니다. 식물의 성장은 같은 종에 속하는 다른 식물들 사이에 효과적인 연결이 일어나지 않은 채로 생명의 우주를 이루는 원소들 간의 상호작용에 의해서 결정됩니다. 만일 식물에게 영혼이 있다면, 그 영혼은 중성일 것입니다. 식물 영혼의 생식은 두 식물 사이의 성적 끌림이나 성적 관계를 통해서 일어나는 것이 아니라 생식에 필요한 배아나 씨앗을 전달하는 제삼자—이 제삼자는 바람이나 곤충이 될 수 있겠지요 — 덕분에, 그리고 흙이 배양의 그릇으로 작용하는 생식의 순환

덕분에 일어납니다. 어쨌든 식물은 생식을 위해 자라는 방향을 바꿀 필요가 없습니다. 식물이 옆으로 가지를 뻗어나가는 것이 필요할지라도, 이것이 뿌리나 태양력을 따르는 수직적 성장에서 떨어져 나온 것은 아닙니다.

플라톤 사상은 부분적으로 식물적 성장 방식을 모방하지만 그것을 불가능하게 만들기도 합니다. 플라톤이 정의한 것처럼 '선(the good)'—대문자 선(the Good)—은 태양을 대체할 수 없습니다. 더욱이 인간은 자신의 욕망, 특히 성적 욕망을 만족시키기 위해 이리저리 움직인다는 사실 외에도, 식물처럼 단순하고 유일한 근원을 가지고 있지 않습니다. 플라톤은 인간 존재의 이러한 본질적 속성을 염려하지 않았습니다. 이 점이 발전에 대한 플라톤의 이해 방식을 부적절하게 만듭니다. 하지만 우리는 여전히 플라톤의 지평에 갇혀 있습니다. 성장에 대한 플라톤적 모델을 뒤집는 것만으로는 그 지평 밖으로 나가기에 충분치 않습니다. 우리는 인간 되기에는 너무나 중요하지만 플라톤이 무시해 온 몇몇 원소들을 그의 시각에 포함시켜야 합니다.

지나치게 단순화하여 말하자면, 식물 왕국의 성적 관계에는 식물이 본래의 뿌리에서 떨어져 나와 자신의 독특하고 수직적인 성장을 포기하는 것이 요구되지 않습니다. 동물 왕국의 경우, 동물의 욕구와 본능, 특히 성적 본능을 만족시키기 위해 수평적인 이동 방식을 선호하는 것처럼 보입니다. 인간은 수직적이고 수평적인 성장을 결합하여 발전해야 합니다. 이는 인간의 성장을 보다 복잡하게 만들고 미래에 도래할 것으로 만듭니다. 인간은 자신만의 생성의 길에 이르지 못한 채, 수직적 성취와 수평적 성취 사이에서 갈팡질팡하고 있습니다. 인간의 뿌리는 한 개가 아니라 최소한 두 개입니다. 뿐만 아니라 인간의 성장은 타자, 특히 자신과 다른 타자들과 뒤얽혀 있습니다. 이러한 점은 인간의 성장을 그 운동과 방향에 있어서 혼성적이며 불안정하게 만듭니다.

현재 우리의 언어, 우리의 로고스와 로고스의 진화가 인간성이 활짝 피도록 허용하지 않는 것은 의심할 여지가 없습니다. 우리 문화는 여전히 생명 그 자체와 생명의 핵심적 속성이라 할 수 있는 성적 활동을 키울 수단을 가지고 있지 않습니다.

생명 그 자체의 차원에서 우리는 생명을 생성하고 유지하는 데 원소들이 잠재력을 발휘하고 개입하는 것을 암시할 뿐 아니라, 어떤 점에서는 원소들로 기능하는 언어에 관심을 가져야 합니다. 우리는 원소적 존재들의 살아 있는 특성을 해치면서 그것들을 전용하는 담론을 구성하는 것이 아니라, 우리에게 공기와 물과 불, 심지어 땅까지 제공해 줄 수 있는 말과 말하기 방식을 찾을 수 있을까요? 우리는 살아 있는 세계와 병행할 뿐 아니라 스스로 살아 있으면서 생명을 키우는 일에 관여하는 언어를 만들 수 있을까요? 예를 들어, 우리의 언어 사용 방식은 다른 숨결과 온기와 습도와 지상에 소속됨과 머무름을 불러올 수 있을까요? 그렇지 않고 우리는 새로운 말을 발명해야 할까요? 아니면 이 두 활동을 결합시켜야 할까요?

이 과제를 염두에 둘 때 우리는 어떻게 몸짓과 말을 섞을 수 있을까요? 나는 우리가 원소들을 대체하지 않으면서 모종의 방식으로 서로에게 원소들로서 개입하는 관계 맺기 방식을 택할 수 있을 것으로 예상합니다. 이것은 내가 살아내고 있지만 아직 명증하게 표현할 수 없는 경험에 해당합니다. 만약 내가 그 경험에 대해 무언가를 전달하고자 한다면 이렇게 말할 수 있겠지요. 누군가 나를 보며 미소 지을 때 나는 온기와 빛을 함께 느낍니다. 그것은 마치 태양이 나에게 온기와 빛을 가져다주는 것과 같습니다. 아이들이 그림을 그릴 때 태양이 웃고 있는 것으로 그리는 것은 우연이 아닐 것입니다. 누군가 나를 만지면 나는 육상의 육체적 실존으로 돌아오게 됩니다. 특히 말을 통해 어루만져지면 가끔 수생적(水生的) 지각이 동반되기도 합니다. 누군가 자신의 인격이나 최종적 계획과 연결되어 있는 감탄이나 열정으로 나를 고무시킨다면, 이 감탄과 열정이 나에게서 불러내는 것은 숨결입니다. 가끔은 심장이기도 합니다. 불행히도 우리의 행동 방식과 말하기 방식은 생명을 키우는 이런 측면을 등한시합니다. 우리는 살아 있는 존재라기보다는 언어적 프로그램에 의해 코드화된 로봇으로서 관계를 맺습니다.

우리의 언어는 원소들이 우리의 생명 유지와 성장에 가져다 줄 수 있는 것들을 온전히 수용할 기회를 빼앗아 갑니다. 우리의 마음은 우리의 생명 존재를 이루는 모든 구성요소들을 모아들여 다릴 수 있는 중심이 되지 못하고 교육이 우리에게 부과한 것들로 가득 채워진 일종의 하드디스크로 바뀌었습니다. 현재 우리 문화는 우리가 온전한 존재로 진화할 수 있는 가능성을 마비시켰습니다. 특히 우리 존재가 관계맺는 속성과 관련해서는 더욱 그렇습니다. 이런 마비가 너무 심하게 일어나서 우리는 더 이상 살아 있는 존재로서 서로와 관계를 맺을 수 없으며, 우리가 발전시키고 공유할 수 있는 생명의 에너지는 더 이상 존재하지 않습니다. 우리는 그저 자연적 수준에서 번식을 할 수 있을 뿐입니다. 우리의 문화적, 정신적 생식력은 우리 문화에 의해 불임이 되었습니다. 어떻게 하면 이런 오류를 바로잡아 지금부터라도 생명의 잠재력을 발전시킬 수 있을까요?

이 생명의 잠재력은 키워지지 않은 채 남아 있습니다. 특히 성적 욕망의 에너지 자원과 관련해서는 그러합니다. 우리의 가장 인간적인 수액으로 기능할 수 있는 것은 다른 무엇보다도 바로 이 살아 있는 생명의 에너지입니다. 사실 생명 에너지를 발전시키고 키우는 것은 우리에게—식물의 성장과 유사한 방식으로— 자연적 성장뿐 아니라, 특히 인간적인 체현을 가져다줄 수 있습니다. 우리의 육체적 성장이 살아 있는 세계를 구성하는 원소들의 개입과 상호작용에 의존한다면, 그리고 이 성장에 이미 식물처럼 형태가 부여되었다면, 우리는 우리의 자연적 속성을 인간적 방식으로 형성해야 합니다. 관건은 우리의 자연적 형태에 인위적으로 가공된 형태를 부과하는 것이 아니라 자연적 형태를 키우고 가꾸는 것입니다. 나는 '사용'한다고 말할 수도 있겠습니다. 여기서 사용이란 말은 인간 되기를 염두에 두고 하이데거가 『사유란 무엇인가 (*What Is Called Thinking*)』 7부 2장에서 사용(use)이란 말에 부여한 의미를 따르는 것입니다.[1] 이 과제를 수행하려면 우리는 우리의 인간 되기의 작업에서 아리스토텔레스의 4원인론을 사용하는 것으로 돌아가게 됩니다.

어떻게 우리의 성적 욕망의 에너지를 인간 되기의 과제에 사용할 수 있을까요? 서구 전통은 우리 욕망이 식물의 수액이나 동물의 본능과 비슷하다고 상상했던 것 같습니다. 다시 말해 우리의 성적 욕망을 일종의 활력으로, 즉 태양이나 선(the Good)을 향해 점점 더 높이 솟아오르려고 하거나, 아니면 특히 번식을 위해 '대상'을 소유하고자 수평적으로 움직이려는 힘이라고 상상했던 것 같습니다. 그러나 우리의 인간적 욕망은 인간의 운명을 성취하기 위해 우리가 실현해야 하는 다른 잠재력을 지니고 있습니다.

이 과제는 결코 쉬운 일이 아닙니다. 욕망이 우리의 언어적, 논리적 범주에 속하지 않기 때문에 특별히 더 어렵습니다. 욕망은 그 자체만으로 존재하지 않습니다. 욕망은 눈에 보이지 않으며 쉽게 감지되지도 않습니다. 욕망은 수직적이거나 수평적인 방향만을 따르지도 않습니다. 욕망은 명확한 형태를 갖고 있지 않지만 형태(들)를 취하고 부여할 수 있습니다. 욕망이 형태를 취하거나 부여할 수 있는 잠재력은 우리 인간의 성장을 위해 가장 중요합니다. 실제로 욕망은 자연이 우리에게 제공한 형태와 비교하여 새로운 형태를 만들 수 있습니다. 그러나 욕망은 우리의 인간성을 키우는 데 기여하기 위해 자연이 준 형태를 존중해야 합니다. 우리의 현대 교육과 문화에는 여전히 이런 관점이 부족합니다. 이런 관점은 우리의 인간적 생성에게 중요하며, 특히 우리의 관계적 생성에 필수불가결합니다. 욕망은 원소들에 의해 풍요로워질지라도 우리의 타고난 자연적 본성만으로는 일깨워지지 않고 다른 존재, 특히 다른 인간이 필요합니다. 원래는 자연적인 이 부가적 에너지는 우리 자신 안에 있는 원천에서만 나오지 않습니다. 욕망의 에너지는 그것을 발전시키고, 몸으로 구체화시키고, 공유하기 위해 다른 존재와의 연결을 고려하도록 요구합니다.

우리는 욕망, 특히 성적 욕망을 수동적으로 받아들이는 상태로만 남아 있을 수는 없습니다. 우리는 우리가 특유하게 인간적인 방식으로 자랄 수 있게 해주는 내적 태양으로서의 욕망을 살려내야 합니다. 사실 우리가 이 태양의 빛과 온기를 직접적으로 육체적이며 정신적으로 확산시키고 표현하는 것으로 바꿀 필요는 없습니다. 하지만 우리는 욕망이 친밀한 거주지를 세울 때까지 욕망이 우리 안에 살면서 우리 자신을 변형시키도록 적극적으로 허용해야 합니다. 욕망의 친밀한 거주지는 우리가 타자를 전용하거나, 타자를 살아 있는 실존에서 뿌리 뽑거나, 혹은 우리 자신을 융합의 과정이나 맹목적 복종에 빠지지 않으면서 우리 자신을 모아들이고 우리 자신으로 돌아가게 하여 타자의 현존을 반길 수 있게 돕습니다. 욕망을 키우려면 우리는 둘로 남아 있어야 합니다. 이것은 외부적 원인에 의해, 특히 타자에 의해 일깨워진 직접적 자극을 따르지 않으면서 우리의 자연적 형태를 인간적인 방식으로 사용하고 발전시킬 것을 요구합니다.

이런 진화로 인해 대우주를 구성하는 원소들과 이 원소들을 소우주—우리가 소우주입니다—속으로 전용해 들이는 것을 존중할 필요가 생겼습니다. 여기서 전용한다는 것은 소유로 들어가는 것이 아니라 특정 용도에 적합하도록 만드는 것을 의미합니다. 어떤 문화전통은—예를 들어 요가 전통은— 우리의 신체적이고 원소적인 속성이 인간적 발전으로 변형될 수 있다는 것을 알고 있으며, 그렇게 키우고 있습니다. 심지어 서양의 종교 전통(들)에서도 신체적 본성의 성체 변화(transubstantiation)와 변용(transfiguration)에 대한 암시를 발견할 수 있습니다. 그러나 여전히 우리는 관계의 성취, 특히 성적 관계의 성취와 관련하여 신체적 속성이 인간적으로 발전되어 나아가는 길을 내는 방안에 관해서는 가르침이 부족합니다. 바로 이것이 내가 몇몇 나의 책에서, 이를테면 『나는 당신에게로 사랑합니다(*I Love to You*)』, 『둘로 존재하기(*To Be Two*)』, 『사랑의 길(*The Way of Love*)』, 『태초에, 그녀가 있었다(*In the Beginning, She Was*)』, 『새로운 에너지 문화(*A New Culture of Energy*)』에서 접근하고 설명하고자 애썼던 시각이자 지평입니다.[2]

2014년 7월 2-9일

14장

자연 속에 혼자 있는 것에서
사랑 안에서 둘로 존재하는 것으로

우리는 자연에서 혼자 있는 것일까요? 분명코 완전히 혼자 있는 것은 아닙니다. 우리는 우리와 소통할 수 있고 심지어 교감할 수도 있는 수많은 생명 존재들에 둘러싸여 있습니다. 자연과 나누는 이런 소통과 교감은 종종 인간과 함께 있을 때보다 더 쉽게 일어나며, 인간과 함께 할 때는 아주 힘겹게 얻어지는 어떤 절대의 경험을 안겨줍니다.

나는 사랑하는 사람과 교감에 이르지 못하였기에 자연을 사랑하게 된 연인들의 사례를 떠올려봅니다. 그런 경우가 아니었다면, 우리는 횔더린의 감탄할 만한 시를 접하지 못했을 것입니다.

이참에 나는 헤겔이 자연과의 공유에서 느끼는 절대의 경험을 정신적 절대로 변형시키는 대신에 그것을 포기한 점도 궁금합니다. 하나의 절대가 다른 절대에서 분리되면 어떤 일이 벌어질까요? 생명 그 자체로부터 우리가 분리될까요? 우리의 체화된 존재를 키우는 작업은 방치해 놓고 정신적 의식과 시각적 직관에만 맡겨진 길을 만드는 것일까요? 과연 이것이 인간적 여정의 목적에 부합하는 것일까요? 이것은 헤겔의 주장과 달리, 출발부터 목적과 단절하는 것이 아닌가요? 우리는 어떻게 식물 세계와 나누는 교감으로부터 우리 자신과 다른 인간들과 나누는 교감으로 건너갈 수 있을까요? 지금 우리는 이 교감이 일어날 수 있는 매개로 사용될 수 있을 생명의 에너지를 빼앗기고 있습니다. 우리는 생명 그 자체와 살아 있는 환경을 경험하는 일로부터 단절되어 있습니다. 그리하여 우리는 우리의 살아 있는 자연적 속성에서 우리를 추방시키는 구성된 코드를 통해서만 생명과 생명의 환경에 다가갑니다.

특히 모든 존재들을 명명하고 이들을 하나의 전체로 통합함으로써 이들과 더 이상 교감을 나눌 수 없을 정도로 우리와 생명의 관계가 대상화되었기 때문에, 우리는 자연 속에 홀로 있습니다. 더욱이 세계를 구성하는 방식을 통해 우리는 모든 생명 존재를 다른 존재들로부터 분리하였고 존재들 사이의 연결성(들)을 박탈했습니다. 이것은 생명의 근원을 빼앗는 것과 마찬가지입니다. 생명은 시각(視覺)이나 온갖 유형의 묘사(description) 및 복제와 연관되어 있다기보다 숨 쉬기와 촉각과 더 연관되어 있습니다. 우리의 세계는 죽어 있는 물건들로 가득 찬 박물관 같아 보입니다. 우리는 이 죽어 있는 물건들에 우리 자신을 투사해 넣습니다. 우리의 의도나 욕망에 따라 실재하는 모든 존재들을 조직하려는 바람 때문에, 우리는 우리가 죽은 것으로 경험하고 그렇게 취급하는 세계의 한가운데 홀로 남겨졌습니다. 이는 우리 자신을 포함하여 모든 생명 존재에게 해를 끼치는 일입니다. 이제 생명 존재는 우리의 생기와 활기, 그리고 우리의 교류에서 생기는 것들로부터 생명력을 부여받는 것이 아니라 가공된 물건에 비견될 수 있습니다.

대개의 경우 우리는 살아 있는 존재를 만나는 것과 우리가 만든 물건——그것이 물질적인 것이든 정신적인 것이든——을 만나는 것 사이의 차이를 알지 못합니다. 우리는 상대의 저항에 부딪혀야만 그 존재에 관심을 기울입니다. 이는 불행하게도 우리가 살아 있는 존재와 나누는 교감을 향유하는 것이 아니라 살아 있는 존재를 정복해야 할 장애로 잘못 생각하고 있음을 의미합니다. 이런 잘못된 생각이 너무나 심각하기 때문에 우리는 살아 있는 존재와의 만남을 생명을 나누고 키우려는 갈망에 맡기는 것이 아니라 세상만물과 우리의 관계를 처리하기 위해 수많은 규칙을 정합니다. 생명을 나누고 키우려는 갈망이 남아 있는 경우 그 갈망은 살아 있는 모든 연결성을 깨뜨리는 코드와 도덕적 명령에 의해 마비되어 버립니다.

그러나 생명이 살아 존재하면서 자신을 드러내지 못하도록 가로막는 관습과 질서보다는 생명의 힘이 더 강합니다. 욕망, 특히 성적 욕망이 강요된 코드와 관습의 한계를 넘어설 때는 특히 그렇습니다. 욕구 역시 생명이 존재함을 확실히 증명합니다. 하지만 대개 욕구는 경쟁과 종속을 발생시킬 뿐 아니라 심지어 파괴까지 일으키면서 모든 생명 존재들 사이의 조화로운 교감을 택하지 않습니다. 성적 욕망은 적어도 근원에 있어서는 우리와 다른 생명의 원천이자 체현으로서 타자와 맺는 관계 속으로 들어가라는 호소입니다. 이는 인간으로서 우리가 생성하는 특성을 요구합니다. 실제로 우리는 나타남을 통해서뿐만 아니라, 다른 사람에게 현상하는 존재로서 현존 속으로 들어가지 않을 수 없습니다. 우리는 단일한 환경에서 오직 우리 자신의 뿌리에서 출발하여 자라는 것이 아닙니다. 우리는 다른 뿌리, 다른 세계와 타협해야 합니다. 이것은 타자의 실존을 고려하기 위해 성장을 멈추라고 요구하는 제약입니다. 욕망이 우리에게 잠시 멈춰 서서 타자의 존재를 고려하라고 한다면, 욕망은 또한 살아 있는 존재에 대한 관심과 존중을 일깨우는 데 기여할 수 있습니다. 우리는 대체로 살아 있는 존재 앞에 머무르면서 생각하는 것을 잊어버립니다.

다른 인간에 대한 욕망은 우리가 종종 무시하는 생명에 대한 관심을 되살릴 수 있습니다. 욕망은 우리가 다시 생명에 관심을 가지라고 부르지만, 우리는 좀처럼 이 부름에 귀를 기울이지 않으며, 우리의 갈망을 생명에 무관심한 규범과 규칙에 종속시킵니다. 이런 일은 무엇보다도 우리가 공동체나 사회에 들어가기 위해 둘 사이의 관계를 건너뛸 때 일어납니다. 이로써 우리의 욕망은 다소 거친 야생의 본능으로 다시 빠져들지 않을 경우, 자신의 살아 있는 뿌리를 잃어버립니다. 욕망은 생명을 나누는 것을 좋아하지 않는 문화적 구성물로 인해서 휘어집니다.

생명의 나눔을 다시 발견할 수 있는 곳은 둘 사이, 자연적으로 다른 두 사람 사이입니다. 자신과 다른 사람과 얼굴을 맞대고 만나는 것은 우리가 갇혀 있는 구성된 세계를 떠나 우리의 전체적 존재를 회복할 기회를 줍니다. 우리는 우리의 자연적 속성을 회복하고 자연적 속성에서 시작하기 위해 '당신(you)'을, 자연적으로 다른 '당신'을 만나야 합니다. 그러한 만남이 부족했기 때문에 우리는 우리가 생명을 경험하고 공유하지 못하도록 빼앗는 인위적 구성물의 미로에 빠져들게 되고, 우리가 모아들일 수 없는 수많은 부분들로 쪼개져 있습니다.

우리는 가끔 종교적 절대자나 철학적 절대자를 믿으면서 연대를 회복합니다. 하지만 적어도 우리 전통에서 이는 우리를 상호간의 성적 끌림과 나눔에서 단절시킨 채, 인간적인 방식으로, 아니 심지어 신성한 방식으로 이런 끌림과 나눔을 발전시킬 방법을 가르쳐주지 않습니다. 그렇지만 성적 분출이 적절히 이루어지도록 키우는 것은 우리가 다른 생명 존재들 사이에서 살아 있는 존재로서 지배나 종속 없이 행동할 수 있도록 생성해 가는 데 있어서 매우 중요합니다. 마땅히 쓰여야 할 정력적 충동이 쓰이지 못할 때 우리는 생명의 한계에 대한 지각을 잃어버리고 파괴적으로 됩니다. 이 파괴 속에는 우리 자신도 포함됩니다. 불행히도 우리의 성적 욕구를 억누르는 이상적 가치들은, 특히 그것이 욕구를 체화하여 만족시키는 데 기여하지 않고 보편적이거나 중성적인 것처럼 위장할 때는 우리를 선과 악, 옳고 그름 사이에서 헤매게 만듭니다. 이런 혼란은 우리가 가진 에너지에 대한 적절한 이해가 부족하기 때문에 일어난 것입니다.

욕망과 사랑을 결합하는 것은 우리의 길을 여는 더 나은 방법입니다. 그 길은 우리 안과 우리 사이에서 성적 욕망이 일어나는 곳에서 출발합니다. 성적 끌림, 특히 성애적 끌림이 표현하는 근원과 부가적 생명 에너지를 육욕적 결합으로 바꾸는 일은, 우리의 인간적 존재를 성취하고, 모든 생명 존재들과 더불어 행동하고 교감하는 인간적 방식을 습득하는 길이 될 것입니다.

어떤 문화 전통에서 세계의 기원이나 새로운 시대에는 사랑에 빠진 두 신이 존재한다고 그리는 것은 우연이 아닙니다. 우리 전통은 이 기원적 토대를 최초의 인간 커플에게 맡기는 실수를 저질렀던 것일까요? 그렇지 않다면 우리는 아직 이 과제를 떠맡을 수 있는 성숙함에 이르지 못한 것일까요?

2014년 7월 23-29일

인간 되기

아마도 사태가 이렇게 전개된 것은, 우리 서양 전통이 최초의 인간 커플은 만들어진 존재가 아니며 그들은 자신들의 인간성을 성취하기 전에 신이 되는 것을 염려했다고 상상했기 때문으로 보입니다. 최초의 인간 커플은 인간이 되기보다는 신적 기원을 찾고 있었습니다. 이들은 이미 창조된 세계를 지배하는 것으로 상정되었지만 그 지배의 과제를 어떻게 수행할지 몰랐기 때문에 이런 신적 기원 찾기는 더욱 극심하게 나타났습니다. 이들에게는 만물을 소중히 여기고 만물에 대한 결정을 내리기 위해 전체로부터 자신들이 출현했다는 시각이 부족했습니다.

이들이 갖고자 했던 것이 경험하지 않으면서 옳고 그름을 구별하는 자질이었다는 점을 제외하면, 선악의 지식을 전용하고자 하는 이들의 바람은 부모의 미움을 받을까 봐 두려워하는 아이들을 닮았습니다. 이는 스스로 앎의 길을 만들지 않고 타자—대타자?—의 지식을 자신의 용도에 맞게 장악하는 것과 같습니다. 이들의 지식은 살아 있는 경험으로부터 단절된 지배입니다.

우리 문화의 대부분이 이런 전용에 기초해 있는 것은 아닌지 우려됩니다. 우리는 지식을 현재 존재하는 방식이 아니라 과거로부터 얻어야 하는 상품으로 간주합니다. 문화는 실재를 지배하는 도구인 것이지 우리의 존재 가운데서 실재의 부분을 키움으로써 우리가 모든 인간 및 사물과 공존할 수 있게 해주는 지혜가 아닙니다. 따라서 문화화된다는 것은 우리의 존재를 발전시키면서 모든 생명 존재의 발전에 기여하도록 만드는 것이 아니라, 우리 자신을 포함한 만물로부터 우리를 분리시키는 것입니다. 그 목표는 정의로 세계를 다스리는 것과도 같습니다. 하지만 우리는 사랑이 필요합니다. 사랑의 길은 추동력이자 감성이며 도덕일 뿐 아니라, 우리가 모든 존재—사람 혹은 사물—를 고려하고 그들에게 보이는 행동을 통해 존경 어린 판단을 내리는 것입니다.

우리에게 여전히 부족한 것이 사랑과 사유에 참여하는 것입니다. 이것은 우리가 가족의 권위 같은 것에 의존하는 아이로 남아 있는 한 결코 이를 수 없는 인간 되기입니다. 가장 자연적인 차원에서부터 가장 정신적인 차원에 이르기까지 그런 권위의 지위를 영구히 지속시키겠다는 것은 우리를 무책임하고 오만하게 만듭니다. 더욱이 이런 방식은 모방을 성장의 길로 제시합니다. 누군가 말하듯이, 인간 어른이 된다는 것은 조상의 지식을 생존의 수단으로 전용할 줄 아는 '원숭이'가 된다는 것을 의미하는 것인지 모르겠습니다.

하지만 인간으로서 우리가 전용하는 것들은 우리의 생명에 무심한 사회로 통합되는 데 유용할 뿐입니다. 우리의 사회적 규칙과 관습은 생명을 존중하고 키우기보다는 중성화하는 데 기초해 있습니다. 우리 교육은 우리 자신에서, 그리고 우리가 만나는 모든 생명 존재에서 생명으로 돌아가는 길을 잃어버릴 때까지 생명에서 멀어지라고 가르칩니다. 우리는 특정한 사회문화적 맥락에서 행동하는 법은 배우지만 살아 있는 세계를 다루는 법을 배우지는 못합니다. 생명의 세계는 우리를 코드화된 기계 장치가 아니라 살아 있는 존재들 사이에서 살아 있는 존재가 되도록 해줍니다.

그로 인해 서로 다른 문화와 전통 사이에 오해와 갈등이 일어나고, 개개 문화와 전통은 모든 사람에게 부과되어야 하는 보편적 진리를 재현한다고 주장합니다. 오직 생명만이 보편적입니다. 생명에서 출발할 경우에만 우리는 인간의 문화를 만들고 인간성을 성취할 수 있습니다. 이것은 우리의 사회문화적 토대, 그중에서도 특히 우리가 우리들 사이의 관계뿐 아니라 우리의 살아 있는 환경과 맺는 관계 속으로 들어갈 때 사용하는 언어를 다시 생각해 보도록 요청합니다.

이를테면, 명명 행위는 우리의 가장 기본적인 문화 과정일 것입니다. 하지만 생명의 경우처럼 생성하고 변화하는 것에 어떻게 이름을 붙일 수 있을까요? 게다가 일부 다른 문화들은 존재의 움직임을 표현하는 말을 갖고 있지만, 우리 서양 문화에는 그런 말이 부족합니다. 일본어로 '나무는 나무한다'고 말할 수 있습니다. 이 말은 나무가 자라면서 나무로 되어간다는 뜻입니다. 이와 마찬가지로 '구름은 구름한다'고 말하는 것도 가능합니다.[1] 그러나 우리에게는 이렇게 표현할 가능성이 없습니다. 우리 서양인들에게 나무는 참나무, 소나무, 너도밤나무 등이 될 수 있습니다. 우리는 나무의 살아 있는 속성이나 욕구에 관심을 보이지 않은 채, 나무의 종류를 지정하고 분류하는 법을 배웁니다. 우리는 우리와 식물 존재의 관계나 식물들 사이의 관계에 대해서는 전혀 고려하지 않으면서 식물 존재들을 죽은 사물로 대합니다.

우리는 동물과 인간에 대해서도 대체로 비슷한 태도를 취합니다. 우리의 언어가 동물과 인간에게 판단——이것은 일종의 분류에 해당합니다——을 내릴 수 있다면, 그 언어는 우리들 사이의 소통에 우호적인 낱말과 통사 구조를 마련해 주지 않습니다. 우리의 언어적 도구는 생명을 키우고 공유하기보다는 생명을 지배하기 위해 만들어졌습니다. 이런 지배의 과정이 너무나 극심하게 일어났기 때문에 우리는 실재에 대한 우리 관점의 산물을 실재라고 지칭합니다. 그런데 이 관점은 실상 '우리' 자신의 관점이 아니라 우리가 학습해 왔던 것일 따름입니다.

사실 우리는 생명과 살아 있는 교환에서 점점 더 멀어진 곳을 배회하고 있습니다. 우리의 언어는 점점 더 부호화되어 갑니다. 우리 자신을 표현하고 먼 거리에서 소통하기 위해 사용하는 기술적 수단들은 서서히 생명을 허약하게 만들고 죽게 만듭니다. 어떤 사람들은 축약과 축소를 통해 언어를 되살리려고 하지만, 언어는 매혹적일 만큼 익숙하고 확실히 편리하지만 또다시 감각을 상실합니다.

관건은 우리의 언어가 생명을―우리의 생명과 다른 살아 있는 존재의 생명―표현하도록 언어를 다시 생각해 보는 일입니다. 만물에 접근하는 데 있어서 시각을 택한 것이 생명의 문화에 기여하지 않았듯이, 동사와 형용사가 아닌 이름을 강조하는 것도 생명의 문화에 기여하지 않았습니다.

인간에게 제공된 잉여 뉴런은 사랑과 지능으로 생명을 발전시키거나, 선천적으로 부여받은 자연적 생명에서 출발하여 인간 존재를 창조하는 데 사용되어 왔습니다. 잉여 뉴런은 생명과 생명의 성장을 유지하는 것들, 즉 생기, 활기, 호흡에 활력을 불어넣는 에너지, 피 등을 지배하기 위해 사용되었습니다. 이런 지배는 특히 우리가 생명 세계에서 다른 생명 존재와 사랑과 교감을 나눌 때 일어났습니다.

우리는 이런 생명 자원에 대한 고려를 무시해 왔고, 생명의 잠재력을 가만히 놔두어 피어나게 하는 것이 아니라 좌초시키는 문화를 만들어 왔습니다. 그리하여 생명 세계는 번식 행위를 제외하면 너무나 척박한 곳이 되었습니다. 이제 생명은 번식 이외의 다른 많은 것들을 위해 풍요로워질 수 있습니다. 우리는 우리의 생명 존재와 잉여 뉴런을 발전시키고 꽃 피우지 않았습니다. 우리의

'머리'는 우리의 몸으로 구현된 것에 맞서며 따르지 않았습니다. 이것이 자신의 피를 흘리며 살과 피로 이루어진 존재를 출산하는 여성에 대한 폄하로 이어졌습니다. 우리 교육은 살, 피, 혈연에 대한 경멸에, 그리고 생명의 관점에서 보면 자의적인 법과 규칙과 담론을 통해 이것들을 통제하려는 시도에 기초해 있지 않은가요? 이것은 우리 안과 우리 주변에서 생명과 관련된 모든 것들을 향해 기꺼해야 양면성을 보이는 것으로 귀결되었습니다.

우리의 냉혈한 시각은 존재의 숨겨진 실존과 성장을 통해 존재를 결정하는 것이 아니라 존재가 나타나는 것을 통해 존재를 결정합니다. 그리하여 인간은 자신의 존재를 망각한 채 살아 있는 존재 바깥에서 끊임없이 존재의 원인과 기원을 찾습니다. 인간이 다른 종들, 특히 생명과 보다 단순하게 관계하는 식물종이나 동물종과 대립적으로 자신을 규정해 왔던 것은 사실입니다. 또한 인간이 번식을 위해서뿐 아니라 생명의 개화를 위해서 생물 속(屬, genera)들 사이의 차이가 얼마나 중요한지 과소평가해 온 것도 사실입니다. 인간은 다른 생명 존재들 사이에서 살며, 자신이 지닌 부가적 인식과 자유 덕분에 다른 존재들과 더 잘 공유할 수 있는 길이 아니라, 다른 생명 존재들로부터 자신을 구별해 내기 위해 자신을 살아 있는 세계를 지배할 수 있는 유일한 존재로 여겨야 했습니다.

2014년 8월 3-7일

16장

만물 사이에서 생명을 키우고 공유하기

우리의 행동 방식과 사유 방식은 점점 더 생명에 해로운 현상 (들)에 기초해 있습니다. 이것은 새로운 자원은 제공하지 않은 채 우리와 지구가 가진 여분의 생명력을 소진시키고 있습니다. 생명 세계 전체의 미래는 위험에 처해 있습니다. 우리가 그러한 위험을 시급히 걱정하고, 새로운 토대 위에 문화와 교환 시스템을 세우는 데 관심을 가져야 한다는 것은 분명합니다. 우리는 보편적으로 공 유할 수 있는 유일한 가치로서 생명에서부터 다시 출발하여, 모든 존재를 보호하고 꽃피운다는 생각으로 생명을 키우는 법을 배워 야 합니다. 우리는 우리가 공동으로 가지고 있는 것과 이 공동선 을 보호하는 방법에 초점을 맞춰야 합니다.

원소들―공기, 물, 불, 흙―은 우리가 돌봐야 하는 가장 기본적 인 것입니다. 원소들은 그것이 개개 존재의 형성에 구체적으로 개입하기 이전에도 생명의 실존 조건이자 생명의 필수적 환경으로 고려되어야 합니다. 대부분의 사람들이 이 네 원소로부터 자신들이 구성되었으며, 원소를 해치는 것은 자신을 해치는 것과 같다는 사실을 생각해 본 적이 없다는 점은 참으로 유감스럽습니다. 사람들은 자신의 물질적 구성을 무시하며, 자신들이 살아 있는 세계에 참여하는 실재로서 이 물질적 구성을 돌보지 않습니다. 만약 사람들이 자신의 물질적 구성에 더 많은 관심을 기울인다면, 자신의 생명만큼이나 자신의 환경을 돌봐야 할 필요성을 인식하게 될 것입니다. 사람들도 환경과 같은 물질로 만들어졌으니까요.

의사들이 환자에게 이 사실을 알리지 않는다는 것은 놀랍습니다. 담론과 의료 영역에서 계속 발전하고 있는 여러 기술들이 사람들로 하여금 이 기본적 사실을 깨닫지 못하게 가로막고 있다는 것 역시 놀랍습니다. 우리의 조상들과 다른 생명 종의 존재들은 우리보다 이 사실을 더 잘 알고 있습니다. 과학과 과학의 산물은 우리의 생존을 연장시킬 수 있지만 생명을 키우고 자라게 하는 데는 기여하지 않습니다. 대부분의 경우 과학은 부모나 권위적 권력으로 작용하는 지식에 의존하는 상태를 유지시킵니다. 그러나 실상 이런 권력은 생성에 필요한 자유를 빼앗아 갑니다. 자연은 우리가 태어날 때부터 숨 쉬기를 통해 자율성을 가져다주고, 우리의 생명을 발전시키고 유지하는 여러 수단을 계속해서 제공합니다. 우리는 자연이 제공하는 원소들을 수용함으로써 생명을 발전시키고 유지합니다. 게다가 이런 식으로 우리는 생명 세계 전체에 대해 고마움을 느끼며 교감을 나눕니다.

그러나 우리는 인간입니다. 원소들이 우리의 실존에 필요하지만, 우리는 또한 우리 자신의 개별성에 도달해야 합니다. 이것은 원소들과 계속적으로 하나가 되는 상태를 포기할 것을 요구합니다. 자연은 진공(眞空, vacuum)을 혐오하지만, 우리는 인간으로서 우리의 자연적인 속성을 포기하지 않으면서 진공을 떠맡지 않을 수 없습니다. 이 둘을 결합하는 것은 매우 어려운 일이라서 이 미결의 과제는 인간 되기를 방해하고 왜곡합니다. 헤겔조차 이 문제를 해결하지 못했습니다. 그의 작업은 실상 사유의 새로운 시대를 열기보다는 서구 철학 서사를 요약하고 있습니다. 헤겔은 우리의 자연적 정체성뿐만 아니라 부정성을 극복하고자 애썼지만, 자연적 정체성과 부정성이 양립하면서 표현될 수 있는 논리를 발견하지는 못했습니다. 이 도전은 특히나 인간적인 것입니다. 고유한 생성이 일어날 수 있도록 보장하고 타자로서의 타자와 적절히 관계를 맺을 수 있으려면, 이 도전은 대적해 볼 만한 가치가 있습니다. 우리가 관계를 맺으려는 타자가 우리와 자연적으로 다른 타자일 때는 특히 그러합니다. 사실 인간으로서 우리는 외부적 원인에 의해 일깨워진 자극을 단순히 따를 수만은 없습니다. 우리가 우리의 욕망을 불러일으키는 태양의 존재를 식물이 새잎이나 꽃으로 찬양하거나 새가 노래로 찬양하듯이, 혹은 충동적인 성행위를 통해 찬양할 수는 없습니다. 인간이 너무 자주 무심하기는 하지만 이 모든 것들은 이미 하나의 찬양 방식입니다. 다른 생명 존재들과 공존하는 것을 염두에 두면서, 우리는 인간의 운명이 성취한 것들을 가지고 우리가 자연으로부터 받은 것을 키우고 형성해 나가야 합니다. 이를 위해 우리는 육체적 성장에 불과한 것을 유예하고, 깨어난 에너지의 일부를 우리 자신을 변형하기 위해 활용할 수 있는 능력을 갖추어야 합니다. 이 변형은 즉각적이고 겉으로 드러나는 성장을 말하는 것이 아니라, 타자의 타자성을 만나고 공유하려면 반드시 필요한 작업입니다. 실제로 우리는 우리의 물질적 속성을 그것과 무관한 추상적 형태와 규범에 예속시키지 않으면서 다른 신체적 물질로 전환해야 합니다. 우리의 생성을 인간적 특성과 잠재력에 맞춰 형성하고 추구하려면 우리는 즉각적인 성장을 미뤄야 합니다. 이런 자세는 자연적 연속성 및 인접성과 관련하여 우리에게 공백(void)을 직면하라고 요구합니다.

내 생각에 관건은 헤겔이 그랬듯이 경험된 것의 직접성을 인식을 통해 부정함으로써 지양하는 것이 아닙니다. 부정은 절대에 도달하면서 최종적으로 지양됩니다. 오히려 나는 우리가 공백을 떠맡고 우리의 생성을 대체할 수 없는 계기로서 이 공백을 유지해야 한다고 생각합니다. 우리의 성장 방식이 단순히 연속적일 수는 없습니다. 우리의 발전에는 불연속이 필요합니다. 불연속성은 우리의 개별성과 다른 생명 존재들 사이에 존중하는 관계가 일어날 수 있도록 해줍니다. 이것이 플라톤적 형이상학, 보다 일반적으로는 우리의 과거 형이상학적 모델이 우리의 자연을 키우는 데 부적절하며 근본적으로 허무주의적인 또 다른 이유입니다. 형이상학적 모델은 공백을 인간적 개별성과 발전의 조건으로 받아들이는 대신에 이상을 통해 이 공백과 부정성을 세계에서 추방시키는 방안을 그려내고 있다고 가장합니다. 그러나 그 이상은 우리가 도달할 수 없는 것이며, 살아 있는 존재들 사이에 소통과 교감이 일어나지 못하도록 가로막는 구성된 양식을 실재에 부과합니다. 생명 존재들의 역설은 공유하려면 떨어져 있어야 한다는 것입니다. 생명이 있는 존재들은 자신의 수액에, 자신의 피와 활기의 자연적 자원에 충실하지 않으면 나눌 수도 없습니다.

하지만 욕망은 우리가 우리의 자연적 속성에 충실하면서도 혈연적 유대관계를 초월할 수 있는 관계로 들어가는 다른 방식입니다. 욕망, 다른 무엇보다 먼저 성적 욕망은 단순히 생명을 유지하는 데 필요한 물질적 속성과는 다른 개별화의 수준에 부합합니다. 욕망은 그저 목숨을 부지하는 생존과 비교할 때 생존 너머와 연관되어 있습니다. 욕망은 보다 인간적이고 정신적인 성취에 이르기 위해 생물적 욕구에 예속되는 것을 넘어서도록 추동하는 힘입니다. 그러나 욕망은 이미 우리의 정체성과 지상에서 우리의 거주 방식을 구성하는 형태—원래는 물질적인 신체적 형태—에 의존합니다. 욕망은 영토에 불과한 것을 세계로 바꿀 수 있습니다.

욕망은 기본적으로 성적입니다. 성적이라는 것이 꼭 좁은 의미의 성애적인 것을 의미하지는 않습니다. 성적 욕망의 내용과 형식은 중성적인 것도 아니고 우리 신체의 구성에 무관심한 것도 아닙니다. 또 성적 욕망이 언제나 성교를 목표로 하는 것은 아닙니다.

욕망은 우리의 관계─세계, 타자(들), 그리고 우리 자신과 맺는 관계─가 성적으로 되는 것을 막지 않습니다. 서양 전통은 이 사실이 지닌 중요성을 잘못 판단했습니다. 이런 오류는 우리의 인간적 성취와 우리가 모든 생명 존재들과 관계 맺는 행동 방식에 해악을 끼쳤습니다. 또다시, 공백, 무(無), 부정적인 것은 초감각적 이상에 의해 중단되거나 전멸되었습니다. 초감각적 이상은 우리의 에너지가 커지고 우리들 사이에서 에너지가 공유될 수 있도록 허용하지 않은 채 우리의 에너지를 이용해 왔습니다.

두 번째로, 우리는 성적 욕망을 공유하기 위해 자연적으로 서로 다른 우리들 사이의 공백과 무와 부정을 받아들여야 합니다. 이런 자세는 성적 관계가 일어나기 전에 개입해야 합니다. 그렇게 해야만 성관계가 단지 성욕이라고 일컬어지는 것의 만족이 아니라 인간적 욕망의 만족으로 나타날 수 있는 공간을 열 수 있습니다.

내 생각으로는, 성욕의 문제, 특히 어떤 희생을 치르더라도 반드시 만족시켜야 하는 남성적인 성적 욕구는, 우리의 성적 속성이 우리와 자연적으로 다른 타자를 존중할 때 얻을 수 있는 어떤 체화된 만족에 이를 수 있도록 키우려는 노력이 부족했기 때문에 발생했습니다. 그리하여 성적 매력이 자극하는 에너지는 그 에너지를 다듬고 표현할 수단도 없이 남게 되어 관계에 참여한 상대를 참작하여 배출하거나 방출하려고 합니다.

우리는 우리의 관계적 삶의 근원에 욕망의 형태로 놓여 있는 것을 인간 발전의 결정적인 측면이자 조건으로 고려하지 않았습니다. 이러한 누락은 다른 인간 및 생명 세계 전체와 관계 맺는 방식을 왜곡시켰습니다. 그것은 또한 실재의 지각, 진리에 대한 평가, 진리에 이르고 진리를 공유하는 방식에 대한 평가를 왜곡하였습니다. 생명이 만물 사이에서 공유될 수 있도록 키우려면, 우리는 우리 자신의 생명 유지와 성장뿐 아니라 우리 안의 관계적 잠재력에 관심을 기울여야 합니다. 이런 작업은 우리의 모든 관계에 들어 있는 성적 속성에서 발원하는 에너지 자원의 틀을 형성하는 일에서부터 시작합니다.

성적 에너지는 이른바 사적 맥락에서 협소한 성애적 관계를 위해 유지되어서는 안 되며, 사회문화적 환경에서 무시되거나 억압되어서도 안 됩니다. 성적 에너지는 사적 맥락에서는 대개 문화적으로 변용되지 않고 출산을 위해서만 쓰입니다. 사회문화적 환경에서 우리는 마치 무성적 개인인 것처럼 행동해야 합니다. 그러나 성적 에너지는 우리가 우리 자신이 되고 다른 생명 존재들 사이에서 자신의 자리를 잡는 데 핵심적인 생명의 원천이자 비축 자원입니다.

우리가 성장하면서 자연의 공백과 무를 떠맡으려면 우리의 인간 되기가 필요합니다. 타자(들)과 더불어 타자(들)과 맺는 관계에서 공백과 무를 떠맡으려면 타자성을 존중하는 것이 필요합니다. 우리가 이렇게 공백과 무를 떠맡는 것은 사유할 자질이 우리 안에 이미 존재한다는 것을 전제합니다. 인간은 어떤 명징한 언어를 갖기 이전에 이미 이런 사유의 자질을 지니고 있거나 지니고 있어야 하는 존재의 특성을 보입니다. 사유는 몇몇 철학자들만이 가진 특권이 아닙니다. 사유는 인간으로 존재하는 일에 관여합니다. 사유는 단지 직접적인 경험에 불과한 것으로부터 우리 자신을 떼어 놓을 수 있는 능력을 요구합니다. 하지만 이런 거리 두기의 필요성은 일반적으로 대상화를 통해 실재를 정복하는 것으로 잘못 이해됩니다. 그러나 우리는 이와 거의 정반대의 태도를 보여야 합니다. 다시 말해, 우리는 우리의 여정을 추구하는 길을 정하기 위해 잠정적으로 우리 자신을 객관적으로 바라보아야 합니다. 우리가 걸어가야 할 길은 우리 자신의 것으로 만든 사회문화적 구성물을 실재에 투사하는 것이 아니라 실재를 더 바르고 생생하게 지각하는 것에서부터 시작해야 합니다.[1]

세 번째로, 사유는 사회문화적 배경이나 이미 우리의 것이 된 지식에 집착하는 것을 포기함으로써 공백과 무를 떠맡으라고 요구합니다. 사유는 공백이나 진공을 넘어서려고만 하지 말고 그것을 대면하라고 요구합니다. 실제로 이런 경험은 생명의 실재로부터 반드시 분리될 필요가 없는 관점을 제공합니다.

서양의 전통은 호흡을 키우려는 노력이 부족해 보입니다. 호흡을 키우는 것은 허무로 떨어지지 않으면서 공백을 마주하고 공백에 대처할 수 있게 해줍니다. 호흡은 살고 사랑하고 사유하는 데 핵심적입니다. 호흡의 성격과 마찬가지로 호흡의 경제는 우리가 우리 존재를 어떻게 구현하느냐에 따라 달라집니다. 우리는 태어나면서부터 스스로 숨을 쉬어야 합니다. 생명 세계, 사랑하는 사람, 인간 타자 혹은 비인간 타자들과 공유하는 일은 우리의 호흡을 키우지 않고서는 일어날 수 없습니다. 호흡에 대한 배려가 부족하기 때문에 우리는 생명을 왜곡합니다. 우리는 우리가 생명을 나누기로 한 모든 사람들의 생명과 우리 자신의 생명을 함께 왜곡합니다. 이것은 우리가 개개의 사람들을 그들의 살아 있는 타자성 안에서 존중하고 사랑하고 사유할 수 없으며, 그들을 그들 자신의 뿌리와 성장으로 돌려보낼 수 없기 때문에 일어납니다.

호흡을 함으로써 우리는 생명과 욕망과 사랑과 문화의 새로운 성장과 지평의 가능성을 계속해서 열고 다시 엽니다. 때로는 식물 세계가 우리의 가장 중요한 매개자이고, 때로는 우리와 다른 사랑받고 사랑하는 인간이 매개자입니다. 또 때로는 과거의 사상가들이 우리를 그 길로 인도합니다. 그러나 별의 도움으로, 은총의 도움으로, 나눔을 통해 생명과 사랑과 사유를 키우고자 갈망하는 다른 인간을 만나면서 생기는 풍요로움의 도움으로, 우리는 새로운 세계를 건설하려는 마음으로 우리의 길을 홀로 열어가야 합니다.

2014년 8월 9-19일

에필로그

친애하는 마더에게

당신에게 이 책을 공동 저술하자고 제안했을 때 나는 이 작업이 어떻게 전개될지 상상하지 못했습니다. 앞서 이 책을 소개하는 편지에서 언급했듯이, 두 가지 사안 때문에 나는 이 제안을 하게 되었습니다. 첫 번째는 우리 지구와 지구에 사는 모든 생명 존재가 위험에 처해 있으며, 식물 세계를 보존하는 것은 지구 행성을 구하는 데 매우 중요하다는 사실입니다. 두 번째는 우리의 에너지를 살아 있게 해주는 다른 실존 방식과 공동-실존 방식을 확립하기 위해, 우리의 자연적 속성으로 돌아와 그것을 적절하게 키우는 것을 통하여 우리는 인간으로서 오늘날 세계를 통치하는 과학과 기술의 지배에서 빠져나올 수 있는 길을 찾아야 한다는 것입니다.

개인적으로 나는 성적 정체성이 이런 과제를 수행할 수 있게 해주는 일종의 골격(framework)—하이데거가 말한 '뼈대(Gestell)'를 약간 다른 의미로 쓸 수도 있습니다—이라고 생각합니다. 사실 성적 정체성은 우리 신체의 물질성이 생명의 성장과 공유에 기초한 보다 구체적인 문화적 개별화와 관계적 질서로 변형되는 쪽으로 나아가도록 우리가 이 신체적 물질성을 초월하게 해주는 것입니다. 따라서 내가 식물 생명 및 식물 생명이 우리에게 주는 가르침과 관련하여 생명을 키우는 일로 돌아가도록 초대하는 이 책의 공동 저자로 남성이 더 좋겠다고 상상했던 것은 이런 생각과 무관하지 않습니다.

이 점과 관련하여 틀림없이 어떤 사람들은 곧바로 섹슈얼리티를 떠올릴 것입니다. 그러나 이것은 생명과 생명의 공유의 문화가 부족하기 때문에 일어난 것입니다. 이런 문화의 부족으로 인해 우리의 성적 정체성은 생명의 에너지를 낭비하는 기회에 불과하게 됩니다. 내가 바랐던 것은 이런 것과는 아주 달랐습니다. 내가 희망했던 것은 식물 세계를 통해 차이를 지닌 대화에 이르려는 시도를 감행하는 것이었습니다. 이런 생각으로 나는 책의 제목을 식물 존재와 더불어(with)가 아니라 식물 존재를 통하여(through)로 정하자고 제안했습니다.* 내게 '통하여'는 맑은 공기를 가져다주는

---

* 이 책의 원제목은 "Through Vegetal Being"(식물 존재를 통하여)이다.

식물 존재 덕분에 우리가 살아간다는 것, 식물 존재는 다소간 우리 자신의 생성의 단계에 해당한다는 것, 식물 존재는 우리가 중성화된 육체와 영혼으로 분리된 과거의 전통을 떠나 우리의 정체성과 주체성을 있는 그대로─서로 다른 성적 정체성과 주체성을 지닌 존재로─고려하는 세계를 향해 나아갈 수 있게 해주는 환경이라는 것을 의미합니다.

하지만 문제를 제기하면서 우리의 행동과 사유 방식뿐 아니라 우리 인간, 심지어 인간이 아닌 주위 환경의 행동과 사유 방식까지 형성해 온 사회문화적 배경과 맥락을 떠나는 일은 우리의 존재를 위험에 처하게 하지 않고서는 일어나지 않습니다. 식물 세계의 도움은 우리가 죽음을 무릅쓰거나 우리 전통을 허물어온 니힐리즘보다 더 나쁜 니힐리즘에 빠질 위험을 무릅쓰지 않으면서, 이과제를 떠맡는 데 있어서 매우 중요합니다.

더욱이, 식물 세계를 통해 우리는 우리의 특수한 성적 정체성을 전통적인 성관계로 환원하지 않으면서 우리의 성적 활동에 충실하고 그에 따라 행동하는 것이 어떤 의미를 지니는지 찾을 수 있습니다. 그러나 지금까지 우리는 살아 있는 진리란 무엇인가를 생각함에 있어 우리의 특수한 성적 정체성이 어떤 역할을 하는지에 관해서는 궁금해하지 않았습니다. 우리가 사유를 포함하여 실존의 모든 차원에서 살아 있지 않다면 어떻게 식물 세계를 윤리적으로 다룰 수 있을까요? 식물 존재를 돌보는 것과 우리의 성적 정체성과 주체성에 충실한 것 사이에는 변증법적 과정이 존재하며 또 마땅히 존재해야 합니다. 둘 중 어느 하나는 다른 하나가 없으면 일어날 수 없습니다. 이 둘 모두는 우리가 과거 형이상학적 논리와 행동 방식을 극복하고 새로운 방식으로 사유하고 말하고 공유하는 쪽으로 나아가도록 요구합니다.

　이런 일은 하룻밤 사이에 일어날 수 없습니다! 독자들이 이 책에서 식물 존재에 대한 전통적 대화를 발견할 것이라고 상상한다면 놀랄지 모릅니다. 독자들이 차이를 지닌 대화가 무엇이 될 수 있을지 찾게 될 것이라고 믿는다면, 그 역시 잘못되었습니다. 오히려 독자들은 두 입장의 대위법을 보게 될 것입니다. 희망컨대, 두 개의 서로 다른 사유와 말하기 방식이 미래의 대화로 나아갈 길을 열어 주기를 바랍니다. 사실 그런 길이 열릴 기회는 예비적 사건이고, 그것은 이미 우리에게 서로 다른 차이를 존중하는 행동을 하도록 요구해 왔습니다. 아직 우리가 남성과 여성으로서 우리 사이의 대화를 허용하는 말과 구문에 이르지 못했다면, 적어도 우리는 타자의 타자성을 존중하고, 다른 사유에 귀를 기울이며, 타자성이 표현될 시간과 공간을 남기려고 노력함으로써 그런 일이 일어날 수 있도록 준비합니다. 무엇보다 이런 자세는 타자가 나타나 현존 속으로 들어오도록 놓아두기 위해 침묵을 지키며 뒤로 물러날 수 있는 능력이 있음을 보여줍니다. 이것은 생명을 지닌 모든 존재―식물이든 동물이든, 혹은 인간이든―를 만나 생명의 세계를 형성하라는 첫 번째 명령에 해당합니다. 생명 존재에 대한 존중을 통해 우리는 초감각적 가치에 종속되지 않으면서도 초월성이 결여되지 않은 세계를 열고 건설할 수 있습니다. 하지만 초감각적 가치는 생명 자체가 피어나는 것을 좋아하지 않습니다. 실제로 식물 세계에 대한 사유는 같은 것의 논리, 이른바 동일자의 논리 안에 남아 있는 한 지속될 수 없습니다. 식물 세계를 고려하려면, 우리는 생명 존재들 사이의 차이(들)를 존중할 때 발견하게 되는 논리를 취해야 합니다. 이는 다른 성적 존재로서 우리 자신에게서 시작합니다.

우리가 가장 가치 없다고 여겨온 자연적 속성을 가꾸는 것이 우리가 갈망했던 초월성의 근원이라는 점을 이해하기 전에는 그 길에 이르기까지 오랜 시간이 걸릴 것입니다!

인간성의 생성이라는 '생기(Ereignis)'*가 일어날 수 있는 장소의 드러남을 향해 나와 함께 몇 걸음을 내딛어 준 당신에게 감사를 표하고 싶습니다.

나는 독자들에게도 고마움을 전하고 싶습니다. 독자들은 이 과제의 수행에 함께 했으며, 개인적 여정을 전체 인간 존재의 현상학, 특히 여전히 부족한 여성적 존재의 현상학을 기술하려는 시도로 전환하는 데 도움을 주었습니다. 당신과 나의 협업을 통해 많

---

* 생기[生起, Ereignis]는 하이데거 후기 사상의 핵을 이루는 근본 개념으로서 존재 그 자신 또는 존재의 진리가 현존재(인간 또는 사유)와의 상호적인 공속 관계하에서 그 자신에게 고유한 모습[자성(自性)]을 가지고서 나타나는 모습 또는 그러한 사건을 가리키는 말이다. 우리말로 생기 혹은 사건으로 번역된다(노에 게이이치 외 지음, 이신철 옮김, 『현상학사전』, 2011, 참조).

은 사람들이 모두에게 더 나은 미래의 가능성을 건설하는 방향으로 생명과 성장을 키워주는 길을 터주는 데 약간의 빛이라도 받기를 소망합니다.

루스 이리가레

2014년 9월 24일에서 2015년 초 사이에 쓰고 다시 씀

주석

프롤로그

1) Gianni Vattimo and Michael Marder, eds., *Deconstructing Zionism: A Critique of Political Metaphysics*(New York: Bloomsbury, 2013).

2) Michael Marder, *Plant-Thinking: A Philosophy of Vegetal Life*(New York: Columbia University Press, 2013).

3) Michael Marder, *The Philosopher's Plant: An Intellectual Herbarium*(New York: Columbia University Press, 2014).

4) Luce Irigaray, *Speculum of the Other Woman*, trans. Gillian C. Gill(Ithaca, NY: Cornell University Press, 1985).

5) Friedrich Hölderlin, *The Poems of Friedrich Hölderlin*, trans. James Mitchell(San Francisco: Ithuriel's Spear, 2004), pp.7-15 참조.

6) Luce Irigaray, *Sharing the World*(New York: Continuum, 2008).

1장 식물 세계에서 피난처 찾기

1) Michael Marder, *The Philosopher's Plant: An Intellectual Herbarium*(New York: Columbia University Press, 2014).

2) Martin Heidegger, "The Origin of the Work of Art," in *Basic Writings*, de. David Farrell Krell, rev. ed.(New York: Harper and Row, 1993), pp.139-212.

2장 생명을 망각한 문화

1) Luce Irigaray, "Animal Compassion," in *Animal Philosophy*, ed. Matthew Calarco and Peter Atterton(New York: Continuum, 2004), pp.195-201.

2) Luce Irigaray, *To Be Two*, trans. Monique Rhodes and Marco Cocito-Monoc(New York: Continuum, 2000).

3) Luce Irigrary, *In the Beginning, She Was*(New York: Bloomsbury, 2013), p.115.

3장 보편적 호흡을 공유하기

1) Luce Irigrary, *Between East and West*(New York: Columbia University Press, 2003), and *A New Culture of Energy and the Mystery of Mary*(New York: Columbia University Press, forthcoming in 2016).

2) Mary Lutyens, *Krishnamurti: The Years of Awakening*(Boston: Shambhala, 1997).

3) Edwin Bryant, ed., *The Yoga Sutras of Patañjali*(New York: North Point, 2009); *The Upanishads*, trans. Juan Mascaro(New York: Penguin, 1965); *The Bhagavad Gita*, trans. Laura L. Patton(New York:

Penguin, 2008); *The Yoga of Spiritual Devotion: A Modern Translation of the Narada Bhakti Sutras*, trans. Prem Prakash(Rochester: Inner Traditions, 1998).

4장 원소의 생성적 잠재력

1) Luce Irigaray, *Marine Lover of Friedrich Nietzsche*, trans. Gillian C. Gill(New York: Columbia University Press, 1991) 참조.

2) Luce Irigaray, *The Forgetting of Air: In Martin Heidegger*, trans. Mary Beth Mader(Austin: University of Texas Press, 1999)를 참조하라.

5장 계절의 리듬에 맞춰 살기

1) Heinrich Zimmer, *The King and the Corpse: Tales of the Soul's Conquest of Evil*(Bollingen Foundation, 1957)를 참조하라.

2) Samuel Noah Kramer, *The Sacred Marriage Rite: Aspects of Faith Myth, and Ritual in Ancient Summer* (Bloomington: Indiana University Press, 1970) 참조.

3) Aeschylus, *The Complete Aeschylus*, vol. 1: *The Oresteia*, ed. Peter Burian and Alan Shapiro(Oxford: Oxford University Press, 2011), pp.30-31n27(translation modified).

4) Susan Fletcher, *Witch Light*(London: Fourth Estate, 2011), p.45.

6장 자연 존재의 놀라운 다양성의 복원

1) 이 시들의 첫 번째 선집은 2개 국어로 출판된 *Everyday Prayers*, trans. Luce Irigaray, with Timothy Matthews(Nottingham: University of Nottingham and Paris: Maisoneuve and Larose, 2004)을 참조하라.

2) Luce Irigray, *Being Two, How Many Eyes Have We?*, trans. Luce Irigaray, with Catherine Busson, Jim Mooney, Heidi Bostic, and Stephen Pluhacek(Rüsselsheim: Chrstel Göttert, 2000) 참조.

7장 우리의 감각지각을 키우기

1) Luce Irigrary, *Being Two, How Many Eyes Have We?*, trans. Luce Irigaray, with Catherine Busson, Jim Mooney, Heidi Bostic, and Stephen Pluacek(Rüsselsheim: Crhistel Göttert, 2000), taken up again in "Dialogues," a special issue of *Paragraphy* 25 (2)(Edinburgh University Press, 2002) 참조.

2) "'Being-with'(Mitsein) and the 'we,' in Jaen-Paul Sartre's *Being and Nothingness*, trans. Hazel Barnes(New York: Citadel, 2001)을 참조하라.

3) Patanjali, *Yoga Sutras*(New York: North Point, 2009).

8장 인간 동반자에게 향수를 느끼기

1) Luce Irigaray, *Everyday Prayers*, trans. Luce Irigrary, with Timothy Matthews(Nottingham: University of Nottingham and Parris: Maisonneuve and Larose, 2004).

2) 1997년 8월과 1998년 7월 사이에 쓴 시들의 예로는 위의 책 116쪽을 참조할 것.

3) Friedrich Nietzsche, *The Gay Science*, trans. Walter Kaufmann(New York: Vintage, 1974), fragment 125.

4) Luce Irigary, *I Love to You: Sketch for a Felicity Within History*, trans. Alison Martin(New York: Routledge, 1996), chapters 9, 10; *To Be Two*, trans. Monique Rhodes and Marco Cocito-Monoc(New York: Continuum, 2000), chapters 2, 10; *The Way of Love*, trans. Heidi

Bostic and Steven Pluhacek(New York: Continuum, 2002), chapters 2, 3, 4; *Sharing the World*(New York: Continuum, 2008), introduction and chapters 3, 4 참조.

10장 자신을 잃고 자연에게 다시 도움을 요청하기

1) Rainer Maria Rilke, *Letters to a Young Poet*, trans. Charlie Louth(New York: Penguin, 2014)을 참조하라.

11장 숲에서 다른 인간을 만나기

1) "La Historia inmoraal es, a meudo, una historia de amor." Almudena Grandes, *Inés la Alegria*(Barcelona: Maxi Tusquets, 2011), p. 28.

2) Friedrich Nietzsche, *Thus Spoke Zarathustra*, trans. Adrian Del Caro(Cambridge: Cambridge University Press, 2006), section 6, part 4 참조.

12장 어떻게 우리의 살아 있는 에너지를 키울지 생각하기

1) Martin Heidegger, *What Is Called Thinking?* trans. J. Glenn Gray(New York: Garper Perennial, 1976) 참조.

2) Friedrich Nietzsche, *Thus Spoke Zarathustra*, trans. Adrian Del Caro(Cambridge: Cambridge Universtiy Press, 2006), 특히 2부 7장을 참조.

13장 몸짓과 말은 원소를 대체할 수 있을까요?

1) Martin Heidegger, *What Is Called Thinking?* trans. J. Glenn Gray(New York: Harper Perennial, 1976).

2) Luce Irigaray, *I Love to You*, trans. Alison Martin(New York: Routledge, 1996); *To Be Two*, trans. Monique Rhodes and Marco F. Cocito Monoc(New York: Continuum, 2000); *The Way of Love*, trans. Heidi Bostic and Stephen Pluhacek(New York: Continuum, 2002); *In the Beginning, She Was*(New York: Bloomsbury, 2013); *A New Culture of Energy*(New York: Columbia University Press, forthcoming).

15장 인간 되기

1) 하이데거와 일본 선사의 대담, Martin Heidegger, *On the Way to Language*, trans. Peter D. Hertz(San Francisco: HarperCollins, 1982), pp.1-54 참조.

16장 만물 사이에서 생명을 키우고 공유하기

1) Luce Irigaray, "Pour une logique de I'intersubjectivité dans la difference," XXV Internationaler Hegel Kongress: Das Leben Denken, *Hegel Jahrbuch*(2007): 325 참조.

2부

마이클 마더

THROUGH VEGETAL BEING

프롤로그

친애하는 루스 이리가레에게

『세계를 공유하기(*Sharing the World*)』에서 당신은 다른 세계를 만나러 나아가기 위해 자신의 세계를 열어야 하는 위험에 대해 썼습니다.[1] 우리가 편지를 주고받으며 만나기 훨씬 전에 이 구절을 처음 읽었을 때, 나는 당신이 일상적 삶의 실천에서 얼마나 이 명령을 따르고 있는지 알지 못했습니다. 당신과 서신을 나누고 당신이 대학원 학생들을 지도하는 것을 알게 되면서, 나는 당신의 관대함은 내가 알고 있는 그 어떤 철학자의 그것과도 비견할 수 없는 것이었을 뿐 아니라 지금도 여전히 그러하다는 것을 알게 되었습니다. 당신은 내가 칭송해 마지않는 열정과 솔직함으로 당신의 세계를 다른 사람들에게 열어 보이는 위험을 두려워하지 않습니다. 그러나 세계를 공유하려면 비판이라는 두꺼운 갑옷 속에서 보호막을 구하지 말고 위험을 공유하는 일이 필요합니다. 바로 이런 마음으로 지금까지 우리의 서신 교환이 이루어져 왔고, 바로 이런 마음으로 나는 당신이 최근 보낸 편지에서 제기한 통찰력 있는 물음들을 받아들였습니다.

당신의 물음에 응답(response) 비슷한 것一이 응답은 결함이 많고 더 많은 사유를 요구합니다一을 시도하기 전에, 나는 향후 책으로 개화될 우리의 대화 배면(背面)에 자리 잡고 있는 생각 하나를 상기시키고 싶습니다. 자연, 특히 식물 자연으로의 복귀는 최소한 둘 사이의 관계一세계 혹은 세계들의 공유一로서 인간성을 키우는 것 바깥에서는 이루어질 수 없습니다. 인간의 의미를 정교하게 가다듬는 작업이 성차를 설명하지 않으면 불완전하고 일면적이듯이, 우리가 비인간 세계와 맺는 관계도 그것이 다르게 성적으로 된 모든 인간 존재들의 공유된 기여와 함께 발전하지 않으면 성장이 멈출 것입니다. 이런 점에서 내가 당신에게 던지는 질문은 다음과 같습니다. 비인간 세계와 맺는 관계에 얼마나 많은 세계가 참여할까요? 우리들의 공유된 세계뿐 아니라 당신의 세계와 나의 세계는 분명히 참여하겠지요? 그러나 식물들은 어떤가요? 식물들도 세계를 갖고 있거나 세계를 이루고 있을까요? 식물들도 '타자들'일 수 있을까요? 식물들은 동일자와 타자의 구분 너머에 속해 있을까요?

『식물 생각하기(*Plant-Thinking*)』[2]에서 내가 건 사상적 내기—이것은 상당히 위험한 내기였지요—는 식물들에게 그들의 세계를 복원시켜 주는 일이었습니다. 식물들의 세계는 물리적 환경을 넘어섭니다. 바로 이것이 내가 다음의 물음, 즉 '우리의 세계가 (함께 공동으로) 식물들의 세계를 만나 공유할 수 있는가?'라는 물음을 던지게 된 이유입니다. 하지만 이런 종류의 정식화가 합당한 것인지 여부는 어떻게 우리가 동일성과 타자성을 포함하여 전통적 형이상학의 범주로 식물을 표현할 수 있는가에 달려 있습니다.

이런 관심에 비추어볼 때 내가 식물의 편에서 수행해 온 형이상학에 대한 해체 작업은 지적 활동을 상회하는 일이었습니다. 이 해체 작업에는 우리가 식물들을, 결과적으로는 생명과 생명의 돌봄에 불어닥칠 불확실한 미래를 어떻게 다루는가 하는 문제를 포괄하는 쪽으로 자랄 수 있는 확장된 윤리의 문제가 걸려 있습니다. 서구 지성사에서 이토록 평가절하되고 오용되어 온 식물 존재의 관점에서 형이상학을 비판하는 작업은 그것이 단순히 기존의 가치를 뒤집는 것에 머문다면, 이를테면 단일성에 비해 다수성과 다원성을 우위에 두는 것이라면 별 쓸모가 없을 것입니다. 나는 이 문제를 「하나가 아닌 식물(The Plant That Is Not One)」이라는 글에서 설명하고자 했습니다. 이 글은 아르테미 매건(Artemy Magun)이 편집한 『일자의 정치성(*Politics of the One*)』[3]이라는 제목의 선집에 실렸는데, 장-뤽 낭시(Jean-Luc Nancy)의 사유를 맴돌고 있습니다. 이 글에서 나는 식물은 하나가 아니라고 썼습니다. 식물은 단순히 하나 혹은 일자(the One)를 부정하는 것이 아니라 자라는 존재들의 공동체 안에서 자신을 재구성하는 다수성입니다. 내가 보기에 무엇보다 자라는 존재들로서 식물들은 보편성의 부정이 아니라 단독적 보편성의 형상입니다. 다르게 성차화된 인간 존재들 역시 이 단독적 보편성의 형상에 속합니다. (성(sexuality)은 동물의 왕국에 나타나기 전에 실제로 식물 생명의 요소입니다.) 식물 세계에서 일련의 그리스 문화의 양상들을 재발견했다는 당신의 경험에 저 역시 전적으로 공감합니다. 그리스 문화는 그 문화에 살고 있는 주체들로 하여금 '퓌시스(phusis, 자연)' 전체가 퓌톤(phuton, 식물)과 가깝다는 것을, 다시 말해 성장의 총체는 "자라는 것(growing thing)"과 비슷하다는 것을 느끼게 해주었습니다. 여기서 식물은 형이상학적 전통의 경계를 넘어 자연의 모든 존재들과 연결되는 단독적 보편성으로 다시 나타납니다.

아마도 『식물 생각하기』에서 가장 어려운 측면은 이 책이 형이상학적 전통을 단순히 지속하는 것도 아니고 그것과 절대적 단절을 이루는 것도 아니라는 점입니다. 지금까지 나의 독해 방식은 형이상학의 주변에 자리 잡고서 이 전통이 무차별적 개념 장치를 통해 식물들을 처리하고자 할 때 그것이 안고 있는 내적 한계를 보여주거나 드러내는 것이었습니다. 그렇지만 나는 형이상학의 해체에 변주를 가하는 것과는 다른 뭔가를 긍정하기 시작했던 것 같습니다. 나의 책은 식물의 시간, 자유, 지혜와 관련해서 식물 존재에 대해 대안적 비전을 제안합니다. 우리들은 이 식물 존재에 의식적으로 참여하거나, 혹은 대개 그렇듯 무의식적으로 참여합니다. '식물적 실존성(vegetal existentiality)'의 가치는 우리의 니힐리즘적 유산을 심화하거나 그것을 가공하는 것이라기보다는 니힐리즘 및 많이 상찬된 니힐리즘의 이면(裏面)을 넘어섭니다.

그러나 당신은 우리가 식물 세계에—식물이 엄밀한 의미에서 세계라고 한다면—가까이 다가갈 수 있도록 지원하는 언어는 어떤 것인지 묻습니다. 나는 대체로 이 언어가 여전히 존재하지 않으며, 우리 앞에 놓인 가장 큰 도전 중 하나는 이 언어가 존재하도록 지원하고, 이 언어가 식물의 침묵을 깨뜨리지 않으면서 최대한 표현을 얻을 수 있도록 지원하는 것이라는 점에 동의합니다. 이는 담론성을 바라보는 현재의 관념에 패러다임의 전환에 준하는 변화를 요구합니다.

이를테면, 모든 언어가 인간의 말(words)로 전개되지는 않습니다. 몸짓과 살아 있는 몸들도 말을 합니다. 심지어 자신들이 특정 장소에 살고 있는 방식으로 말합니다. 내가 예전에 발표한 책에서 나는 식물들의 공간적 자기 표현을 시사했습니다. 그 이후로 수행성 이론가들은 그들의 관심 범위를 식물성으로 넓히면서 나의 제안을 받아들여 왔습니다. 이와 다른 방식으로 벤야민은 자신의 저작에서 그가 "사물의 언어(language of things)"라 부르는 것을 불러들였고,* 하이데거는 "유의미성의 총체(totality of significations)"에

---

* 벤야민은 인간의 언어뿐 아니라, 모든 사건이나 사물이 정신적 내용을 담고 있는

대해 말했습니다.* 이 중 어느 것도 기성의 말과 기호에 기대고 있지 않습니다. 겉으로 보기에 식물 세계의 가르침에 적절해 보이는 "말하지 않고 침묵으로 보여주는 것"도 표현(expression)보다는 후설의 지시(indication) 개념**에 더 어울립니다.

보다 중요한 점으로, 나는 오직 인간만이 말을 하고 다른 존재들은 소음이거나 벙어리 침묵이라고 결론짓기를 주저합니다. 우리는 타자들이 말하는 것을 어떻게 경청해야 하는지 아직 배우지 못했습니다. 인간 타자들만이 말하는 것은 아닙니다. 경청을 배운다는 것은 과거에 우리에게 유보된 '더 많은 정보'를 얻을 수 있다는 것을 의미하지 않습니다. 우리가 들을 수 있는 것이 인간의 것이든 아니든 간에 모두 완벽하게 투명하고 해독 가능하다는 것을 의미하지도 않습니다. 다른 세계에서 유래하는 다수의 의미들이 증식하는 것은 다자나 타자들로부터 배우고 그의, 그녀의, 그것의, 그들의 소통될 수 없는 타자성을 존중하면서 경청과 불개입 사이에서 균형을 유지하는 것에 기대고 있습니다.

언어로 보았다. 그에게 있어서 '사물의 언어'는 의미를 전달하는 도구가 아니라 그 자체로 정신적 본질을 담고 있는 언어를 의미한다.

  * 하이데거에 따르면, 우리는 세계를 있는 그대로 지각하는 것이 아니라 우리의 의미 지평을 통해 이해한다. 해석학적 전통은 이 의미의 지평을 '유의미성의 총체'라고 불렀다.

  ** 후설은 기호를 지시 기호(지표)와 의미 기호(표현)로 구분한다. 지시 기호는 언어 바깥의 사물을 지시하는 기능을 갖는 반면, 의미 기호는 의미를 표현하는 기능을 갖는다.

당신이 던진 세 번째 물음에 대해 말하자면, 우리가 식물 세계에 대해 식물 세계와 함께 경험하는 것을 타자들에게 전달하는 일이 안고 있는 딜레마는 공유에 내재된 일반적 아포리아의 일부입니다. 데리다가 말했듯이, 공유될 수 없는 것만이 공유될 가치가 있습니다. 이것이 식물 세계와 갖는 친밀성의 경험이 아니겠습니까? 자신의 세계—그리고 식물 세계에 거는 비밀 맹세를—를 타자에게 개방하는 위험은 공유의 위험과 함께 자신을 잃어버릴 위험을 수반하지 않을 수 없습니다. 나는 바로 이것이 위험의 핵심, 즉 위험 중의 위험이라고 믿습니다. 문제는 종종 나 자신을 잊어버리면서 과연 내가 타자를 발견할 수 있고, 이 발견 덕분에 식물 세계와 더 풍요로운 관계를 가꿀 수 있는가 하는 점입니다. 우리가 선택한 어려운 길은 성차의 경험 안에서 식물 세계, 그리고 이를 통해 자연 세계와 공동의 관계를 맺도록 요구합니다. 이것은 희생이나 자기 희생이 아닙니다. 결단코 아닙니다. 만일 그렇다면 우리가 개별적으로 식물과 맺는 '친밀성의 경험'은 이미 어느 정도는 향후 인간이 식물에 가까이 다가갈 가능성을 '배반하는 일'이 될 것입니다. 식물에 다가가려는 인간의 시도는 우리 둘 중 어느 한 사람에 의해서는 이루어질 수 없습니다.

저는 식물 세계 및 타자성과 관련된 것 이외의 다른 문제에 대해서도 당신에게 묻고 싶습니다. 이 문제는 우리의 서신 교환에서 이미 드러났습니다. 당신은 식물의 성에 대해서는 어떻게 생각하십니까? 식물의 성은 인간의 성차와는 어떤 관련이 있을까요? 내가 생각하고 있는 것은 식물의 성의 유동성, 유연성, 가소성 (plasticity)입니다. 많은 식물들은 양성적이고, 또 다른 많은 식물들은 살아 있는 동안 암컷에서 수컷으로, 수컷에서 암컷으로 성이 바뀝니다. 무성 생식을 하는 식물들도 있습니다. 의심할 나위 없이 성차는 체현(embodiment)*의 현상과 생명 자체에 속하는 문제입니다. 그러나 이 문제가 일직선적 과정, 즉 우리가 식물과 접촉하면서 살아 있는 존재로서 우리 자신의 성적 존재를 환기시키는 (혹은 환기하는) 과정일까요? 식물 세계는 프로이트가 인간 유아의 "다형적 도착"이라 부른 것보다 더 다양한 성적 차이들에 자신의 성적 차이를—이 성적 차이를 통해 우리는 식물 세계를 만나고자 합니다—열어 보이는 것일까요?

저는 이제 이런 일련의 물음들을 마음에 담고 서로에 대해, 그리고 식물에 대해 우리가 함께 나누는 사유와 작업의 다음 장을 기대하며 편지를 끝내려고 합니다.

따뜻한 관심과 열정을 담아
마이클 마더
리스본, 2013년 12월 11-18일

---

* 체현(體現)은 신체로 구현되어 있음을 가리키는 현상학적 용어이다.

1장

식물 세계에서 피난처 찾기

 식물이 한 곳에 뿌리 내리고 땅에 충실함을 보이는 것은 우리가 그저 칭송할 수 있을 뿐인 품성입니다. 이는 우리가 점점 더 가차없이 뿌리 뽑히는 삶의 조건에 처해 있기 때문에 특히 그렇습니다. 유럽 전역의 정치가들이 이동을 찬양한다면 이는 이동의 반대말이 정체(停滯)―한 곳에 머물고 견디며 계속 거주하는 것―로, 변화하는 환경에 적응하지 못하는 무능력이나 과거에 사로잡힌 감상적 유물과 연결되기 때문입니다. 그러나 이동이란 일자리를 찾아 타국으로 옮겨가지 않을 수 없는 수많은 실직자들에게는 결코 좋은 것이 아닙니다.

 열세 살 때 가족과 이민을 떠나기 전 러시아의 수도에서 자란 유대계 어린이로서 나는 무소속감과 추방을 사무치게 느꼈습니다. 이스라엘과 팔레스타인을 향해 떠나는 비행기 안에서 나는 얼마나 많은 이동이 내 앞에 기다리고 있을지 상상조차 할 수 없었습니다. (팔레스타인은 다른 어떤 나라보다 '나의 땅'일 수 없고 그렇게 될 수도 없을 땅일 것입니다). 그때 이후로 나는 캐나다로 이민을 갔고, 박사과정을 밟으러 뉴욕으로 떠났으며, 다시 캐나다와 미국의 다른 지역으로 돌아와 잠시 산 다음에 포르투갈과 스페인 북부 바스크 지방으로 옮겨 왔습니다. 내가 옮겨 다닌 이 모든 장소에서 식물은 내 기억의 기념품이었고, 당시 내 인생의 사건과 분위기와 세부사항에 이르는 모든 것들을 불러들이는 기억의 무게 추였습니다. 할아버지가 옮겨 심은 후 모스크바에 있던 내 방 창문 맞은편에서 자랐던 거대한 자작나무, 이스라엘/팔레스타인에 살 때 우리 집 뒷마당에 있던 종려나무와 웃자란 선인장, 내가 네덜란드에서 선물로 가져와 어머니와 함께 캐나다 메이플에 심은 딸기 넝쿨과 튤립 뿌리, 포르투갈에서 나를 아무 조건 없이 환대해 준 분을 기념하여 심은 어린 올리브 나무, 이 꽃과 나무들은 모두 내 삶에서 평안한 식물의 상태를 보여주는 몇몇 예일 뿐입니다. 장소를 (나와 달리 자신의 환경 속에 뿌리를 내린 채 남아 있었던) 식물과 곧바로 연관 짓는 습관은 내가 『철학자의 식물』[1]에서 철학사를 다시 상상했을 때 그 배면(背面)에 남아 있었던 것 같습니다. 나는 이 책에서 사유의 풍경을 꽃과 나무와 풀과 연결시켰습니다.

의도했든 아니든, 나는 식물에서 출발하는 사유의 직조물을 짜 왔습니다. 물론 그 직조물이 식물들과 한 몸을 이루고 있었던 것은 아닙니다. 식물 세계에 정신생활의 중핵에 근접하는 위상을 부여하는 것은 나에게 모종의 안정감을 주었습니다. 나는 떠났지만 식물들은 머물렀습니다. 캐나다 온타리오 주 메이플에서 다시 낯선 곳으로 떠나는 와중에 어머니가 친지에게 맡기러 튤립 뿌리를 땅에서 파내 옮겨 심으셨다는 이야기를 듣고 내가 유달리 슬펐던 것이 바로 그 때문입니다. 적어도 한 번은 사람뿐 아니라 식물도 뿌리 뽑혔습니다. 그건 결코 이식이 아니었습니다. 바로 그때 저는 제 안에 있는 무언가가 복구될 가망 없이 영원히 뿌리 뽑혔음을 느꼈습니다. 이 뿌리 뽑힘의 느낌은 내가 다른 모든 추방에서 느꼈던 것보다 더한 것이었습니다.

물론 식물이 갖는 의미의 매트릭스는 우리와 함께 변합니다. 내가 십칠 년을 떠나 있다가 다시 모스크바로 돌아왔을 때, 나는 이제는 밖에서 바라볼 수밖에 없는 내 방 창문 맞은편에서 자라던 자작나무가 좀 작다는 사실을 발견하고선 놀라지 않을 수 없었습니다. 어린아이에게 거대한 나무처럼 보였던 것이 실상은 평범한 자작나무였습니다. 물론 이 나무에는 여전히 그것을 나무 이상의 것으로 만들어주었던 개인적·문화적 의미의 층들이 쌓여 있습니다. (나는 세르게이 예세닌의 「내 창문 밑의 하얀 자작나무」라는 시를 생각하지 않을 수 없었습니다. 우리는 학교에서 이 시를 외워야 했습니다). 식물 세계에서 피난처를 찾는 것은 자연 속에서 식물과 함께 있는 것과 같을 뿐 아니라, 우리의 삶, 우리의 반복되는 일상, 우리의 심리적 공간을 식물들을 중심으로 재구성하는 것과 같지 않을까요?

결국, 식물 세계는 나 자신의 삶에 안정된 지속성의 느낌을 부여해 줌으로써 육체적으로 나를 보호해 주었을 뿐 아니라 무엇보다 정신적으로 나를 보호해 주었습니다.

나는 인종차별주의와 군사주의, 그리고 서로를 강화하는 두 이즘의 독성적 결합으로 인해 내가 처음에 살았던 두 나라에서 사실상 쫓겨났습니다, 그러나 그곳에서 자란 식물들은 계속 무력무력 자랐습니다. 내가 이스라엘 군대에 의해 팔레스타인에 심어진 올리브 나무가 뽑혀졌다는 소식을 듣기 전까지는 그랬습니다. 올리브 나무와 가지가 평화를 강하게 연상시킨다는 것 외에도, 이런 경멸할 만한 행동은 내가 식물에 심어놓았던 의미의 중심, 의미론적 중핵을 벗겨내는 것이나 다름없었습니다. 평화는 이런 행동들을 통해서는 결코 얻을 수 없는 것이 되었지요. 팔레스다인 사람들의 집을 파괴한 것과 함께 나무를 뿌리 뽑은 행동은 모든 사람들—모든 국민들—을 난민으로 만들었고, 식물 세계에서 의미를 찾고 피난처를 구하지 못하게 막았습니다. 고대 법은 나무를 뿌리 뽑는 행위를 어떤 타협의 여지도 남겨놓지 않는 전면전의 선포로 읽고 강력 규탄했는데, 이런 행동들은 이스라엘의 정당성을 철저하게 허물었습니다. 내가 팔레스타인 국민들이 겪은 폭력을 겪지는 않았지만, 이후 내가 중동의 조그마한 구석에서 다른 곳으로 옮겨갈 수밖에 없었던 이유도 이들과 다르지 않았습니다.

내가 나고 자랐던 모스크바 외곽의 지역은 '로시니 오스트로브 (Losinyi Ostrove, 무스의 섬)'라고 불렸습니다. 그곳은 러시아 최초의 국립공원으로 알려진 거대한 숲의 가장자리에 있었습니다. 그 숲은 일 년 내내 기쁨을 안겨주었습니다. 그 숲에서 우리는 종종 산책을 즐겼고, 계절에 따라 딸기를 따거나 크로스 컨트리 스키를 탔습니다. 아주 어릴 때부터 나는 우리 아파트 가까운 곳에 난 숲길을 알고 있었습니다. 그곳에 가면 마음이 편안했습니다. 그 숲은 거창했지만 위협적으로 느껴지지 않았고, 빽빽한 공동 아파트 단지에서 벗어날 피난처였을 뿐 아니라 도시의 오염과 소음과 과밀에서 도망칠 피난처이기도 했습니다.

캐나다에 도착하고 나서야 비로소 나는 그 숲의 경이로움을 재발견했습니다. 그것은 내가 어린 시절 알았던 숲과 놀랄 만큼 비슷했습니다. 그러나 바로 이런 유사성으로 인해 그것이 같은 숲이 아니라는 점은 더욱 생생해졌고, 상실의 기억은 더 절절했습니다. 내 경험을 일반화하려는 바람 없이, 그런 기억은 우리가 식물과 맺는 관계를 사로잡지 않을 수 없습니다. 식물 세계에서 도피처를 찾으면서, 나는 우리가 자연이라 부르는 것으로부터, 보다 구체적으로는 우리의 가장 친밀한 성장으로부터 뿌리 뽑힌 난민으로서 그곳으로 돌아갑니다. 우리는 이 친밀한 성장을 살아 있는 모든 사물들, 모든 사람들과 공유합니다. 우리는 우리가 수천 년 동안 도망쳐 왔던 식물 세계로 도피해 들어갑니다. 우리의 문화 자체를 규정지어 온 이 도피의 산물을 허무는 일은 무척 힘듭니다. 문화의 진행 방향을 되돌려 문화를 식물과 생명 세계를 사랑하며 키우는 것으로 다시 사유하는 일 역시 그 못지않게 힘듭니다.

식물들은 내면성과 외면성이라는 전통적 구분이 더 이상 적용되지 않는 매우 특별한 피난처를 마련해 줍니다. 아주 오랫동안 우리의 정신적·육체적 거주지는 우리를 위협적인 바깥 세계로부터 분리시키는 방식으로 구성되어 왔습니다. 그리하여 마침내 우리는 우리 자신을 바깥 세계에서 거의 완벽하게 분리시켜 바깥 세계와의 접촉을 잃어버렸습니다. 그러나 우리의 사회환경과 공동체와 국가에서 추방당한 우리들은 우리가 살고 있는 장소에서 또 다시 분리되었음을 피부로 느끼고 있습니다. 아마도 이것이 우리가 식물 세계에서 피난처를 찾는 까닭일 것입니다. 하지만 이 식물 세계는 잃어버린 인간의 거주지를 대체할 공간을 제공하는 것만은 아닙니다. 식물 세계로 돌아가면서 우리가 또 하나의 내면성으로 후퇴해 들어가는 것은 아닙니다. 오히려 우리는 식물적 성장의 모델을 좇아서 식물들, 원소들, 새로운 에너지들이 온전히 드러나고 또 이들에게 우리 자신을 온전히 드러내는 것에서 피난처를 찾습니다. 난민, 거절당한 사람, 추방당한 사람이 처한 조건은 식물 자연으로 돌아가는 데 유리하지 않을까요? 같은 이유로 다소 안정된 정신적, 문화적, 물리적 거주 방식은 우리를 식물 자연에서 추방시키는 것이 아닐까요?

포르투갈의 소나무 숲과 바스크의 산을 뒤덮고 있는 자작나무 숲은 내가 마주한 새로운 현실입니다. 이 숲은 다소 우울하기는 하지만 따뜻하고 친숙합니다. 나는 이 숲에서 나 자신을 알고 의미를 끌어내어 숲 주위로 나의 세계를 만드는 법을 배웁니다. 다른 어떤 곳보다 포르투갈 해변의 대서양 연안에서 자라고 있는 소나무는 하늘과 미국으로 이어지는 거대한 물결과 자신들이 뿌리 내린 모래 덮인 땅 등 여러 요소들을 함께 모을 수 있습니다. 하이데거의 「예술작품의 기원」[2]에 나오는 사원처럼, 소나무는 (실제로 모든 식물들은) 세계일 뿐 아니라 세계를 창조합니다. 소나무는 세계라는 말의 언어적이고 적극적 의미에서 세계를 만듭니다. 나는 바로 그 소나무 숲에서 피난처를 찾았습니다. 그곳은 닫힌 거주지의 형상을 띠고 있지 않으며 다른 세계의 가장자리로 이어져 있습니다.

2013년 12월 17-21일

2장

생명을 망각한 문화

문제의 그 논쟁은 내가 『식물 생각하기』를 출간하기 일 년 전쯤 시작되었습니다. 2012년 4월 28일자 《뉴욕 타임스》는 「콩이 말을 할 수 있다면 우리는 콩을 먹어야 하는가?」라는 제목의 제 글을 실었습니다. 이 글에서 나는 콩이 땅에 뿌려진 생화학적 물질을 통해 다른 콩들과 뿌리로 소통하는 능력이 있다는 최근의 연구가 던지는 윤리적 함의를 다루었습니다. 그 글에서 나는 식물 생명체를 향한 배려의 윤리를 그려보았습니다. 배려의 윤리는 "완두콩이라는 표본이든 다른 식물이든 상관없이 어떻게 식물을 다루라고 지시하는 것이 아니라," "우리가 생각하고 먹으면서 식물에게 어떻게 '예'를 말하는가라는 문제에 대해 매번 새롭게 응답하도록 촉구하는 것이었습니다."[1]

이후 이어진 몇 달 동안, 나의 논의는 기독교 근본주의자에서 비건들*까지, 신경과학자에서 인문주의적 합리론자에 이르기까지 다양한 영역의 독단적 반대파들의 공격을 받았습니다. 우리 문화에서 식물의 위치를 둘러싼 열띤 논쟁은, 내게 자살을 권하거나 내가 빨리 죽기를 바라는 다수의 편지들을 받으면서 사적인 문제로 그 성격이 바뀌었습니다. 현대 커뮤니케이션의 익명적 성격을 이용하여 일부 독자들은 자신의 무의식적 환상과 욕망을 토해 냈습니다. 이들에게는 식물의 생명을 옹호하는 사람과 식물의 생명 그 자체를 구분하는 경계가 모호하게 흐려졌습니다. 돌이켜 생각해 보면, 우리 문화가 생명에 반해 분출하는 치명적이고 니힐리즘적인 에너지 가운데 아주 소량이 나에게 쏟아졌던 것이 분명합니다. 식물의 실존을 그 자체로 긍정하는 것은 우리 문화가 견딜 수 있는 것을 훨씬 넘어섭니다. 왜냐하면 아주 오래전부터―확실히 그 뿌리에서부터―우리 문화는 식물을 돌보고 키우는 일을 식물에 대한 생산적 파괴로 바꾸어 버렸기 때문입니다.

일부 과학자, 철학자, 종교적 광신론자들을 하나로 묶어주는 것은 대문자 '생명'―그것이 다른 세계의 실존으로 인식되거나 객관적으로 해독될 수 있는 DNA 코드로 이해되든, 아니면 정제되고 살균 처리된 '마음의 생명'으로 인식되든―을 선호하면서 여러 생명들을 망각하고 있다는 것이었습니다. (비건의 경우는 좀 달

---

* 고기는 물론 우유, 달걀도 먹지 않는 엄격한 채식주의자를 말한다.

랐습니다. 비건들은 식물성이라는 다른 생명 형태를 희생시키고 동물 생명만을 협소하게 옹호하는 데 굴복했습니다) 우리가 살고 있는 이 그로테스크하고 뒤집힌 세계의 근원에 놓여 있는 것이 바로 이 생명의 망각입니다. 이 세계에서 생명을 긍정하는 철학은 니힐리즘의 정점으로 보이고, 식물에 대한 관심은 동물과 인간에 대한 배려의 부족으로 간주되며, 생명과 지능의 의미를 둘러싼 오랜 편견은 상식의 마스크를 쓰고 '명징한 합리적 사유'의 산물로 여겨집니다.

마침내 2013년 『식물 생각하기』가 출판되었을 때 이 책의 수용은 극단적으로 양분되었습니다. 일부 독자들은 이 책이 우리와 비인간 생명의 관계에서 새로운 시대를 알리는 것으로 생각했고, 다른 독자들은 이 책이 간교한 거짓말이라는 의혹을 제기하기에 이르렀습니다.[2] 거짓말(hoax)이란 정확히 무엇입니까? 거짓말은 그 자체로 말하기입니다. 거짓말은 'hocus-pocus(라틴어로 가짜란 의미)'를 다소 직접적으로 가리키면서 가톨릭 성체성사에 등장하는 핵심 어구 "이것은 내 몸이니라(hoc est corpus meum)"를 떠올리게 합니다. 빵을 예수의 몸으로 성체 변화시키는 것이 거짓말의 어원입니다. 성체 변화의 경우 누군가—이를테면 저자—글쓰기의 몸이나 다른 형태의 작품의 몸을 자신의 몸이라고 선언합니다. 그러나 실상은 그렇지 않습니다. 이런 거짓말은 부르주아 사회정치 질서에는 특히 위험합니다. 부르주아 사회정치 질서에서 재산이라는 최초의 제도는 신체의 전용(appropriation)을 거치지 않을 수 없습니다. 재산은 처음에는 나 자신의 신체를 전용하고 그 다음에는 자연의 신체를 전용하는데, 여기에 나의 노동이라는 노력이 섞여 들어갑니다. 그러므로 거짓된 "이것은 내 몸이니라"는 이 최초의 치명적 전용 행위에 기대고 있는 생명의 인위적 생산 및 재생산의 전체 시스템을 위협합니다. 그런데 이 최초의 전용 행위 자체가 세상이 알고 있는 가장 큰 거짓말입니다.

왜 사람들은 『식물 생각하기』가 거짓이라는 말에 설득되었을까요? 살아 있는 존재들을 포함하여 만물을 소유 대상으로 바꾸는 것이 의심할 여지 없이 확고한 규범의 외양을 걸쳤기 때문입니다. 식물은 대개 감정을 느끼지 않고 자라는 물건(things)—서구 형이상학 전통이 식물에 할당한 역할—이 아니라 자기 세계의 주체라고 선언하는 것은 우스꽝스러워 보입니다. 자유나 지성 같은 오만한 관념에서 가장 멀리 떨어져 있을 법한 식물 존재론 속으로 최근 유럽 철학의 성과를 '그려' 넣을 수 있다는 발상은 이상해 보입니다. 거짓말 이론의 주창자들은 심사숙고할 겨를도 없이 곧장 내 책이 완전한 장난질이 아니라면, 식물을 인간화하거나 식물에 인간 고유의 특성을 부여함으로써 신박한 재주를 부렸다고 생각했습니다. 『식물 생각하기』가 제기한 핵심 주장, 즉 인간은 식물과 지능과 생명을 공유하고 있으며 우리 자신의 사유와 존재의 많은 부분이 식물에서 유래되었다는 주장은 이들의 피상적 독해 때문에 빛이 바랬습니다.

물론 진짜 거짓말쟁이는 기존에 수용된 형이상학적 지혜를 확고하게 믿는 사람들입니다. 이들이 유포하는 대표적 거짓말은 모든 생명 형태들을 생명 없는 재산으로 성체 변화시키는 행위입니다. 이 거짓말은 오늘날 지배적인 세계관을 만든 책임이 있습니다. 신체에서 관념적으로 분리되어 있고 젠더 중립적인(실제로는 남성적인) 형이상학의 주인공은 자기 주위에 있는 모든 사람과 사물을 마주쳤을 때 "이것은 내 몸이니라"를 선포하는 거짓된 행위를 멈추지 않았습니다. 전용되는 물건과 전용하는 인간이라는 칸트의 구분은 '냉정한 이성(dispassionate reason)'이라는 마법의 주문을 침묵시키는 데 별 소용이 없었습니다. 오히려 칸트는 전용 가능한 물건의 범주에 동물과 식물을 포함시키는 데 동의했을 뿐 아니라, 존재를 주체와 대상으로 분류함으로써 전용의 논리 전체를 강화시켰습니다.

성체론자들의 진짜 미스터리는 신의 신체와 인간 신체의 식물적 구성에 놓여 있습니다. 발효된 밀을 가리켜 "이것은 내 몸이다"라고 말하거나 발효된 포도를 가리켜 "이것은 내 피다"라고 말하는 것은 이것들을 자신의 재산으로 바꾸는 것이 아닙니다. 밀과 포도를 자연의 정신적 환영으로 바꾸는 것은 더더욱 아닙니다. 그것은 식물 세계에서 자신을 발견하거나 재발견하는 것입니다. 『식물 생각하기』는 종교가 아니라 인간중심적 편견을 걷어낸 철학을 통해서 그 길을 찾고자 했습니다. 대다수 동료 철학자들은 이 대안을 진지하게 고려할 생각이 없었지만 적어도 몇몇 전위 과학자들과 예술가들은 내가 대략의 윤곽을 그린 식물의 생명력을 인지하고 이해하는 방법을 선뜻 받아들였습니다.

내 책과 관련해서 말하자면, 그것이 선언하는 "이것은 내 몸이 니라"는 종종 거짓말로 해석되었습니다. 이는 이런 형태의 글쓰기 자체가 참되지 못한 것으로 여겨졌다는 의미입니다. 이런 비난은 나의 주장이 존경할 만한 철학자들의 모임에서 논의될 영역 안으로 들어가지 못하게 막는 장애로 여겨졌습니다. 나 자신에게 더 중요한 문제는, 이런 비난이 나의 글쓰기가 진정으로 '나 자신의 것'이라고 말하지 못하게 가로막는 금기로 작용한다는 점입니다. 하지만 자신의 텍스트라고 고수하는 것은 어떤 의미일까요? 그것은 사이버 공간의 디지털 광장에 "내게 이 책은 진리이고, 온전한 진리이며, 진리일 뿐이다"라고 공개적으로 포기 선언을 하면서 커밍아웃하는 것을 말하는 것일까요? 그렇지 않다면 이 거짓 비난에는 전용의 윤리와 관련하여 보다 복잡한 문제가 걸려 있는 것일까요? 이 복잡한 문제는 무엇보다 신체의 문제—살아 숨 쉬는 몸이거나 죽은 시체(corpses)이거나 말뭉치(corpuses)이거나—라 할 수 있습니다.

소유 관계의 기초 위에 건설된 문화에서 자신의 신체와 그 신체를 둘러싸고 있는 것들을 전용할 가능성을 부여하지 않는다는 것은 가장 기본적인 사회경제적 억압입니다. 여성, 노동자, 동물, 식물은 확실히 자기 소유 능력이 없거나 그럴 가치가 없는, 그리하여 타자들에게 전용되기 쉬운 존재라고 이해됩니다. 아리스토텔레스 이후 이 목록에는 형식논리의 기본 규칙을 따르지 않는 사람들, 그들의 글쓰기와 사유의 신체가 거짓말에 불과한 사람들이 모두 들어갑니다. 안티고네의 경우, 크레온은 그녀에게 그녀 자신의 살아 있는 몸과 오빠 폴리네이케스의 죽은 몸을 주장하지 못하게 합니다. 안티고네는 자신의 몸과 자신이 땅에 묻고 싶은 친밀한 가족 구성원의 몸에 대해 "이것은 내 몸이니라"를 말할 수 없습니다. 그러나 안티고네가 자율적인 주권적 주체로서 그녀 자신과 죽은 오빠의 시신을 전용할 수 있으면 사태가 평화롭게 해결되고 행복한 결말에 이르게 될 것이라고 생각한다면 이는 잘못입니다. 바로 이것이 인간의 법과 신의 법 사이에 대칭적 갈등을 강조하는 고전적 해석이 어쩔 수 없이 간과하고 있는 점입니다.

오빠의 시신을 마주한 안티고네는 그 시신을 그녀 자신을 위해, 말하자면 자신의 가족과 전통, 심지어 자신이 따르고 있지만 크레온이 거짓이라고 생각하는 법의 이름으로 주장하는 것을 바라지 않습니다. 오히려 안티고네는 오빠의 시신을 네 원소들로, 그중에서도 시신에 가장 어울리는 원소라 할 수 있는 땅에 돌려주고 싶어합니다. 안티고네가 죽은 자를 돌보는 것은 단순히 '세상의 자연 질서'를 회복하려는 것을 넘어서는 일로서 생명 그 자체를 돌보는 것입니다. 이를테면, 안티고네는 폴리네이케스를 땅에 묻어 줌으로써 살아 있는 존재들에게 공기를 자유롭게 풀어놓고자 합니다. 크레온이 안티고네를 동굴에 가두고 썩은 시체가 공기를 오염시키게 방치하고 있는 것으로 미루어 볼 때, 그가 살아 있는 존재들에게 주지 않는 것이 바로 이 공기입니다. 크레온은 죽음의 냄새와 부패의 광경을 자기 권력의 휘장으로 활용합니다. 안티고네는 그녀 자신을 위해서는 아무것도 요구하지 않습니다. "이것은 내 몸이니라"는 주장은 그녀 자신을 위한 전용의 몸짓이 아닙니다. 그녀는 자기 주위의 더 큰 세계에 돌려주기 위해 오빠의 시신을 요구합니다. 오직 안티고네만이 이 가정이 사실이라고 확증하거나 부정할 수 있기 때문에, 우리는 안티고네의 자기 전용 행위, 즉 자신의 주체성을 키우는 행위는 우리 모두가 속해 있는 원소의 영역에 결례를 범하지 않으면서 자신을 찾는 것과 같은 길을 따르고 있다고 추정할 뿐입니다. 『식물 생각하기』의 1장에서 분명히 말하고 있듯이, 이 책의 목표가 식물 세계의 모형을 정교하게 다듬는 것이 아니라 식물의 신체를 식물의 영혼에게 돌려주는 것이라는 점을 굳이 밝힐 필요가 있을까요?

크레온의 명령과 법과 말은 거짓말에 지나지 않습니다. 그는 자신에게 속하지 않는 신체들—죽은 몸과 살아 있는 몸 모두—을 포획하려고 하며, 이를 통해 유기적·비유기적 자연을 통제하려고 합니다. 그는 이 신체들이 자신의 살인적 의지라는 은총에 의해서만 움직이거나 (종종 그렇듯) 움직이지 않는다고 가식을 부립니다. 그는 은밀하게 생명의 복수적 지향성을 이 살인적 의지로 바꾸어 왔습니다. 이와 동일한 사태가 현대 니힐리즘에도 나타납니다. 현대 니힐리즘은 비록 우주적 차원은 아니라 할지라도 세계적 차원에서 이 거짓말을 계속하고 있습니다. 현대 니힐리즘은 제힘을 유지하기 위해 살아 있는 존재들이 충분한 정도의 부정과 자기 부정의 힘을 부여받지 못하면 사실상 죽은 것이나 다름없다고 우리를 납득시킬 만한 위상을 갖고 있습니다. 이런 관점에서 보면, 식물들은 모든 피조물 중에서 가장 살아 있지 않은 존재들입니다. 왜냐하면 식물들은 자기 부정, 의지, 주체성의 흔적을 거의 갖고 있지 않기 때문입니다. 간단히 말해, 식물들은 자기 자신에게 속해 있지 않습니다. 식물의 신체는 완전히 외부적 전용에 맡겨져 있기 때문에 베이고 뽑히고 도태될 경우에만 활기를 띱니다. 다른 한편으로, 이 '무매개적인' 식물 생명의 편을 드는 사람은 순진한 바보이거나, 아니면 그 반대로 우둔하고 심각한 현 상황에서 농담을 끌어내는 영리한 풍자가 같아 보입니다.

보다 암울한 순간에 생명을 망각한 니힐리즘 문화와 생명을 보살피고 키우는 문화 사이에서 대화가 일어날 가능성은 전혀 없어 보입니다. 전자의 눈에 후자의 진리는 진실을 호도하는 위험한 말장난으로 보입니다. 크레온과 안티고네 사이에는 참된 심연이 놓여 있습니다. 어떻게 이 망각을 쫓아낼 수 있을까요? 망각을 상기시키는 것으로는 별 의미가 없을 것입니다. 현대 니힐리즘은 대안적 견해가 나타나는 순간 즉각 더 견고해지고, 공적 토론의 영역을 더 굳게 닫아버리는 것 같아 보이기 때문입니다. 그러나 대화가 실패할 때 극단적 폭력이 나타날 것입니다. 생존은 예전보다 더욱더 투쟁의 문제가 될 것입니다. 이 투쟁 과정에서 어떤 존재는 포기할 것이며(혹은 포기하도록 강요당할 것이며), 끝에 이르면 모두가 싸움에서 패자가 될 것입니다. 지금 위험에 처한 것은 고립된 인간 존재의 실존만이 아니라 생명 자체의 생존 가능성이기 때문입니다.

우리는 생명을 망각한 문화를 무익하게 계속 환기하기보다는 식물과 완전히 새로운 관계에서 출발하여 다른 문화를 키워야 합니다. 다시 시작하기 전에 심호흡을 하는 것보다 더 좋은 장소가 어디에 있을까요?

2013년 12월 30일-2014년 1월 3일

3장

보편적 호흡을 공유하기

세 살 때 이후로 나는 심신을 약화시키는 심한 계절적 알레르기를 앓아왔습니다. 햇살이 환히 비추는 5월의 어느 날 갑자기 얼굴이 부풀어 오르고 천식 발작으로 더 이상 숨을 쉴 수 없게 되었을 때 어머니는 급히 나를 병원으로 데려갔습니다. 의사는 심각한 알레르기 반응이라는 진단을 내렸습니다. 그때 이후 매년 봄이면 나는 어린 시절의 기억에 깊이 아로새겨진 이 최초의 쇼크를 경미하게 다시 겪었습니다. 봄이 다시 살아 돌아와 식물의 세계가 밝은 색깔로 살랑거리면 그 즉시 나는 바깥세상에서 잘려 나와 거의 앞을 보지 못했습니다. 냄새를 맡거나 맛을 보거나 숨을 쉴 수도 없었습니다. 나의 감각기관과 그에 상응하는 대상들 사이에는 희미한 장벽이 세워져서 투명하게 의도가 작동하지 못하도록 만들었습니다. 우리가 식물들에서 육체적·정신적으로 소외되는 것은 결국 유기적·비유기적 우주에서 소외되는 것과 다르지 않습니다.

초목이 활기를 되찾는 것은 내가 나 자신 속에 자폐적으로 갇히는 것과 동시적으로 일어납니다. 이런 자폐적 상태는 내 몸 상태를 완화하기 위해 복용한 안티히스타민계 약물의 부작용 때문에 생긴 것인데, 이로 인해 치료가 더 복잡하게 엉켜버렸습니다. 그러나 나 혼자만 이런 곤경에 빠졌던 것은 아닙니다. 내 학교 친구들 대부분이 계절적 알레르기를 앓고 있었습니다. 꽃가루 알레르기라는 질병이 생긴 원인에 대단한 비밀이랄 것은 없었습니다. 내가 사는 동네에서 불과 몇 백 미터도 떨어지지 않은 곳에 대기를 오염시키는 거대한 공장이 있었습니다. 모스크바시 도시계획위원회는 대단한 지혜를 발휘하여 식물이 정화한 공기로 대기오염의 부작용을 상쇄시키겠다는 목표하에 숲 근처에 공장을 건설하겠다는 결정을 내렸습니다. 그 결과 바람이 부는 방향에 따라 우리는 공장의 괴물이 품어내는 독성 연기 냄새를 맡거나 숲에서 흘러나오는 신선한 공기 내음을 맡았습니다.

공장과 교통오염에서 비롯된 꽃과 풀 알레르기는 인간과 식물의 관계에서 잘못된 모든 것들을 보여주는 증상입니다. 지구를 덮고 있는 숲은 흔히 '식물의 허파'로 불립니다. 숲은 합성작용 과정에서 산소를 공급함으로써 우리에게 숨 쉴 수 있는 공기를 선물로 줍니다. 그러나 숲이 인간의 산업이 오염시킨 공기를 신선하게 만들 수 있는 힘은 오래전에 이미 한계에 도달했습니다. 건강한 생명에 (혹은 어떤 형태의 생명이든) 반드시 필요한 숨 쉴 공간이 부족하다면, 그것은 우리가 화학물질로 대기를 가득 채워 버렸기 때문에 숲의 재생 능력, 즉 숲의 성장 능력과 그 숲이 만들어내는 대기의 재생 능력을 약화시켰기 때문입니다. 그럼에도 화석연료—화석연료는 대개 과거 식물들의 잔해이지요—의 대량 연소와 함께 진행된 급속한 삼림 벌채가 회복 불능의 환경 재앙을 일으킨 원인이라는 경고의 목소리는 청각 장애를 앓고 있는 우리의 귀에 계속 울려퍼졌습니다.

환경과 식물 세계에 피해를 입히면서 우리는 우리를 살게 해주는 산소 공급을 막는 방식으로 우리 자신에게 해를 끼치고 있습니다. 그러나 위험한 독성 물질로부터 자신을 방어하려고 할 때 신체는 과잉반응을 보이고, 자신을 외부로부터 차단하며, 주위 세계의 활력을 충전시키며 영양을 공급해 주는 원소들을 거부합니다. 그리하여 우리의 신체는 위험의 근원이 공기와 물을 비롯한 모든 원소들을 오염시키는 산업 쓰레기가 아니라 식물의 무해한 꽃가루라고 오인합니다. 이와 동시에 알레르기는 우리가 식물 세계를 포함하여 외부 세계에서 극단적으로 고립되는 상태를 계속 유지할 수는 없다는 것을 알려줍니다. 우리와 환경 사이에 세워진 장벽과 무관하게 우리가 숨을 쉴 때마다 우리의 폐는 외부 세계에 노출됩니다. 식물이 없으면 우리가 숨을 쉬고 살 수 없거나 존재할 수 없다는 사실을 인정한다면, 우리가 그 일부를 이루고 있는 생태계로부터 완전히 분리된다는 것은 우리 자신의 사망 선고나 다름없습니다.

내 몸을 괴롭혀 왔던 알레르기를 지켜보면서, 나는 내가 서구 철학에 나타난 식물 생명에 대해 보이는 광의의 개념적 알레르기라고 생각했던 것이 나의 사유에 영향을 미치지 않게 만들겠다고 결심했습니다. 확실히 이 결심은 지금까지 내가 식물성의 철학과 연관된 책을 쓰게 만든 동기 가운데 하나였습니다. 저술 작업에 참여하면 할수록 나는 식물이 살아 있는 존재 중에서 가장 미발달되었다는 철학적 도그마——이는 식물에 대한 모종의 윤리적 책임을 문화적으로 거부하는 행위입니다——와, 생산의 원료이자 연소 가능한 바이오 연료의 소재로 식물을 경제적으로 변형시키는 것 사이에 존재하는 연결점을 명확히 파악할 수 있었습니다. 나는 특히 식물 생명의 복잡성에 대한 지적 알레르기가 다소 직접적으로 나의 신체 알레르기를 일으켰다는 것을 깨달았습니다.

그렇다면 식물 자신의 호흡과 함께 우리의 신체적·정신적 호흡을 되찾을 수 있는 길은 무엇일까요? 표면적으로 식물의 호흡은 모든 면에서 우리의 호흡과 대립합니다. 식물은 이산화탄소를 산소로 재처리하는 데 반해, 우리는 산소를 들이마시고 이산화탄소를 내뱉습니다. 식물은 외부 세계에 노출된 잎을 통해 표면으로 숨을 쉬지만, 우리는 공기를 폐 속으로 들이마시면서 숨을 쉽니다. 그러나 인간이 폐로만 숨을 쉬는 것은 아닙니다. 우리의 몸 전체가 피부 구멍으로 숨을 쉬고 있습니다. 우리는 우리가 다소 관여하고 있고 전념하고 있는 이런 식물적 호흡 방식을 우리 호흡계의 숨겨진 부위라고 치부하는 경향이 있습니다.

유럽 철학이 정신을 구성하는 형식은 숨 쉬는 신체의 표면과 식물적 호흡을 무시하는 것에 기초해 있습니다. 엠마누엘 레비나스가 말했듯이, 정신은 "세상에 존재하는 가장 오래된 호흡"[1]입니다. 이 말이 의미하는 바는, 우리의 정신을 추동하는 것은 밖으로 숨을 내쉬는 순간을 지연시킴으로써 공기라는 원소를 지배하고, 주체성이라는 신체 없는 숭고한 폐 속으로 가급적 많이 들이 마시며 외부 세계와 호흡을 공유하는 것을 막으려는 욕망입니다. 거두절미하고, 이 한심한 모델은 정신에 적용될 수 있을까요? 아니면 정신의 서구적 돌연변이에 특수한 것일까요? 정신의 서구적 돌연변이는 식물과 함께, 식물로부터, 식물을 통해 사는 신체의 욕구에서 분리되어 있으며 그 욕구를 망각하고 있습니다.

2009년 여름 인도를 방문했던 기간에 케랄라 남서 지역 코타얌 출신의 요가 선생님은 느린 호흡 훈련의 중요성을 강조했습니다. 그는 거북이와 개의 평균수명과 호흡의 속도를 비교하면서 인간의 행복과 장수를 호흡을 키우는 것과 연결시켰습니다. 그의 조언은 서구에서 일어나고 있는 정신적 호흡의 중단과 병행 관계에 있을까요? 코타얌 출신 선생님의 명상 수련은 "세상에 존재하는 가장 오래된 호흡"과는 아주 다른 것으로서 외부 원소를 가급적 최대한으로 전용하려고 하지 않았습니다. 그와는 반대로, 요가 선생님은 우리가 더 집중하고 더 의식함으로써 숨결이 우리를 더 잘

통과하도록 놔둘 필요가 있다고 강조했습니다. 식물과 비슷하게 우리는 공기가 흐르는 관이 되어야 합니다. 우리는 일종의 자원으로서 공기와 관계를 맺기보다는 공기가 우리를 통해 움직이도록 해야 합니다. 나는 요가 선생님의 조언을 서구 사회의 잘못을 몽땅 고쳐줄 만병통치약이 아니라 다른 출발점으로, 하이데거가 말한 다른 '시작'으로 받아들였습니다.

과학적으로 호흡의 과정은 유기체와 대기가 가스를 교환하는 행위로 이해됩니다. 그런데, 호흡은 안과 밖 사이에서 참된 공유가 없으면 일어날 수가 없습니다. 근대 인간은 이런 공유의 규칙을 배웠지만 돌려줄 수 있는 것보다 더 많은 것들을 전용했습니다. 근대 인간이 주위 세계에 나누어 주었던 것은 오염과 '에너지 생산'의 치명적 부산물뿐이었음은 말할 나위도 없습니다. 근대 인간은 자신의 숨을 없앴습니다. 근대 인간은 자신이 이룩한 기술적 성취를 경이의 시선으로 바라보느라 숨을 헐떡였고 그 성취가 뿜어내는 매연으로 질식 상태에 빠졌습니다. 그러나 이보다 더 불행한 일은 근대 인간이 정신이라는 드높은 제단에 비인간 생명체들을 제물로 바치면서 이들의 숨을 빼앗고 이들이 숨 쉬지 못하게 만들고 있다는 사실입니다.

환경과 보다 평등한 교환 관계를 복원하는 일은 많은 생태 프로그램과 지속가능한 발전 계획이 추구하는 목표입니다. 그러나 공유는 교환으로 환원될 수 없습니다. 살아 있는 모든 생명체와 함께 우리는 언제나 식물들에게 돌려주는 것보다 더 많은 것을 받습니다. 식물은 예외 없이 모든 동물과 인간존재들을 위해 숨을 쉽니다. 비록 그것이 현 상태에 비해서는 나아진 것이라 할지라도, 숨의 공유는 더 공정한 자연경제를 제도화하는 문제가 아닙니다. 숨의 공유는 우리가 식물에 진 갚을 수 없는 부채를 인정하고, 식물이 탁월하게 보여주는 관대함에 참여하며, 우리가 숨을 쉴 때마다 식물이 선사하는 관대함에서 영감을 길어 올리는 문제입니다. 호흡의 과정이 명상 훈련의 수준으로 격상된다면 우리는 우리 안의 자연과 우리 밖의 자연을 분리시키고 파괴하지 않으면서 잘 키울 수 있습니다. 이렇게 우리 안팎의 자연을 키우는 일은 우리가 환경과 맺는 유대의 끈을 끊지 않고 식물 세계를 지배하려는 목표를 갖고 있지 않는 대안적 문화의 기원이 될 것입니다. 그것은 지상에 살고 있는 모든 존재들이 자신들이 속해 있고, 뿌리를 내리고 있으며, 살아가기 위해 서로 나누어야 하는 같은 공기 속에서 숨을 쉬고 있다는 사실을 인정합니다.(참고로 헤라클레이토스는 호흡을 우리를 주위와 묶어주는 뿌리(riza)라고 생각합니다. 섹스투스 엠피리쿠스(Sextus Empiricus), 『독단주의자들에 반대하여(*Adversus Mathematicos*)』, VII, 129).* 차이는 각각의 존재가 이 선물을 어떻게 받아들이고, 이 취약한 세계를 유지하기 위해 무엇을 할 수 있는가 하는 점입니다.

*　섹스투스 엠피리쿠스는 2-3세기 고대 그리스 철학자로 회의주의 사상을 대변했다. 그의 사상은 한편으로는 피론주의라고 일컬어지는 회의주의를 소개하고, 다른 한편으로는 회의주의에 맞서는 독단주의 사상가들을 반박하고 있다.

이 문제는 다시 나를 공유의 이슈로 데려옵니다. 공유는 '분리'와 조심스럽게 구분됩니다. 생명과 숨을 공유하는 것은 생명의 영역을 키우고 확장시키는 반면, 생명을 자연자원과 인간자원으로 분리하는 것은 생명을 감소시킨다는 것이 양자의 차이입니다. 생명은 두 존재 혹은 그 이상의 존재들 사이에서 일어나는 일입니다. 생명은 살아 있는 존재들 사이에 어떤 공간도 남겨두지 않는 분리와 대조됩니다. 그러므로 분리는 본질적으로 질식시키는 것입니다. 숨 쉬기는 최소한의 '숨 쉴 공간'이 보장되는 작은 틈새에서만 일어날 수 있습니다. 우리의 과제는 우리가 식물과 우리 자신과 우리 사이에 흐르는 공기를 측정 가능한 대상이나 잠재적 생산력으로 바라보지 않고 생명의 합주에 참여하는 존재로 바라보는 문화를 가꾸는 것입니다. 이 문화는 생명에 알레르기적 반응을 보이는 문화가 아니라 생명과 함께 번창하는 문화입니다.

분리의 문화가 아닌 공유의 문화는 현재 우리가 처해 있는 환경 재난에 긍정적 차이를 만들어낼 수 있는 유일한 실천적·이론적 지향입니다. 타자들과 함께(그리고 타자들을 통해), 특히 식물과 함께 식물을 통해 숨 쉬는 살아 있는 신체의 기본 활동에서 시작하지 않는다면 우리는 어디서 공유를 시작할 수 있을까요? 몇 주째—몇 달이 아니라면—꽃가루 알레르기를 앓고 있을 때면 나는 호흡 훈련을 할 수가 없습니다. 이럴 때에는 한 번씩 숨을 쉬는 것 자체가 투쟁입니다. 이 점은 생명을 꺼리는 우리의 자폐적인 알레르기 문화에도 해당됩니다. 이 알레르기 문화는 생존의 목적에 견

주어 보았을 때 의미 있는 모든 것들이 흐릿해질 정도로 우리의 실존을 허물어 버렸습니다. 그리하여 이 알레르기 문화는 우리의 공간뿐 아니라 우리가 깊이 숙고하며 의식적으로 훈련할—호흡 훈련이든 다른 훈련이든—시간도 빼앗아 갔습니다. 산업의 오염과 정신의 질식이 뒤범벅된 상황에서 우리는 어떻게 다르게 숨 쉬며 살아갈 시간과 공간을 찾을 수 있을까요?

다른 한편으로, 해마다 봄이 오면 식물이 다시 살아난다는 사실은 매우 중요합니다. 해결의 실마리는 문화적 질식과 식물의 자연적 호흡 사이에 발생한 모순, 바로 거기서 찾을 수 있습니다. 우리는 공유가 아니라 분리와 전용이 주된 역할을 하지 않는 녹색 공간에서 어떻게 숨 쉬는 법을 바꿀 것인지 배워야 할 것입니다. 다른 계절이 시작될 무렵 계절적 알레르기가 끝나면 나는 숲으로 돌아가 식물이 숨 쉬며 내뿜는 신선한 공기를 향해 폐를 활짝 엽니다. 모든 존재는 식물과 함께 있으면 식물이 자라는 속도에 맞춰 느려집니다. 바로 이 느림에서 생명을 다르게 키울 수 있는 길이 열릴 것입니다. 이것은 코타얌 출신 요가 선생님의 제안을 반복하는 것이기도 합니다.

2014년 1월 18-24일

4장

원소의 생성적 잠재력

원소—그리스어로 스토이케이아(stoicheia)—라는 고전적 개념
으로 돌아가는 것은 막스 베버가 "세계의 탈마법화"라 부른 근대
의 지배적 태도를 만나기 위한 전략인 것만은 아닙니다. 사태가
그러하다면, 원소적인 것에 대한 사유는 기계적 인과론의 토대 위
에서 세계를 이해하는 과학적 합리성에 대한 반작용에 불과합니
다. 그 대신 우리는 원소적인 것을 다시 논의함으로써 생명과 양립
할 수 있는 다른 논리 형식을 밝혀내는 데 도움을 얻을 수 있습니다.

세계의 여러 전통들을 두루 살펴보면 고전적 원소들에는 대체
로 공기, 물, 불, 흙이 들어갑니다. 자이나교*는 이 네 원소 옆에 식

---

* 자이나교는 인도의 비정통 브라만교에서 발생한 종교이다. 니간타(Nigantha)라

물을 놓고 식물을 우주를 구성하는 제5원소라고 생각합니다. 이와 함께 식물은 영혼이 깃든 존재, 즉 '지바티히카얄(jivatthikayal)'*이자 세계의 근원입니다. 자이나교의 『아카랑가 수트라(*Acaranga Sutra*)』**에서 마하바라 존사(尊師)는 땅의 몸, 물의 몸, 불의 몸, 바람의 몸, 이끼, 씨앗, 싹에는 모두 생명이 깃들어 있음을 깨닫고 해치지 않으려고 했습니다.(1: 8: 1: 11-12) 식물의 생성 능력—식물의 씨앗과 씨앗에서 튼 싹—은 식물을 원소의 위치로 끌어올립니다. 아니 차라리 흙의 몸, 물의 몸, 불의 몸, 바람의 몸이 식물의 원소적 성장에 더해졌다고 말할 수 있습니다. 식물은 온 세상이 어떻게 살고 있으며, 또 어떻게 수많은 지바들(정령들)로 가득 차 있고 번성하고 있는지 보여줍니다.

소크라테스 이전의 사상가 중에서 특히 엠페도클레스***는 원소의 식물적 성격에 민감합니다. 엠페도클레스는 원소를 "만물의 원초적 뿌리(rizomata proton)"라고 불렀습니다(『단편집』 6. 아에티오

는 종교를 기원전 5~6세기 석가모니와 동시대 사람이었던 마하비라(Mahāvīra)가 재정비하여 창시했다고 여겨진다. 최고 완성자를 지나(Jina)라 부르며 그로부터 지나교 또는 자이나교라는 명칭이 생겨났다. 자이나교의 교의에 따르면, 만물은 생명을 지닌 영혼을 뜻하는 지바(jiva)와 비생명을 뜻하는 아지바(ajiva)로 구분된다.

* 지바티히카얄은 자이나교에서 사용되는 어휘로 영혼이 깃든 생명체를 의미한다.
** 『아카랑가 수트라』는 자이나교의 경전 중 하나이다.
*** 엠페도클레스(Empedocles)는 기원전 5세기경 고대 그리스에서 활동한 철학자로서 만물이 4원소(물, 공기, 불, 흙)의 사랑과 다툼 속에서 생겨났다고 주장했다.

스**** I, 3, 20). 이 원초적 뿌리에서 자라는 세계는 정적이지 않습니다. 원소들은 끊임없이 운동하고 변화하면서 사랑의 힘으로 여럿에서 하나로 결합하고, 다툼의 영향 아래 다시 분리됩니다. (『단편집』 17, 심플리키오스,*****『자연학』 158) 사랑이 없으면 아무것도 생성될 수 없습니다. 사랑은 네 뿌리 가운데 놓여 있으면서 성장을 책임지고, 존재에 이로운 조화와 균형과 적정한 비율을 가져옵니다. 반면에, 다툼은 일시적으로 통합되었던 것을 다시 흩어지게 함으로써—외부에서 별개로(dicha ton)—원소들의 관계 속으로 분리와 교란을 불러들입니다. 식물적 성장은 원소들의 조화로운 결합에 힘입어 실존하기 시작하는 모든 존재의 모형입니다. 사랑이 하는 일이 식물의 성장이라면 다툼의 결과는 성장의 지연입니다.

사랑과 다툼이라는 두 힘과 더불어 네 뿌리는 동등하게 만물의 근원이자 지각 능력의 원천입니다. 왜냐하면 우리는 흙은 흙으로 보고, 물은 물로 보며, 공기는 맑은 공기로 보고, 불은 타오르는 불로 보기 때문입니다. 우리는 사랑은 사랑으로 보고, 다툼은 끔찍한 다툼으로 봅니다. 원소들은 육체적 생명과 정신적 생명을 모두 생성합니다. 육체적 생명과 정신적 생명은 서로 공유하는 특별한 뿌리를 통해 만납니다. 영혼 속에 있는 네 뿌리의 구성과 비율은 바깥 세계에 있는 네 뿌리의 구성과 비율을 반사하고 반복합니다.

**** 아에티오스(Aetius)는 1-2세기경에 활동한 궤변학자이다.

***** 심플리키오스(Simplicius)는 5-6세기경에 활동한 신플라톤주의 철학자로서, 아리스토텔레스에 대한 다수의 철학적 글을 집필했다.

혼은 이 외부 원소들을 통해 바깥 세계로 열립니다. 처음부터 혼은 흙에 살고 있습니다. 흙은 자신을 둘러싸고 있는 대기 속에 머물면서 자기 안으로 대기를 환영하며 받아들입니다. 엠페도클레스가 현세에서 모종의 식물적 생성 모형을 받아들이고 있다면 혼도 동일한 모형을 따라야 합니다. 성장하는 물질 세계와 마찬가지로 정신 생명의 토대도 식물적이라는 점은 당연한 귀결입니다. 다시 한번 말하자면, 이것이 『식물 생각하기』가 내린 결론 중 하나입니다. 이 책에서 나는 표면적으로는 추상적이고 승화된 것처럼 보이는 사유의 과정이 인간 정신의 식물적 '기체(substratum)'에서 나온다는 쪽으로 독자의 관심을 유도하려고 했습니다.

식물은 만물의 실존에 반드시 필요한 숨 쉴 공기를 '내쉬고' 있다는 점에서 어느 정도는 원소들보다 더 원소적이라 할 수 있습니다. 식물은 공기에 산소를 보탬으로써 공기가 궁극적으로 되고자 하는바, 즉 살기 좋고 숨 쉬기 좋은 원소가 되게 해줍니다. 아낙시메네스는 공기가 응축(condensation)과 희박화(rarefaction)를 통해 다른 모든 존재로 변환되는 주요 원소라고 생각했습니다(심플리키오스, 『자연학』 24, 26). 그러므로 식물은 만물을 가능케 하는 원소들을 가능하게 합니다. 식물은 생성된 존재이지만 또한 세계 전체를 생성합니다.

아낙시메네스*에게는 우리 안의 공기와 우리 바깥 공기의 관계,

---

* 아낙시메네스(Anaximenes)는 기원전 5-6세기경에 활동한 그리스 철학자로서, 공

정신적 숨과 우주적 숨(kosmon pneuma)의 관계가 중요합니다. 살아 있는 존재의 몸과 세계의 몸은 공기/혼 덕분에 각자의 총체로 모입니다. 공기/혼은 살아 있는 존재의 몸과 세계의 몸을 에워싸고 있으며, 몸과 세계 또한 공기를 에워싸고 있습니다(아에티오스 I, 3, 4). 이 단편적 말들이 실제로 아낙시메네스가 한 것인지에 대해서는 논란이 있습니다. 그러나 그가 의미하는 것은 신체와 세계 각각이 자신에게 맞는 호흡에서 통일성과 질서와 활력을 받아들인다는 것입니다. 세계는 공기로부터 영양을 흡수하는 살아 있는 존재와 비슷합니다. 공기는 혼의 형태로 식물, 동물, 인간, 그리고 우주 전체의 신체를 이끕니다. 공기를 받아들일 준비가 되어 있는 신체는 살아 있는 신체입니다. 이 수용성은 실체화할 수 있거나 확증할 수 있지 않습니다. 그러나 그것은 생명 자체의 질서 안에 공기를 끌어들입니다. 그러므로 숨 쉴 공기를 주는 식물의 신체는 얼마나 강렬하게 살아 있는 것인가요!

소크라테스 이전 사상가들이 논의하고 있는 원소들은 아리스토텔레스의 영향으로 세상만물의 제1 구성 원리로 (형식적으로) 개념화되었습니다. 이를테면, 플루타르코스**는 호메로스와 탈레스에게는 물이 제1 구성 원리이자 근원(archen apanton)이었다고 전해줍니다(『이시스와 오시리스에 대하여』 34, 364D). 『형이상학』에서 아

기를 만물의 근원이라고 보았다.
** 플루타르코스(Plutarchos)는 고대 그리스의 철학자이자 정치가로서 『플루타르코스 영웅전』의 저자로 유명하다.

리스토텔레스는, 세상 만물은 씨앗을 틔우려면 습기가 필요하다는 생각에서 탈레스가 물을 생명의 으뜸으로 연역했다고 말합니다. 만물의 씨앗(to panton ta spermata)은 수분의 성질을 지니고 있기 때문이라는 것입니다(『형이상학』 A3, 983b6). 다시 말해, 물은 씨앗들이 생명 없이 보존되어 있는 마른 상태에서 씨앗들을 깨워 싹트게 합니다. 결국 물과 합쳐진 식물의 씨앗은 모든 살아 있는 존재들 혹은 '만물의 씨앗들'의 원소적 생성과 관련하여 본보기가 됩니다.

이런 관찰을 통해 탈레스는 혼과 세계의 본성에 관해 광범한 통찰에 이릅니다. 물이 씨앗에 생명을 불어넣어 존재하게 한다면, 물은 활성화의 원리나 혼을 담고 있어야 합니다. 아리스토텔레스는 이렇게 쓰고 있습니다. "어떤 사상가들은 실제로 영혼이 물이라고 선언했다. 그들은 만물의 씨앗이 습기를 머금고 있다는 점에 설득되었던 것 같다"(『영혼론』 A2, 405b1). 영혼은 외부 세계의 물질과 구분되는 비가시적인 독립적 실체(substance)가 아닙니다. 영혼은 응축과 희박화를 통해 만물의 구성 원소인 물로 이루어졌습니다. 영혼은 존재하는 것들 중에서 가장 희박화되어 있고 가장 기화되어 있는 물입니다. 이와 동시에 생명을 선사하는 물은 통나무처럼 떠서 "한 곳에 멈춰 서 있는" 땅의 기체(substratum)입니다. (아리스토텔레스, 『천체론』 B 13, 294a28). 응축된 물이라 할 수 있는 흙은 저 밑에 있는 제 자리를 향해 가라앉는 돌멩이처럼 물에 빠지지 않고 나무토막처럼 떠 있습니다. 그러므로 마주하고 있는 물과의 관계에서 땅은 식물적이라 할 수 있습니다.

　그렇다면 헤라클레이토스*의 불은 어떨까요? 헤라클레이토스에 따르면 불이 절도 있게 타올랐다가 꺼지는 것이 우주와 세계질서를 만듭니다.(『단편집』, 30, Clement, Stromata v. 104, i). 그런데, 창조되지 않고 "영원히 살아 있는" 이 원소는 그것을 태울 연료가 되는 것, 즉 우리가 물질이라고 부르고 아리스토텔레스와 그 이전 시대에서는 목재(hyle)라고 불렸던 것이 없다면 과연 탈 수 있을까요? 태울 재료가 없다면 불을 태우는 것은 불가능하지 않을까요? 확실히, 이 연소 재료들은 인간의 역사에서 따뜻하게 데우고, 음식을 조리하고, 나중에는 기계에 동력을 공급하기 위해 태웠던 식물의 여러 부분들에 한정되지 않습니다. 헤라클레이토스의 불은 생명을 주고 생명을 소진시키거나 고갈시키는 동시에 우리의 안과 밖에서—또한 우리로서—함께 탑니다. 이것이 "그들의 죽음을 살고 그들의 생명을 죽는다"는 『단편 62(Fragment 62)』 마지막 구절에 함축되어 있는 수수께끼 같은 의미입니다(히폴리투스, 『모든 이단들에 대한 논박』, 10, 6). 우리 안의 불이 계속 타오를 때, 그 불은 생명을 주고 생명은 불타 사라집니다. 헤라클레이토스의 정신으로 말하자면, 우리는 생명의 불에 쓰이는 목재입니다. 그런데 생명의 불은 우주의 불과 달리 유한합니다.

---

*　헤라클레이토스(Heraclitus of Ephesus)는 소크라테스 이전 시기의 주요 철학자로, 불이 만물의 근원이라고 주장했다.

불행하게도 헤라클레이토스 사후 수천 년이 지나서 불이라는 원소는 창조적이기를 멈추고 파괴적으로 바뀌었습니다. 내가 『불의 정치학(*Pyropolitics*)』에서 썼듯이, 물리학자들이 물질을 에너지를 축적하고 일시적으로 에너지를 담고 있는 것으로 개념화할 때, 우리가 우리의 다이어트를 칼로리의 흡수와 연소의 시각으로 바라볼 때, 혹은 대체 에너지원을 찾으려는 정부가 모든 것들을 불에 태워 연소시킬 가능성을 심각하게 고려하고, 삼림 개간 속도를 높이며, 바이오 연료로 전환하려는 단 하나의 목적으로 단일작물 재배(이를테면 브라질의 사탕수수 재배)를 확대하는 방향으로 움직일 때, 이 모든 일들이 일어나는 바로 그때 불은 우리의 현실 감각을 지배할 것입니다. 어쩌면 생명 그 자체가 안에서 활활 타오르는 대화재이자 거대한 불길일지 모릅니다. 이 거대한 불길 속에서 살아 있는 모든 존재들은 자신을 재생하기 위해 자신과 비슷한 다른 불꽃들을 태우는 수많은 불꽃들입니다. 우리가 이런 주장을 펼칠 때 우리는 생명을 선사하는 불의 힘을 사유하는 고대 그리스적 관점에서 그리 벗어나지 않았습니다. 그러나 그리스인들에게 불의 창조적 잠재력은 불을 절도 있고 적절히 조절해서 피웠다 끄는 것과 연관되어 있었다면, 거대한 불길이 제어할 수 없을 만큼 격렬하게 타오르면서 우리의 절제 감각은 완전히 사라졌습니다. 불의 규모가 세계적으로 커지면서 파괴도 세계적 규모로 커집니다.[1]

헤겔은 『자연철학』[2]에서 열과 습도, 불과 물을 '대립적 요소'로 중요하게 다루었습니다. 이제 물과 불은 생명에, 그중에서 무엇보다 먼저 식물에 봉사할 수 있도록 적절한 조화를 이루며 존재할 필요가 있습니다. 물과 빛(열은 말할 것도 없고)은 너무 많거나 적으면 식물이 싹을 틔우고 자라는 데 치명적입니다. 그러므로 이 두 원소의 생성 잠재력은 식물의 실존에 맞는 엄격한 한계 안에 놓여야 합니다. 이 원소들이 한계를 넘어 지나치게 풍부하거나 빈약하면 생명 존재들은 더 이상 원소들에 관여하지 못합니다. 그렇게 되면 그들은 살 수 없습니다. 원소들을 생명―우리 자신의 생명과 식물의 생명―에 유리하게 맞추는 절도(measure)*는 매우 취약합니다. 식물은 절도가 유지되는 데 기여하고 있지만, 인간은 지구의 기후변화를 초래한 산업 활동을 통해 원소의 한계치를 행성적 규모로 키움으로써 이 절도를 무너뜨렸습니다. 기후변화는 지구의 특정 지역에서는 극도의 가뭄을 낳았고(예를 들어 사하라 사막이 점점 커지는 현상), 영국과 같은 다른 지역에서는 예전에 비해 더 많은 비를 쏟아 부었습니다. 극도로 심각한 가뭄과 홍수 때문에 이 지역들은 동물과 인간뿐 아니라 식물 생명도 더 이상 살기 어려운 곳이 되었습니다. 4대 원소의 부족과 과잉은 양 극단입니다. 생존은 양자 사이에서 가능합니다.

소크라테스 이전의 철학자들 사이에서 어떤 원소가 더 일차적이고 중요한지를 둘러싼 이론적 논쟁이 벌어지기는 했지만, 생명

---

* 조화와 균형을 중시한 그리스 정신이 일반적 준거로 삼은 것으로서, 아리스토텔레스는 이를 중용이라고 하였다.

이 싹트고 자라고 다르게 표현되기 위한 잠재력을 유지하려면 네 원소가 적절한 비율로 결합되어야 합니다. 식물이 존재한다는 것은—어떤 곳에서는 번창하면서—네 원소들을 살기 적절한 한도 안으로 모을 수 있다는 증거입니다. 식물은 너무 강하지도 약하지도 않으면서 생명을 주는 원소들을 모으는 장소입니다. 식물이 무성하게 자란다는 것은 원소들의 영양 공급이—충분한 햇살과 습기와 흙 속 미네랄과 공기—원활하게 일어나고 있다는 것을 증명합니다. 우리는 앞의 네 원소 중 뒤 두 원소—흙과 공기—가 식물의 활동을 통해 풍부해진다고 말하지 않을 수 없습니다. 식물은 썩으면서 흙을 비옥하게 채우고, 광합성 작용을 하면서 대기에 산소를 공급합니다. 적정 비율을 유지할 경우 네 원소는 식물의 존재에 환대를 가져다주고, 역으로 식물의 존재는 네 원소에 영양을 공급하면서 다른 형태의 활력을 가져다줍니다. 자이나 철학과 같은 일부 전통들이 세계를 구성하는 제5 원소로 식물을 끌어들인 것은 전혀 놀랍지 않습니다. 결국 식물은 '고대' 원소들의 생성적 잠재력을 키우고 원소들이 생명의 번성에 유리하게 작용하도록 함으로써 생명의 탁월함에 기여합니다.

2014년 2월 27일-3월 2일

5장

계절의 리듬에 맞춰 살기

20세기 러시아 철학자 블라디미르 비비킨(Vladimir Bibikhin)*은 인간 존재의 본성을 묘사하기 위해 종종 'neumestnyi'라는 러시아어 단어를 사용했습니다. neumestnyi는 '적합하지 않은', '이상한', '낯설고 두려운' 등의 의미를 갖고 있지만, 보다 축어적으로 해석하면 '장소(mesto)에서 벗어난 존재', '장소가 없는 존재', '제 자리에 있지 않은 존재'를 뜻합니다. 비비킨은 모든 생명 존재들과 무생명 존재들에게 고유한 장소를 부여하고 있지만, 인간에게는 규정되고 고유하며 엄격하게 한정지어진 자신의 장소가 없다고 주

---

* 블라디미르 비비킨은 20세기 러시아 종교 철학자로 마르틴 하이데거의 저작을 러시아어로 옮겼다.

장합니다. 역설적으로 인간은 안에서부터 힘들게 모으는 것들의
총체 바깥에 있습니다.

살아 있는 전체에서 인간의 자리가 부족하다는 것은 땅에 뿌리
내리고 있는 식물 세계로부터 인간을 가장 멀리 떨어뜨려 놓습니
다. 나는 지속적으로 뿌리 뽑혀 온 내 인생사가 이런 비극적 조건
을 강화시켰다고 느낍니다. 나는 가급적 이 비극적 조건을 치유하
기 위해 사유와 삶의 실천에서 식물 생명에 관심을 돌렸습니다.
그러나 이 러시아어의 어원에서 직관적으로 얻을 수 있는 통찰은
더 멀리 뻗어나갑니다. 자신의 자리가 없다면 인간 존재는 자신의
환경, 자신이 물리적으로 거주하고 있는 세계에 점점 더 어울리지
않게 될 것이고, 그에 따라 점점 더 생명에 어울리지 않게 될 것입
니다. 다른 자리를―자리의 타자를―찾으려는 형이상학적 추구
는 이 원초적인 장소 이동(displacement)에서 생긴 부작용입니다.
그런데, 이런 형이상학적 추구는 플라톤의 '토포스 오우라니우스
(topos ouranious, 천상의 자리)', 중요성으로 볼 때 지상의 모든 존재
를 압도하는 천상의 자리에서 시작되었습니다.

인간은 자리에서 벗어나 사는 성향이 있을 뿐 아니라 시간을 벗
어나서 자연세계 및 자기 자신과 때를 맞추지 않고 사는 성향이
있는 것 같습니다. 니체의 'Unzeitgemasse Betrachtungen'을 번역
하면, '시의부적절한 명상'(영어로는 'Untimely Meditation' 카우프만
과 홀링데일이 선택한 대안적 번역어)이나,[1] '철지난 사유'(영어로는
'Thought out of Season'로 A. M. 루도보시와 아드리언 콜린스가 더 선호

하는 번역어) 정도가 될 것입니다. 더욱이 니체는 니힐리즘의 시대에는 철지난 과일과 같은 문화 형식이 도래할 것이라고 예언했습니다. "모든 계절은 자신만의 독특한 매력과 장점을 지니고 있고 다른 계절의 매력과 장점은 배제한다. 종교와 긴밀히 연결되거나 종교에서 자라난 것은 한번 파괴되고 나면 다시 자랄 수 없다. 제자리에서 벗어나 뒤늦게 튼 싹은 잘해야 가짜 모양으로 나타날 뿐이다."[2] 니힐리즘 문화는 문화(culture)가 경작(cultivation) 행위에서 유래되었다는 사실을 억누릅니다. 식물적 자연에 가하는 작업은 대개 인내가 필요한 일이고, 곡식을 기다리거나 식물이 스스로 무르익을 때를 기다리는 일이며, 계절의 변화에 맞추는 일입니다. '철지난 과일'은 자라는 장소와 시간(혹은 타이밍)에 어울리지 않으며 완전히 부적절합니다.

계절(season)이란 말은 인간이 식물과 맺는 관계로 돌아갑니다. 'season'는 라틴어 동사 'serere'에서 유래했습니다. 이는 '씨를 뿌리다(sow)'는 뜻입니다. 여러 계절은 곡식과 꽃의 씨를 뿌리고 키워서 수확하기 가장 좋은 때입니다. 계절의 변화는 지구의 회전과 태양을 마주한 지구의 위치를 따르는 반면, 식물은 계절의 변화를 좇아가면서, 그 변화를 꽃을 피우고 열매를 맺고 차갑고 어두운 땅에서 씨앗으로 잠들고 봄의 온기에 맞춰 싹을 틔울 신호로 받아들입니다. 다시 말해, 계절은 변화(alteration)와 교대(alternation)를 의미합니다. 가을과 겨울이 되면 여름은 타자가 되고, 봄과 여름 다음에 겨울이 오면 계절의 변화는 주기적 성격을 띱니다. 이 모든 것들은 살아 있는 존재들이 적도와의 관계에서 어떤 위치에 놓여 있느냐에 달려 있습니다. 적도의 기후는 사계절의 차이를 알려 줍니다. 그리하여 적도에서 자라는 식물들은 대체로 사시사철 푸릅니다.

계절에 어긋나 산다는 것은 행성적 시간의 변화와 교대를 무시하는 것이며, 싹이 트고 자라 꽃을 피우고 열매를 맺는 식물의 시간표와 맞지 않게 산다는 것입니다. 더 나쁜 것은 소비를 위해 인간의 기술이 식물의 성장을 촉진시키기 위해 계절의 변화와 주행의 변화를 조절하려고 한다는 점입니다. 온실은 식물의 '생산'을 일 년 내내 증진시키기 위해 식물의 환경 조건에 개입하는 기본 도구입니다. 상업적 재배업자들은 식물의 성장 속도를 빠르게 하기 위해 보조 인공 조명을 비추어 식물의 광주기를 하루에 16시간, 20시간, 종종 24시간까지 늘립니다. 인간과 마찬가지로 식물도 계절의 중단이나 밤의 중단 없이 성장을 강요하는 불빛을 계속 쬐게 되면 손상될 수 있습니다. 예를 들어 옥수수 이파리는 빛과 열이 변하고 교대하는 순환의 시간이 주어지지 않으면 손상되었다는 표시를 보입니다.

달리 표현하자면, 계절의(혹은 매일의) 순환이 무너질 때 발생하는 것은 일종의 부정맥, 존재 자체의 수위에서 일어나는 붕괴입니다. 후기 근대에서 서구 문화는 이 부정맥 효과를 자연에 대한 승리나 외부 세계의 한계를—제약으로 인지되는 한계—넘어서는 자유라고 생각하며 자부심을 느낍니다. 그러나 바로 이 한계가 생명과 실존에 힘을 줍니다. 이 한계는 존재가 존재하려면 정확한 비율로 모여야 하는 것들입니다. 고대인들은 이 한계를 존재에 고유한 절도(節度)로 이해했습니다. 식물적 시간의 절도를 흩트리는 것은 식물의 감광세포가 최초의 햇빛과 최후의 햇빛을 수용하는 데 달려 있는데, 그것은 식물의(그리고 우리의) 존재를 흩뜨리는 것과 같습니다. 더욱이 이 치명적 과정은 수 세기에 걸쳐 진행되고 있는 인간의 산업과 오염이 일으킨 지구의 기후변화 때문에 현재 행성적 규모로 일어나고 있습니다. 올해 영국, 포르투갈, 스페인에 내린 엄청난 폭우는 계절의 실존을 느끼는 가장 깊은 감각을 무너뜨렸습니다. 포르투갈에서 정상적으로 씨를 뿌리는 2월의 파종기는 싹이 트는 데 좋지 않았습니다. 땅의 습도가 너무 높아 씨가 썩기 때문입니다. 식물에게서 그들의 시간을, 특히 그들의 미래를 빼앗음으로써 우리는 인간과 다른 모든 생명 존재들의 미래를 부정합니다.

그러므로 계절의 시원에 놓여 있는 행성의 시간은 식물적 생명의 단계와 인간이 식물을 다루는 단계에 의해 측정됩니다. 씨앗을 땅에 맡기는 제 때가 있습니다. 그때가 파종기입니다. 파종기는 다른 모든 계절의 제유(synecdoche)가 되었습니다. 어린 싹이 부분적으로 땅의 어둠을 벗어나 바람이 잘 통하는 드넓은 하늘을 향해 뻗어 나올 때, 혹은 식물이 꽃을 피울 때, 다른 계절이 도착합니다. 또 태양(불)의 빛과 열을 흡수하여 열매를 맺고 수확하는 숙성의 계절이 있습니다. 마지막으로 눈에 덮여 하늘에서 내린 물로 돌아가는 휴식의 계절이 있습니다. 내가 계절의 변화와 교대를 이런 언어로 표현하는 까닭은 매 계절은 원소들과 특수한 관계를 맺고 있다는 것을 밝히기 위해서입니다. 네 원소 가운데 한 원소가 식물과 식물의 시간에 더 결정적이고 중요한 구성적 역할을 합니다. 계절은 우리 행성 지구가 태양 주위를 돌고 있다는 사실을 알려줄 뿐 아니라, 일 년 동안 원소들의 이동 행렬이라 할 수 있는 원소의 순환을 전해 줍니다. 계절의 리듬에 맞춰 산다는 것은 행성의 시간을 존중한다는 것을 의미하며, 그와 함께 자신을 지속적으로 원소들에 열어놓는다는 것을 의미합니다.

성경의 「전도서」를 보면, 천상의 원소가 나머지 원소들을 지배하고 행성의 시간과 온전함이 존중받지 못하며, 살인과 파괴와 폭력이 싸움판에 들어오면서 계절의 리듬은 오염됩니다. 「전도서」는 "모든 것에는 계절이 있다. 하늘(shamayim) 아래 모든 목적에는 때가 있다"고 시작합니다(「전도서」 3장 1절). 적절한 때라는 생각은 계절에 대한 이 강령적 진술 속에 들어 있지만, 일체의 목적과 활동은 다른 원소들을 지배하는 하늘 아래에 모이고 그렇게 함으로써 계절의 변화와 교대의 균형 잡힌 리듬을 무너뜨립니다. 여기서 모든 것이 양극화됩니다. 여기에는 오로지 두 개의 선택지, 긍정적인 것과 부정적인 것만 있습니다. "날 때가 있고 죽을 때가 있으며, 심을 때가 있고 심은 것을 뽑을 때가 있으며, 죽일 때가 있고 치료할 때가 있으며, 헐 때가 있고 세울 때가 있다"(「전도서」 3장 2-3절). 우리가 전도서의 우울증적이며 허무주의적 결론에 놀라야 할까요? "이미 있던 것이 후에 다시 있겠고, 이미 한 일을 후에 다시 할지라. 해 아래에 새로운 것은 없도다"(「전도서」 1장 9절). 결국 고도로 양극화된 행동이 자연의 다양성을 지우고, 계절을 밋밋하게 만들고, 이 단조로운 일정을 지배하는 것—하늘이든 태양이든—의 압제에 만물을 복속시켜 왔습니다. 식물의 계절에 보살피고 경작하는 시간은 전혀 남아 있지 않고 심고 씨 뿌리는 것과 벗겨내는 것으로 축소됩니다. 실상 「전도서」 도입부의 많은 부분은 원소들에게 어떤 차이나 창조적 잠재력도 주지 않으려는 것에 바쳐져 있습니다. 해와 바람—불과 공기—은 이리저리 무의미하게 땅 주위를 맴돌고, 강물은 바다로 흐르되 바다를 채우지 못하며, 한 세대는 가고 한 세대는 오되 땅은 영원히 그대로 있습니다(「전도서」 1장 4-7절).

이 최초의 형이상학적 관점에서 바라볼 때에만 계절의 리듬은 의미 없는 반복의 형상을 띱니다. 다름—변화와 교대—은 같음에 흡수되고, 심지어 원소들마저 같음으로 환원됩니다. 성장, 발생, 생성, 개화는 땅의 단단함, 궁극적으로 존재의 단단함과 비교하면 비본질적인 것 같아 보입니다. 그러나 계절의 리듬은 결코 단조롭지 않습니다. 땅은 매번 새롭게 살아나고, 싹을 띄우는 식물은 매번 독특하며, 매 세대는 반복되지 않습니다.

이 문제는 인간 존재가 태어날 때와 죽을 때에 대해서는 무관심한 문제가 아닐까요? 나는 천문학적 도표와 셈법을 말하는 것이 아니라 죽음의 순간은 늘 너무 일찍 도착하고, 늘 시기상조라는 것을 말합니다. 나는 다른 글에서 인간의 삶은 죽을 때 결실을 맺는 것이 아니며, 식물이 제때 열매를 맺는 식으로 목적(telos)을 이루는 것은 아니라는 하이데거의 말을 상세하게 논한 바 있습니다. 우리에게 죽음은 늘 제때 오지 않습니다. 바로 이런 연유로 우리는 필멸성과 유한성을 부정하고 굴절된 생을 영위하면서 때에 맞게 살지 못합니다. 특히 눈에 띄는 것이 인간의 목적을 수확의 시간과 비교하는 것입니다. 식물적 과정의 계절성은 인간 실존의 비계절적 과정 및 목표와 날카로운 대조를 보입니다.

계절에서 벗어난 삶은 공허하고 충족되지 못한 욕망의 삶, 만족 없는 삶입니다. 루크레티우스*는 『사물의 본성에 관하여』에서 이 문제를 잘 다루고 있습니다. 그는 이렇게 쓰고 있습니다. "사 계절은 여러 기쁨과 열매를 안고 돌아오지만 삶의 열매(vitai fructibus)를 갈망하는 우리의 욕구를 만족시키지는 못합니다"(『사물의 본성에 관하여』3권, 1000-1010). 역으로, 계절의 리듬에 맞춰 살게 되면 매 계절이 주는 것에 기쁨을 느끼며 그 이상은 바라지 않습니다. 이런 삶은 봄의 온기, 가을의 청량함, 영양을 공급하는 습도와 풍부한 햇살, 성장을 비롯한 여타 활동이 활발해지면서 우리에게 주는 기쁨을 향유합니다. 이를테면, 일 년 동안 다른 계절에 숲 속에 있는 같은 장소를 찾아가 어떻게 그곳에서 자라는 나무들이 계절

* 루크레티우스는 고대 로마의 시인이자 철학자이다. 『사물의 본성에 대하여』라는 6권으로 된 시 형식의 저서를 남겼다.

의 변화와 각 계절에 지배적인 원소들에 적응하는지 주의 깊게 들여다보면, 우리는 식물들에게서 만족감을 배울 수 있습니다. 나는 우리 집 바로 뒤에 있는 소나무 숲을 매일 산책하면서 충족감을 경험합니다. 나는 여름의 열기 속에서 풍겨 나오는 진한 송진 냄새, 봄이면 나무들 사이에서 피어나는 가냘픈 야생화, 가을 숲과 겨울 숲의 촉촉한 청량감에서 기쁨을 느낍니다.

우리가 바깥세상의 조건을 인정하고 계절의 리듬에 맞춰 살게 되면 대체로 적절하게 살고 행동하는 법을 찾지 않을 수 없습니다. 확정된 처방책은 없습니다. 적절한 것을 찾기 위해 반복 연습이 필요할 뿐입니다. 계절에 맞춰 살려면 무엇보다 제철음식을 먹어야 합니다. 이런 삶은 결실의 시간에 식물 세계가 주는 열매를 즐깁니다. 포르투갈에서 여름 동안 우리는 겨울에 쉽게 구할 수 있는 오렌지, 라임, 만다린과 같은 오렌지과 과일이 나오기 전에, 딸기에서 시작하여 배로 마무리되는 여름철 과일을 기다립니다. 물론 인간이 변덕을 부려 사실상 사시사철 온실에서 딸기를 재배하거나 타 대륙에서 딸기를 수입할 수는 있습니다. 그러나 일 년 내내 이런 딸기를 먹는 것은 계절의 리듬에 맞춰 사는 것이 아닙니다. 이는 식물의 시간과 환경의 내재적이고 형성적 한계를 존중하지 않겠다는 징표입니다. 그러므로 계절에 맞춰 산다는 것은 우리의 욕구와 욕망을 식물의 세계가 특정한 시간에 우리의 시각과 촉각과 후각과 미각에 건네주는 것들에 적응한다는 것을 의미합니다. 이런 삶은 우리를 행성적·원소적 시간으로 데려감으로써 우리를 식물의 시간에 다가가게 해줍니다. 비록 이 다가감이 아주 작은 것이라 할지라도.

2014년 2월 22–26일

6장

자연 존재의 놀라운 다양성의 복원

내가 세운 가설은 인위적으로 만들어진 환경에서 살 수 없는 삶을 살고 있는 시대에 우리가 자연의 다양성 앞에서 경의를 느끼기 시작하고 있다는 것입니다. 이 가설은 이론적 시사일 뿐 아니라 개인적 느낌이기도 합니다. 헤겔의 현상학에서 정신(Geist)은 절대 안에서 자기 자신과 화해합니다. 자기 부정적인 사유의 동요에도 불구하고 이 절대의 기반 위에서 전체 세계가 재구축됩니다.[1] 변증법은 이 변화된 현실에 안전하고 편안함을 느끼면서, (자연적으로 주어진 것에 대한) 감각적 경험의 풍요로운 변주들이 정신의 여정에서 가장 빈약하고 가장 추상적인 단계에 속하는 것이라고 일축합니다. (그런데 자연적으로 주어진 것은 의도적으로 스스로 주어진 것(self-given)이 아닙니다.) 우리가 자연과 맺는 편견에 찬 관계를 바꾸려면, 이 편안함의 환상을 지워야 합니다. 우리는 원소와 초목과 동물의 세계가 우리를 위협한다고 볼 것이 아니라, 하나의 단일한 형이상학적 원리―대문자 생명의 원리를 포함하여―로 환원될 수 없는 다양성을 발견하고 우리가 잃어버린 행복을 되찾기 위해 이 세계로 시선을 돌려야 합니다.

나는 뉴욕시에서 철학을 공부하는 대학원 박사과정 학생일 때 맨해튼 이스트 빌리지에 있는 어느 건물 지하실에 조그만 방을 빌렸습니다. 실상 방이라기보다는 좁은 계단에 가까운 이 '스튜디오'―이 방에는 외부로 드러난 배관과 작은 침대, 급조한 좁은 샤워실이 있었습니다―에는 바닥에서 천장까지 유리로 된 창문이 있었습니다. 스튜디오의 창문은 도시의 콘크리트 정글 한가운데에 있다고는 믿을 수 없을 만큼 큼지막한 뒤뜰로 이어졌습니다. 스튜디오는 쾌쾌한 냄새가 나는 방이었는데, 천장이 낮고 몇 년 동안 벽에 밴 담배와 컬런 냄새 때문에 숨이 막힐 지경이었습니다. 집주인은 내게 감당하기 어려운 집세를 물리면서 말했습니다. "좋은 것을 집중해서 보세요." "새 집에서 좋은 점은 집 안이 아니라 바깥에 있어요." 집주인은 자기가 하는 말이 얼마나 옳은지 몰랐을 것입니다. 나는 새 집에서 (A번가와 1번가 사이에 있는 이스트10 스트리트) 집 밖에서 살며 사유하는 것이 무엇인지 배워야 했습니다. 포르투갈 시인 페르난도 페소아의 시 구절을 빌려 말하자면, 나는 내가 지금까지 당연시 해왔던 일상의 안락함이 문제가 될 때 "탈교육(unlearning)에서 교훈을"

배워야 했습니다.

이 시절 이전에도 식물 세계는 내 삶에서 특별한 의미를 갖고 있었지만, 이때 식물은 정말로 나에게 없어서는 안 될 존재였습니다. 내가 살았던 작은 방의 미니멀리즘을 인정한다면 푸른 뒤뜰로 이어진 1층 창문은 내가 정말로 좋아하는 피난처였습니다. 나에게 이 창문은 창문 그 이상이었습니다. 그 창문은 내가 숨 쉬며 살고 있는 어둡고 답답한 방에는 없는 화려한 색깔과 냄새를 즐길 수 있는 자연—가까우면서도 먼—속의 고요한 자리로 이어졌습니다. 나는 뒤뜰에 놓인 반쯤 녹슨 철제 탁자에 앉아 초목의 형상과 냄새와 살랑거리는 바람소리를 빨아들이고 책 읽기를 반복하면서 몇 시간을 보냈습니다. 뒤뜰에는 웃자란 잔디, 빽빽한 관목, 수령이 족히 백년은 넘어 보이는 가죽나무가 있었습니다. 가죽나무는 통상 천국의 나무로 불리곤 하지요. 크고 부산한 뒤뜰은 지저분한 방과 현격한 대조를 이루고 있어서 뒤뜰에서 살며 생각하는 것이 방 안보다 낫다는 건 의심할 여지가 없었습니다. 그러나 자연 속에서 자연에 대해 다른 경험을 회복하는 것은 정확히 어떻게 일어날 수 있을까요?

한 가지는 분명합니다. 그런 경험의 회복은 우리가 빈 서판(blank slate)에서 다시 출발하듯이 '처음부터' 경험을 재구성하는 것으로 시작할 수는 없다는 사실입니다. 『공간의 종류들』의 조르주 페렉(Georges Perec)과 『공간의 시학』의 가스통 바슐라르(Gaston Bachelard)는 살고 있는 곳을 완전히 비우거나(페렉의 경우 일종의 무(nothingness)로 비우고), 가장 작고 후미진 곳(바슐라르의 경우 "집")에서 시작함으로써 가장 기본적인 구성요소에서부터 살아 있는 공간이나 공간에 대한 감각을 재구축하려고 애썼습니다.[2] 광의의 의미로 말하자면, 이런 방법은 나중에 종이 위나 사유의 지평에 다시 복원시킬 것을 염두에 두고 먼저 세계를 축소하라고 요구합니다. 그러나 종이는 그 자체로 나무의 후생(後生)입니다. 이 말이 의미하는 바는 종이의 흰 공간이 텅 비어 있다거나 관념적이라는 뜻은 아닙니다. 이는 사유에도 해당됩니다! 현상학적 혹은 유사 현상학적 환원(reduction)이―이는 극히 반환경주의적입니다―생명이 살아나는 것을 없앨 수는 없습니다. 우리가 자연 속에서 자연과 함께 있다는 것은 철학자들이 환상 속에서 만들어낸 '백지'로 돌아가는 것을 배제합니다. 우리가 할 수 있는 것은 잃어버린 (그러나 우리 삶의 심층 배경 속에는 언제나 존재했던) 실존의 실타래를 다시 길어 올리는 것입니다.

먼저 세계를 비우고 철수시킨 다음에 식물 자연이나 다른 자연 형태들의 다양성과 차이를 재구축하고자 한다면 이런 시도는 실패할 수밖에 없습니다. 자연의 다양성에 대한 경험을 복원하는 일은 조심스럽고 점진적이며 단계적으로 재구축할 사치를 부릴 여유가 없는 일입니다. 자연의 다양성에 대한 경험을 복원하려면 단박에 해야 합니다. 우리가 사는 벽에 갇힌 환경과 식물이 자라는 열린 장소의 문턱을 넘어 우리는 이쪽에서 저쪽으로 곧장 들어가야 합니다. 이와 비슷하게, 식물 생명의 다양성은 어떤 경고도 없이 대뜸 우리를 후려칩니다. 일단 이 문턱을 넘어서고 나면 우리는 우리가 생명을 구획하기 위해 인위적으로 만든 한계와 경계와 벽―개념적인 것이든 물리적인 것이든―으로 다시 돌아갈 수 없습니다. 나의 경우 이 문턱은 1층 창문의 형태로 나타났습니다. 문턱 저 너머에는 이미 한 그루 나무가 다양한 성장의 총체를 이루고 있었습니다. 여럿으로 갈라지면서 얽히는 나무의 몸통, 가지를 덮고 있는 이끼와 담쟁이, 가지 위를 기어오르는 다람쥐, 가지 위에 집을 짓고 있는 새들, 뿌리와 뿌리 근처에 살고 있는 미생물 등등 하나의 성장의 공동체로서 나무는 식물적일 뿐 아니라 원소들과 식물 형태들과 종들이 만나는 장소이자 생물의 왕국입니다. 나무는 그 위아래에 살고 있는 모든 존재들과 함께, 또 그것이 살고 있는 장소와 함께 자기 자신을 우리의 시각과 사유에 건네줍니다. 또한 나무는 분류를 알지 못하는 자연의 낯선 영역으로 열린 창문이 될 수 있습니다.

환원이 불가능하다는 것이 진정으로 의미하는 바는 자연에는 '순수' 색깔과 냄새와 소리가 존재하지 않는다는 것입니다. 자연의 색깔, 냄새, 소리는 이런 감각들을 드러내거나 만들어내는 생명 존재들로부터 증류되어 있지 않습니다. 나는 정원에서 잔디의 초록 색깔을 보고, 클로이시야로 불리는 꽃피는 관목 냄새를 맡으며, 올리브 나무의 잎과 가지를 스치는 바람소리를 듣습니다. (식물의 세계는 말할 것도 없고) 세계의 감각적 표면에서 분리된 자극은 존재하지 않는 것처럼, 내가 자연의 현존 속으로, 혹은 자연의 활기찬 '파루시아(parousia)'* 같은 것으로 돌아갈 때 나를 기다리는 '순수' 시각과 청각과 촉각과 후각은 존재하지 않습니다. 대신 나의 감각기관들은 원소와 식물의 세계 속으로 뛰어들어 깊이 가라앉으라고 요구받습니다. 여기에는 과잉자극의 흥분은 없지만 신체를 감싸는 고요함이 있습니다.

이성의 형이상학의 눈으로 보면, 내가 앞서 가급적 충실하게 묘사한 회복의 역설은 동일성의 단조로움 너머에서, 제1 원칙의 선결조건 밖에서 단순함을 찾는 것입니다. 차이와 다양성의 단순함은 내가 다른 곳으로 가기 위해 서둘러 떠나려 하지 않고 한 곳에 머물러 있는 것과 연결되어 있습니다. 또한 그것은 내가 한 장소에서 경험한 시간과, 현재의 지평 너머 과거와 미래로 나를 서둘러 데려가지 않는 시간과 연관되어 있습니다. 이런 시간 경험에 가장 가까운 비유는 자신의 신체의 느낌, 자신이 느끼고 있다는 것을 느끼는 느낌입니다. 경험하면서 경험되는 신체는 무차별적 대상으로 주어지지 않습니다. 신체는 그 표면과 심부, 힘과 감수성, 접힌 부위와 펼쳐진 부위를 가로질러 실존의 단순함 속에서 하나의 전체로 느껴집니다. 마르크스가 자연을 인간의 "비기관적 신체(inorganic body)"―들뢰즈와 가타리는 마르크스의 이 표현에서 "기관 없는 신체(body without organ)"를 가져왔습니다―라고 도발적으로 불렀을 때, 우리는 그의 말에서 인간의 집단정신으로

---

* 이데아의 임재를 의미한다.

이 낯선 신체를 더 잘 지배하라는 호소를 들어서는 안 됩니다. 우리가 마르크스의 생각을 너그럽게 해석한다면, 교환가치의 사유 바깥에서 자연을 경험하는 것은 상품화의 힘에서 해방된 신체를 경험하는 것과 흡사하다고 말할 수 있을 것입니다. 양자 모두 무한한 차이의 단순함입니다. 이 단순함은 가끔 가장 적절한 순간에 곧바로 느껴집니다. 게다가 신체의 단순한 다양성은 타자 덕분에 가장 생생하게 느껴집니다. 그것은 타자와 함께 사랑 속에서 발견되고 회복됩니다. 자신의 사유뿐 아니라 신체에 대한 풍부한 감각은 바깥에서, 뒤뜰이나 정원에서, 타자와의 접촉에서, 원소들과 식물 세계와의 접촉에서 얻을 수 있습니다.

이렇게 차이를 없애지 않고 모으는 경험에 이르는 하나의 명징한 방법, 신뢰할 만하다고 증명된 유일한 방법은 없습니다. 나는 독자들에게 처방을 내릴 수는 없습니다. 모두가 자기 힘으로 뒤뜰로 열린 자신의 창문을 찾아야 합니다. 이런 열림을 직관적으로 느낄 수 있는 일반적 패턴을 추측할 수 있다면, 그 패턴의 대체적인 윤곽은 그것이 '자신의 창문'인가 아닌가에 따라 달라진다고 말할 수 있습니다. 무한한 차이의 단순함 속에서 그가, 그녀가, 그들이 이 창문이 자기 안에 열려 있으며 이 창문이 그, 그녀, 그들이라는(is) 것을 지각한다면, '그의 혹은 그녀의' 같은 소유대명사의 의미도 모든 사람에게 똑같지는 않을 것입니다. 자연 존재의 다양성은 식물 세계에 이르는 다양한 접근법과 식물 세계로 들어가는 다양한 장소들을 똑같이 지원합니다. 문제는 어떻게 창문

안의 창문, 말하자면 우리들 자신인 창문과 개개 식물들이 생명과 경험의 더 넓은 영역으로 열린 창문의 틀을 만들 수 있는가 하는 점입니다.

이렇게 차이를 키워나가는 것은 형이상학적 사유 방식에게는 절대 있어서는 안 될 일종의 파문입니다. 형이상학은 다수의 접근법 대신 하나의 올바른 방법을 가정합니다. 이 하나의 올바른 방법은 우리가 그것을 말 그대로 정확히 따른다면 객관적 진리로 귀결될 것입니다. 형이상학은 식물의 다양성이 아니라 무대 뒤에서 만물을 조율하는 하나의 통일된 원리를 설정합니다. 괴테에게 이 원리는 식물의 일부였습니다. 이 원리로부터 만물이 유래했고, 만물은 이 원리로 환원될 수 있습니다. 『식물 변태론(*The Metamorphosis of Plants*)』*에서 괴테가 상세하게 설명하고 있듯이, 식물의 기본 구성요소는 잎입니다. 잎은 향기로운 꽃잎으로 정화되거나 씨앗으로 응축됩니다. (이런 정화와 응축은 탈레스를 연상시키지 않습니까? 탈레스는 변형을 물이 만물의 생성을 겪는다는 식으로 생각했습니다.) 세심한 식물학적 연구에 앞서 쓴 한 시에서 괴테는 식물의 다채로운 형태를 보고 느낀 당혹감에서 시작합니다. "……오, 내 사랑이여, 정원을 가로질러 이리저리 화려하게 뻗어나가는 꽃들의/ 풍요로움은 당신을 어리둥절하게 만듭니다./ 수많은 이름들이 연이어 당신의 귀를 공략합니다./ 각각의 이름은 앞서 들

---

* 1790년에 괴테가 쓴 식물 관련 저작이다.

었던 이름보다 더 야만적으로 들립니다. 그 이름은 모두 같은 모양이지만 똑같지 않습니다. 그리하여 꽃들의 합창은 비밀의 법을 넌지시 알려줍니다."[3] "비밀의 법"의 정식화가 곧바로 혼동을 싹둑 잘라냅니다. 전체가 개개의 부분에 반영되어 있을 때, 이제 "사랑이여, 터질 것 같은 풍요로 당신의 시선을 돌릴" 시간입니다. 당신은 "곧 어리둥절함이 사라지는 것을 보게 될 겁니다." "식물은 모두 당신에게 철의 법칙을 알려줍니다."[4] "터질 것 같은 풍요"—바로 이것이 형이상학이 식물적 차이의 다양체에 반응하는 방식입니다. "철의 법칙"이 행하는 기능은 우리가 자연의 다양성 앞에서 경험하는 경이(당혹스러움)에 종지부를 찍는 것입니다.

아무리 이 시가 아름답다 할지라도 괴테는 식물 세계에 빈약한 현장 도감(圖鑑)을 그렸습니다. 환원할 수 없는 다양체인 식물 세계를 괴테보다 더 존중하고 있는 사람은 아리스토텔레스의 제자 테오프라스토스(Theophrastos)**입니다. 테오프라스토스는 그의 책 『식물 연구(Peri Photon historias)』를 일련의 '아포리아(aporiae, 아서 호르트는 이를 '곤경'으로 번역하고 있습니다)'로 시작하면서, 식물에 본질적으로 귀속되는 것과 귀속되지 않는 것을 확실하게 규정지을 수 없게 만듭니다.(I. i. 1-2) 동물과 비교해 보면 식물을 구성하는 부분들의 숫자는 "결정될 수 없고(aoristos) 끊임없이 변합니

** 그리스의 철학자, 과학자로서 식물학의 창시자이기도 하다. 저서로는 『식물지에 대하여』와 『식물의 본원』이 있다.

다."(I. i. 2) "식물은 자신의 모든 부분에 생명을 담지하고 있는 한에 있어서, 모든 부분에서 자라는 힘을 갖고 있습니다."(I. i. 4) 테오프라스토스는 식물이 자신의 모든 부위에서—특히 잎에서—종결과 완성에 이르지 않는 참된 의미의 변형을 생각하게 해줍니다. 식물적 생명은 비결정성, 진동, 다양성을 갖고 있습니다.

테오트라스토스는 계속해서 말합니다. "실제로 식물은 다양하고(poikilon: 직조물에 나타나듯이 다양한 색깔의) 다채로운 물체이다. 따라서 식물을 일반적 언어로 묘사하기는 어렵다. 증거에 의거해서 만인에게 공통된 어떤 보편적 특성을 파악할 수 있는 사실로서 식물을 묘사할 수는 없다"(I. i. 10). 다양성과 다채로움은 모든 식물과 식물의 모든 부위에 새겨져 있기 때문에 이런 특성들을 개념의 단일성 속으로 모아 들이는 일반적 묘사는 묘사되는 것에 충실하지 못합니다. 보다 추상적인 사유의 수위에서 우리가 할 수 있는 최선의 길은 테오프라스토스가 한 말, 즉 '식물은 결정되어 있지 않고 결정될 수 없는 차이들의 총체이다'는 말을 반복하는 것입니다. 그의 말은 정확하지만 놀랄 만큼 공허합니다. 공백을 채워 넣으려면 우리는 우리를 둘러싸고 있는 네 벽에서 걸어 나와 우리의 감각과 사고를 식물 존재—모든 식물들과 식물의 모든 부분들-의 차이들에 드러낼 필요가 있습니다.

2014년 2월 27일-3월 14일

7장

우리의 감각지각을 키우기

철학자들과 대중들은 식물에게는 감각이 없다는 그릇된 생각을 해왔습니다. 그러나 식물은 빛, 열, 습도, 운동, 진동 등과 관련하여 주위 환경에서 일어나고 있는 일에 민감하게 반응하는 점에 있어서는 동물과 인간 존재를 월등히 능가합니다. 식물은 원소들과 끊임없이 접촉합니다. 오랫동안 과학자들은 식물 생명의 민감성을 잘 알고 있었습니다. 그러나 과학자들은 대체로 이 민감성을 식물 자체와는 상관없는 목적에 이용했습니다.

나무의 뿌리는 심토에서 일어나는 미세한 진동에 조율하는 까닭에 지진이 일어나기 수일 전에 미리 지진을 감지합니다. 인간이 만든 도구들은 식물이 감지해 낸 것을 우리에게 유의미한 경고 신호로 바꿀 수 있습니다. 이것이 우리가 식물의 주의(attention)에

주의를 기울여야 하는 이유일까요? 우리가 더 잘 살고 살아남기 위해 도움을 구하러一이를테면 지진 발생 가능성이 있는 지역에서 사람들을 미리 대피시킴으로써一우리는 식물이 외부 세계에 보이는 민감성을 일련의 데이터로 바꾸어야 할까요? 그러나 우리가 식물과 관계할 가능성의 지평을 이런 선택지로 축소한다면, 우리는 식물을 아주 강력한 도구와 측정 장치, 혹은 안테나一과학 문헌에서 지속적으로 사용되는 말一로 취급하면서 식물 안에 살고 있는 모든 것들을 보지 못하게 되지 않을까요?

인간은 원소들이 인간의 기획을 무너뜨리고 인간과 협력하지 않을 때 자연에 관심을 기울이는 경향이 있습니다. 뭔가가 잘못되면, 이를테면 험상궂은 날씨가 덮치거나, 땅이 우리 발아래서 말 그대로 허물어지거나, 하늘이 무너져 내릴 때, 우리는 시선을 위아래로 돌리고 트라우마에 허우적거리며 우리가 우리의 거주지인 땅의 품 안에 있다는 사실을 기억합니다.

1998년 북미의 빙설폭풍은 내가 오타와에 살던 첫 해에 그곳을 덮쳤습니다. 오타와 주민들은 이 폭풍을 경험하면서 자신들의 삶과 도시 기간시설과 전력망이 얼마나 원소의 힘과 식물 세계에 통합되어 있는지 깨달았습니다. 폭풍전선으로 인해 6~10cm에 달하는 우박이 나뭇가지와 전깃줄에 쌓였고, 나무가 뿌리 뽑혀 쓰러졌으며, 매서운 날씨에 수 주일간 전력이 중단되고 혼란이 벌어졌습니다. 이 시련을 겪으면서 우리들은 원소의 힘과 원소가 인간의 자연 정복에 가하는 한계를 더 이상 무시할 수 없었습니다. 이 모든 일들은 하이데거가 옳았으며, 우리가 얼굴에서 죽음을 볼 때에야 흔들리며 다시 삶으로 돌아온다는 것을 말해 주는 것 같습니다. 그러나 우리는 하이데거와 달리 다른 종류의 관심, 죽음을 향하지 않는 다른 관심을 생각해 볼 수 있습니다. 더욱이 이 관심은 우리의 생명과 식물의 생명 모두에게 반드시 필요합니다.[1]

우리가 환경의 위협으로부터 우리를 방어하는 문명이라는 총체적 장치의 보호를 받지 않고 원소들의 직접적 영향권 아래 놓이면, 이는 우리가 견딜 수 있는 수위를 넘어섭니다. 특히 우리가 정말로 감당하기 어려운 것은 원소들이 개개인의 실존에 대해 보이는 무관심—실제적이든 지각된 것이든—입니다. 우리는 원소들의 숭고한 환경에서 찌그러지거나 삼켜지거나 녹아 없어지지 않는다면 왜소해질 것입니다. 우리는 열등감을 피하기 위해 우리가 편안하게 느낄 인공 세계를 건설함으로써 원소들로부터 우리 자신을 분리시켜 왔습니다. 이제 이 인공 세계의 벽이 너무 높이 치솟아 우리는 더 이상 원소들을 보지 못하고 원소들이 어떻게 우리의 실존을 이루고 있으며 우리의 삶을 지원하고 있는지에 대해 주목하지 못합니다. 우리는 이 인공의 벽이 죽음의 문화가 일으킨 재난의 사후 효과를 통해 무너져 내리기를 기다리거나, 인공의 벽을 허물고 환경에 더 열린 다른 주거지를 다른 장소에 지을 수 있습니다.

무더위가 최고조에 이른 여름 몇 달 동안 우리가 어떻게 시원한 나무 그늘 아래에서 뜨거운 햇빛을 피하고 있는지를 생각해 보면,

우리는 원소들과 맺는 관계에 개입하기 위해 식물로 관심을 돌리게 됩니다. 우리 내부와 외부에 있는 식물 생명을 통해 우리는 트라우마적이지 않은 방식으로 원소적인 것을 향해 관심을 키울 수 있습니다.

나는 언제나 눈이 부신 해변의 강렬한 햇살보다는 청정한 나무 잎사귀들을 통과하여 걸러진 햇살을 더 좋아했습니다. 해변의 햇살은 흰 모래와 해수면에 반사되는 빛 때문에 너무 밝습니다. 숲에서 태양의 열기는 빛과 그림자의 섬세한 모자이크와 더불어 더 부드러워지고, 더 섬세해지며, 더 유희적으로 바뀝니다. 식물들은 자신을 햇빛에 최대한 노출하면서 잎사귀로 햇빛을 환영합니다. 식물은 온몸으로 태양을 맞이하여 활활 타오르는 하늘을 향해 몸을 뻗습니다. 인간도 빛을 쬘 수 있지만—물론 신체적 다양성만을 말하는 것은 아닙니다!—불이라는 이 원소를 향해 식물이 보여주는 무조건적 환대로 나아가지는 않습니다. 또한 우리는 식물만큼 물과 흙과 하늘에 주의를 기울이지 않습니다. 우리의 관심 범위는 더 작고, 우리의 수용 능력은 더 취약하며, 우리가 관심을 기울이는 존재들에 보이는 애착은 더 신실하지 못합니다.

우리는 피난처를 찾으며 원소들로부터 도망치지만, 식물들은 공기와 흙과 습도에 자신들을 더 드러냅니다. 삶이 보다 식물적이었던 에덴동산에서 인간의 조건을 이루었던 것이 바로 이 원소들에 자신을 드러내는 것이었습니다. 타락 이후 아담과 이브는 벌거 벗은 몸과 그들의 몸이 밖으로 드러나는 것을 감추기 위해 식물의 부위 중에서 가장 바같으로 노출된 부분이라 할 수 있는 잎을 이용했습니다. 이런 몸짓을 통해 아담과 이브는 그들 자신과 세계 사이, 두 사람 사이, 그들 각자와 자신의 자아 사이에 최초의 장막을 세웠습니다. 아담과 이브는 절대적 열림 속에서 자신과 타자들에게 관심을 기울일 낙원의 능력을 상실했습니다. 말하자면, 그들은 정신적, 육체적 안과 밖 사이를 가로지르는 에너지의 흐름을 중단시켰습니다. 그 결과 그들이 외부 세계에 주의를 기울이는 능력은 복구할 수 없을 만큼 변질되었고 원소들로부터의 거리는 더 멀어졌습니다.

내가 정신적 · 물리적으로 식물 가까이에 있으며 식물과 함께 머물 때, 나는 식물에 고유하게 나타나는 주의 양식에 주목하려고 합니다. 먼저 나는 식물들이 하나의 대상이나 대상들에 주의를 기울이지 않는다는 점을 알게 되었습니다. 식물의 주의는 식물 자신의 생명 및 성장과 분리되어 있지 않습니다. 거대한 세쿼이아 나무에서부터 풀잎에 이르기까지 식물은, 물리적 원소들은 대상이 아니고 대상화될 수 없기 때문에 이 원소들에 주의를 기울입니다. 이렇게 대상화되지 않을 때에만 원소들과 생명은 그 자체 고유한 존재로 존중받습니다. 이와 마찬가지로 생명을 향해 모이고 생명으로 정향된 인간의 주의는 비대상화하도록 노력해야 합니다. 물론 비대상화란 말이 이상하게 들리기는 할 겁니다.

둘째, 나는 식물이 원소들에 주의를 기울이는 양식을 인접성 (contiguity)으로 이해합니다. 식물은 자신이 주의를 기울이는 존재들과 함께 있으며, 식물의 존재는 공기, 습기, 토양, 온기, 햇빛과 '함께-있음(being-together)'입니다. 식물은 원소들에 주의를 기울이면서 자기 자신이 됩니다. 식물은 현상적으로 무차별적인 것처럼 보이는 원소들로부터 차이와 고유성을 끌어냅니다. 식물과 함께 머물 때, 나는 나 자신이 식물의 모든 것들과 교감하고 그들과 함께 살고 있음을 봅니다. 또한 나는 나 자신과 다르게 함께 있습니다. 나는 다르게 나 자신이 됩니다.

셋째, 내가 숲에서 고요히 명상을 하는 순간 식물들은 원소들에게 지속적으로 주의를 기울이고 있는 것 같습니다. 식물이 원소에 대해 보이는 각성 상태는 자기 생명이 위험에 처하게 될 때만―우리가 번잡한 도로를 건너갈 때 우리의 생명이 위험에 처하듯―일깨워지지 않습니다. 이는 죽음에 의해서만 각성의 경보가 내려지는 것은 아니라는 뜻입니다. 숨 쉬기와 같은 생명 활동은 한 존재가 살아 있는 동안 멈추지 않습니다. 마찬가지로 생명의 은혜를 입고 있는 주의 또한 멈추지 않습니다. 식물의 체화된 실존과 활력은 끊임없이 생명의 기본 조건에, 무엇보다 원소들에 들어 있는 생명의 기본 조건에 주의를 기울입니다.

우리가 식물의 주의집중(mindfulness)을 우리 자신 속에서 찾고 싶다면, 멀리 갈 것 없이 우리 몸이 무의식적으로 주위 환경에 보이는 관심에서 찾아야 합니다. 우리의 피부는 식물의 잎처럼 습도와 온도, 빛의 경도(傾度)와 진동을 감지합니다. 자신도 모르게 우리는 우리의 살아 있는 신체를 온전히 유지하는 동시에 신체 너머에 있는 세상만물과 소통하는 구멍이 뚫린 열린 투과성 피부막을 통해 세계의 표면에 주의를 기울입니다. 우리는 폐로 숨을 쉴뿐만 아니라 식물의 잎처럼 피부의 표면으로 숨을 쉽니다. 이 수많은 미세한 숨결 하나하나가 우리의 신체와 그 신체를 담고 있는 원소적 환경 사이에 놓인 통로입니다. 피부와 잎의 숨 쉬기는 겉으로는 크게 애쓰지 않고 일어나는 것처럼 보입니다. 그러나 식물의 잎과 인간의 피부가 공기에 기울이는 세심한 주의는 생명의 에너지로부터 영양을 공급받습니다. 우리는 이 과정을 조절할 수 없을 뿐 아니라 그렇게 해서도 안 됩니다. 그러나 우리는 피부호흡과 폐호흡, 세계에 대한 의식적 주의와 무의식적 주의, 우리의 안과 밖에서 식물적 주의집중과 인간적 주의집중 사이를 왕래할 수 있습니다.

식물이 땅에 뿌리내리고 있다는 사실은 그들이 자기가 살고 있는 자리에 기울이는 주의, 그들이 동물이나 인간의 방식으로 떠나거나 부정할 수 없는 장소에 기울이는 주의를 결정합니다. 식물과 함께 있으면서 우리는 한 장소가 지닌 고운 결을 깊이 들여다보는 법을 배웁니다. 어느 한 장소는 공간의 좌표 체계에 찍힌 한 점이나 우리가 일시적으로 지나가는 한 자리를 넘어섭니다. 식물이 자신이 자라는 장소에 보이는 생생한 주의는 식물 신체의 공간 패턴에 각인됩니다. 나무에서 햇빛을 더 많이 받는 부분에 가지가 더 잘 자라고, 식물이 동종식물 너무 가까이에서 자라면 뿌리가 덜 내립니다. 식물은 자신들이 환경에 거주하는 방식을 통해 우리를 원소들로 이끌고 우리는 이 원소들에 주의를 기울입니다. 나에게 이 생각은 영원히 한 장소와 연결되어 있습니다. 그곳은 캐나다 온타리오 주 클라인버그에 있는 맥마이클 미술관의 목재로 된 무대입니다. 거기에는 7인 그룹과 캐나다 퍼스트 네이션*의 작품이 소장되어 있습니다. 미술관이 있는 코트라이트 보호센터 북쪽에서 자라는 소나무들은 장소와 원소들에게 보이는 식물적 주의와 예술적 주의의 미묘한 상호작용을 표현하고 있습니다. 프레드 발리(Fred Varley)과 프랭클린 카마이클(Franklin Carmichael)의 회화에 그려진 나무들도 마찬가지입니다.

나는 수년 동안 거의 매주 맥마이클 미술관과 그 근처에서 시간을 보내면서 미술관 건물을 에워싸고 있는 숲과 미술품을 차례로 찾아갔습니다. 매번 찾아갈 때마다 장소뿐 아니라 시간에 대한 체험도 바뀌었습니다. 그곳에서 얼마간 시간을 보내고 난 다음 나는 식물과 보낸 시간이 20분인지 2시간인지 판별할 수 없었습니다. 내가 느낀 것은 만사가 더 느리게 일어난다는 것이었습니다. 내가 이 사실을 선언하자 식물과 원소들에 기울이는 세심한 주의는 더 잘 일어났고, 삶은 더 생생해졌습니다. 그리고 나는 영원히 생명을 위한 시간을 얻었습니다.

2014년 1월 26일-2월 2일

* 원주민 단체 중 하나이다.

8장

인간 동반자에게 향수를 느끼기

원소와 식물이 주는 동지애는 신실하지만 한계가 있습니다. 나는 시적이고 비상호적인 방식을 제외하고서 이 동지들에게 인간의 언어로 말을 걸 수 없습니다. 인간들 사이의 동지애는 견고함은 덜 하고 위험은 더 크지만, 한 사람에게서 다른 사람으로 옮겨갈 수 있는 말의 교환으로 번역될 수 있습니다. 인간 동반자에게 향수를 느낄 때 우리가 갈망하는 것이 바로 말을 통해 공통의 세계를 창조하는 것입니다.

앞서 언급했듯이, 자연 속에 혼자 있는 느낌은 자연과 함께 혼자 있는 느낌이 없다면 어느 정도 왜곡됩니다. 나는 루소가 초목과 꽃과 새들 속에서 '행복한 몽상'을 즐기며 느낀 고독을 떠올리며 다음 질문을 던져봅니다. 우리가 동물이나 식물과 함께 있을 때 고독에—여전히 혹은 이미—빠져 있는 것은 사실일까요? 이런 비인간 존재들과 함께 있다는 것은 어떤 의미일까요? 자연 속에 있다는 것은, 일상 언어에서 흔히 말하듯, 어쩔 수 없이 더 폭넓은 트랜스휴먼 공동체—자연과 함께 있음—를 만들어낼까요? 그렇다면 그런 트랜스휴먼 공동체에서 우리의 자리는 어디이고 우리 생각의 자리는 어디일까요? 식물의 자리와 관련해서 우리는 어디에 있을까요?[1]

자연과 함께 있으려면 우리는 먼저 비음성적 언어를 연마해야 합니다. 비음성 언어라는 말로서 내가 가리키는 바가 기호를 해독하는 것과 같은 것을 의미하지는 않습니다. 이를테면 땅에서 연약한 꽃들이 처음 나타날 때 봄의 도착을 읽어낸다든가, 상공에 구름이 험상궂게 모여들 때 곧 비가 올 것이라고 읽어내는 것과 같은 것을 말하는 것은 아닙니다. 내가 생각하고 있는 것은 생명 존재들이 자기가 살고 있는 장소와 계절에 순응하면서 살아 있는 동안 공간의 변형을 통해 자신을 표현하는 방식입니다. 벚꽃은 벚나무의 봄을 표현하고, 익은 버찌는 벚나무의 여름을 표시하며, 변하는 잎은 가을에 어울리고 잠든 봉오리를 달고 있는 앙상한 가지는 겨울을 향해 있습니다. 벚나무는 일 년 내내 변하면서 시간 속에 있는 자기 존재 이외의 다른 것을 표현하지 않습니다. 여기서 나는 라이프니츠 철학을 따르고 있다고 말할 수 있겠습니다. 다만, 라이프니츠에게 각각의 존재는 궁극적으로 신, 혹은 신적 실체의 표현이라면, 나는 하나의 권위 있는 원천으로 환원될 수 없는 살아 있는 자기 표현의 다양성을 강조합니다.

그러므로 자연과 함께 있다는 것은 정원이나 벌판이나 숲에서 우리를 둘러싸고 있는 비음성 언어의 무한한 다양성에 열려 있고 그것을 널리 수용한다는 것을 의미합니다. 우리 집과 아파트에 있는 의자, 탁자, 스토브, 책 선반 등등도 다른 것을 표현하지만 이 물건들이 가리키는 것이 우리의 욕구를 넘어서지는 않습니다. 가장 작은 풀잎과 달리, 만들어진 물건은 자신을 표현하지 않습니다. 이것이 자연을 따르는 물건(kata phusin)과 문화적 인공물, 즉 테크네(techne)의 물건을 나누는 아리스토텔레스적 구분의 한 갈래입니다. 예술작품은 이 깔끔한 구분을 흔들며 욕구의 편에서 어느 정도의 자기 표현을 획득합니다. 물론 예술작품조차 정원에서 자라는 금잔화만큼 충분히 자기 표현을 하는 것은 아닙니다. 단순히 자연 속에서 시간을 보내는 것이 아니라 자연과 더불어 시간을 보내면서, 우리는 우리의 표현성이 우리가 만나는 동물, 식물, 광물과 암석 형성의 표현성과 공명하게 놔둘 수 있습니다. 그러나 인간의 가장 충만한 자기 표현은 타인에게 하는 말에 기대고 있다는 점이 우리가 마주한 어려움입니다. 우리가 자연 세계와 나누는 공명은 우리가 다른 인간과 나누는 공동 공명(coresonance)이 되지 않으면 결함이 있는 것이 아닐까요?

우리의 감관에 엄청나게 다양한 광경과 소리와 질감과 냄새를 제공하는 비음성 언어의 풍요로움에도 불구하고, 이 충만함 속에는 뭔가가 빠져 있습니다. 「창세기」에 나오는 제2 창조 이야기는 식물 자연에 둘러싸여 있을 때 인간이 느끼는 외로움을 말해 줍니다. 신이 좋지 않은 것에 대해 내리는 최초의 판정은 이 고독과 관련되어 있습니다. 그것은 신이 아담을 만든 것과 동일한 재료——땅, 여성형으로서의 adama——에서 새와 동물을 창조하게 된 이유였습니다(「창세기」 2장 18-19절). 인간의 언어는 이 살아 있는 존재들을 호명하는 행위에서 생겨났습니다. 그러나 인간의 언어는 말을 나눌 사람이 없으면 불충분하며 거의 쓸모가 없습니다. 그것은 그저 이름을 부르는 행위에 지나지 않습니다. 이것이 아담의 옆구리(tzela')에서 이브를 탄생시킨 구실입니다. 인간 기원에 관한 이 두 번째 이야기가 남자와 여자는 함께 나란히 태어났다는 첫 번째 이야기보다 덜 평등한 것은 사실입니다. 그럼에도 이 이야기에는 숨은 약속이 들어 있습니다. 이 둘째 이야기에서 이브는 가망 없는 고독에 시달리는 아담을 구하러 옵니다. 그녀는 아담의 구세주입니다. 이브의 역할을 묘사하는 'ezer라는 단어는 '조력자'로 허술하게 번역되었는데, 이 단어는 신이 우리에게 베푼 것과 같은 구원과 해방이라는 의미를 갖고 있습니다. (예를 들어, 「출애굽기」 18장 4절에서 Eli'ezer란 이름을 설명한 바에 의하면, "아버지 하느님(elohei)께서 나의 조력('ezri)이셨고 나를 파라오의 칼에서 구해 주셨습니다.) 릴리스(Lilith)*를 포함하지 않을 경우 최초의 여성은 최초의 메시아였습니다. 인간 동반자를 향한 아담의 향수는 자신과 다

---

* 고대 신화에 등장하는 최초의 여성이다.

르고, 자신에게 말을 걸고 걸어지며, 자신과 함께 에덴동산을 가득 메우고 있는 다채롭고 경이로운 동식물에 대해 이야기를 나누는 타인의 구원을 통해 해소될 수 있습니다. 신이 창조한 모든 피조물은 말에서 흘러나오는 세계에서 재창조됩니다.

확실히 식물들은 말없이 우리의 관심에 반응합니다. 식물은 자신을 더 풍성하게 표현함으로써, 이를테면 가지를 더 많이 뻗고, 잎을 더 많이 펼치고, 꽃을 더 많이 피움으로써 우리에게 반응합니다. 식물은 보다 강렬하게 실존하고 존재합니다. 이 존재의 강렬도는 식물들이 공간 속으로 자신을 더 연장하는 것, 즉 성장과 같습니다. 어떤 면에서 우리는 식물과 흡사하게 우리의 몸으로 세계를 받아들이고 식물과 똑같이 세계로 열리는 것을 경험합니다. 그러나 인간의 열림이 다른 인간 존재나 존재들과 함께 일어나지 않는다면 그 열림은 불완전할 것입니다. 건강한 생체 리듬은 떠났다가 다시 나타나는 형태를 띱니다. 건강한 생체 리듬은 (식물의 세계나 책의 세계에서) 피난처를 찾는 첫 단계가 꽤 오래 지속되어 다른 인간과 나누는 공유의 경험에 갈증을 느끼는 것입니다. 우리가 야생화의 아름다움이나 일몰의 아름다움을 다른 사람과 함께 경험하지 않으면 충분히 즐길 수 없는 것이 바로 그 때문입니다.

이를 약간 더 형식적인 언어로 표현하자면, 우리가 식물들에 대한 (그리고 식물들과 함께 하는) 경험과 다른 자연에 대한 (그리고 자연과 함께 하는) 경험에 빠져들 때 놓치는 것이 우리가 다른 인간 존재에게서 구하는 내향성 혹은 내면성입니다. 식물 세계가 선사하는 피난처 같은 것을 생각하면서, 나는 어떻게 식물 세계가 내면이나 외면 같은 고전적인 형이상학적 구분을 뒤흔드는지에 대해 말했습니다. 식물의 자기 표현은, 그것이 보여주는 놀라운 연장의 특성을 생각해 보면, 외면성으로 기우는 것 같습니다. 아마도 우리가 인간을 향해 느끼는 향수의 근원 중 하나는 식물 세계에서 내면성의 결핍을 느꼈기 때문일 것입니다. 그렇다면 우리의 향수는 여전히 형이상학으로부터 자양분을 공급받습니다. 그 형이상학은 한편에서는 식물의 고유한 주체성을 인정해 주기를 거부하고 다른 한편에서는 인간 주체성의 비내면적인 연장의 측면을 인정해 주기를 거부합니다. 모든 것들이 주어졌을 때, 식물들이 그렇듯 모든 존재들이 관대하고 지속적으로 우리의 감각에 자신들을 내어줄 때 빠진 것이 바로 이것입니다.

우리는 인간 동반자를 향한 향수의 흔적을 생텍쥐페리의 『어린 왕자』 같은 문학적 서사에서도 찾을 수 있습니다. 이 작품에서 꽃은 사랑의 고유한 수혜자로 나타납니다. 어린 왕자가 찬미하는 장미는 인간처럼 화답합니다. 장미는 자신의 주장을 말하고 자신의 사랑을 선언합니다.[2] 다시 말해, 장미는 남성 연인과의 관계에서 여성적 정체성을 부여받았을 뿐 아니라 상징적으로 내면성을 부여받고 있습니다. 노발리스의 소설 『하인리히 폰 오프터딩엔(Heinrich von Ofterdingen)』에 등장하는 신비로운 푸른 꽃에게도 비슷한 일이 일어납니다. 여기서 주인공은 푸른 꽃과 사랑에 빠집니다. 나중에 그 꽃은 주인공의 연인인 마틸다의 대용물이라는 것이 밝혀집니다.[3] 인간에 대한 변치 않는 향수 때문에 우리는 종종 꽃을 꽃으로만 보지 못합니다. 우리는 꽃에―우리에게 중요한 다른 식물에게도―상징적 함의와 문화적 의미, 효용성을 겹겹이 둘러씌웁니다. 프로이트가 꽃의 언어로 하여금 인간 정신생활의 명령을 따르게 한 것은 결코 우연이 아닙니다. 인간의 정신생활에서 꽃의 언어는 성적 충동이 전치(displacement)된 것이라는 의미를 획득합니다. 확실히 문화적으로 꽃에는 낭만적 연인들 사이를 중재하는 과제가 부여됩니다. 하지만 꽃의 언어를 이 중재 기능으로 좁히는 것은 꽃의 자기 표현을 빈곤하게 만듭니다.

식물 사랑―나는 이 사랑을 '피토필리아(phytophilia)'라고 부르고 싶습니다―은 진실한 것이라고 상상해 봅니다. 식물 사랑은 다른 인간의 대용물을 찾기 위한 욕망의 페티시즘적 일탈이 아니라고 상상해 봅시다. 놀라운 사실은 다른 측면에서 보면 칭찬할 만한 이 태도가 다른 인간과 '단순한' 식물들을 배제한다면 옳지 않다는 점입니다! 우리는 우리에게 애정을 불러일으키지 않는 존재보다 우리가 사랑하는 고유한 존재 혹은 존재들에게 우선권을 주지 않을 수 없습니다. 우리는 우리를 매료시키지 않는 식물들은 잊어버리고 피토필리아를 아리아드네의 실타래 삼아 우리가 만나는 고유한 식물들을 보호하고 키우고 보살피고자 합니다. 그리하여 생텍쥐페리의 작은 책에서 소년은 자신의 행성에서 자라는 희귀한 꽃에 매혹된 나머지 다른 식물과 꽃들은 무시합니다. 소년은 양이 자기가 매료된 그 꽃을 먹지 못하게 하면서 "나는 이 꽃을 책임져야 해"[4]라고 말합니다. 하지만 소년은 "둥근 꽃잎이 하나밖에 없으며 자리를 많이 차지하지 않고 아무에게도 폐를 끼치지 않는"[5] "아주 평범하고 단순한 꽃"[6]에는 전혀 관심을 보이지 않습니다. 대체로 식물에 무심한 사회 분위기에서 피토필리아들은 식물을 상품으로 바꾸는 경제 행위 때문에 점점 위기에 내몰리는 식물 생명을 보호하고 보존하는 문제에 직면할 때면, 무기력하게 사적 유토피아에 빠져 드는 것을 주저하지 않습니다. 이런 피토필리아들이 본질적으로 잘못한 것은 없습니다. 그러나 우리는 개개의 식물을 향한 특별한 사랑이 식물 생명에 대한 보편적 배려에 이르도록 그 사랑을 가급적 많은 사람들에게 나누어 주어야 합니다. 최상의 경우 인간 동반자에 대한 향수는 정의를 향한 갈망입니다.

따라서 피토필리아는 인간을 혐오하거나 동물을 증오하는 것과는 아무 상관이 없습니다. '인간 예외주의'의 몇몇 주창자들은 대단히 잘못된 표현으로 나를 "녹색 인간혐오론자"[7]로 묘사했으며, '동물권' 옹호론자들은 나의 식물 옹호가 동물을 해친다고 주장했습니다.[8] 그러나 식물의 자기 표현에 주의를 기울이고 식물 생명을 돌보는 일이 다른 생명 형태에 주의를 기울이고 돌보는 일과 배치된다고 말할 수는 없습니다. 우리가 식물과 특별하게 만나는 일이 반드시 필요하다는 것과는 별개로, 식물 사랑을 다른 인간들과 공유할 때에만 식물에 대한 우리의 문화적 행동에 중대한 전환이 일어날 것입니다. 이 전환은 나중에 농업 문화적이고 정치적 행동의 변화로 이어질 것입니다. 이런 전환이 일어나기 전에 우리들 각자는 먼저 자연에서 경험하는 고독에서 식물들이 최소한 우리 서구 문화에서 겪지 않을 수 없었던 훼손과 경시와 도구화가 일어나지 않는 식물에 대한 경험을 되찾아야 합니다. 다른 모든 것들과 마찬가지로 식물과 관계를 맺을 때 인간 동반자에 대한 향수가 나타나야 할 적절한 시간 혹은 계절이 있습니다. 우리는 자연환경을 다르게 경험하기 전에 조급하게 인간에 대한 향수에 굴복해서는 안 됩니다. 제때가 되기 전에 벚나무에 꽃이 피면 그 꽃은 밤 서리를 맞고 동상에 걸립니다. 우리가 다른 인간에게 너무 빨리 다가가면 냉대나 조롱을 맛볼 것입니다. 인간 공동체는 식물 세계의 주위에서 어떻게 자라고 무르익어 갈까요? 이 질문은 여전히 열려 있습니다.

2014년 3월 24일-4월 2일

9장

인간들 사이로 돌아가는 위험을 무릅쓰기

인간 공동체는 식물 세계의 주위에서 어떻게 자라고 무르익어 갈까요? 무엇보다 어떻게 인간들 사이에서 자신의 현상 (appearance)을 얻을까요? 다시 한번 식물에서 시작해 봅시다.

가장 작은 클로버에서 참나무에 이르기까지 식물은 싹을 틔우고 자랐기 때문에 햇빛에게 자신의 모습을 나타냅니다. 씨앗은 어둡고 축축한 땅에 있다가 아래위로 몸을 뻗고 작은 뿌리와 새싹 사이를 움직여 상단이 햇빛에 나타남으로써 중간에서 그리고 중간으로서(in and as the middle) 자라기 시작합니다. 이렇게 생겨나는 것은 현상성(phenomenality), 혹은 존재들이 자신을 보여주는 수많은 사례들 중 하나일 뿐입니다. 식물의 발아와 성장은 타자나 타자들―햇빛, 물, 곤충의 지각력, 인간의 시각과 후각 등등—에 스스로를 드러냄으로써 다른 유형의 '나타남(coming to appearance)'을 예견합니다. 식물은 유한한 존재의 사건입니다. 살아 있는 현상들은 아리스토텔레스가 『영혼에 관하여』(413a, 24-26)에서 불러들인 '타 퓌오메나(ta phuomena)', 즉 자라는 존재들입니다. 식물의—그리고 우리의—나타남은 결코 완전하지 않으며, 불변하는 진리의 형태로 멈출 수 없습니다. 식물은 중간에서 만능의 유기적 형태나 해결책을 제시하지 않고 변하는 상황과 원소와 생명의 조건에 더 잘 반응하고자 애쓸 따름입니다. 그런데, 식물에게 중간은 특정 순간에 그것이 놓여 있는 환경이라고 할 수 있습니다.

살아 있는 존재의 나타남이 본질적으로 불완전한 또 다른 이유는 자라는 존재의 무엇인가가 숨어 있기 때문입니다. 그 무언가는 뿌리가 땅에 박혀 있듯이 물리적으로 숨어 있기도 하고, 좀 다른 차원에서 자신을 온전히 남김없이 드러내는 것처럼 보이는 만물 속에 생명 그 자체로 암호화되어 있기도 합니다. 일년생 꽃이 겨울 동안 구근에 잠들어 있듯이, 이 숨겨진 것이 비밀스러운 여분(reserve)으로 물러나는 것은 언제나 가능합니다. 퓌오메나는 사라질 목적으로 나타나며, 나타남을 통해 나타나지 않음을 보존합니다. 이 나타나지 않음(nonappearnce)은 형이상학이나 누메나(noumena, 본체)와는 아무 상관이 없습니다.

마지막으로, 자라는 존재들의 현상성은 불완전합니다. 왜냐하면 자라는 존재들은 평생에 걸쳐 일어나는 공동의 나타남을 시작하려면 서로서로와 원소들이 필요하기 때문입니다. 자라는 존재들이 세상에 나타나는 것은 그들의 성장을 도와주는 모든 존재들과 함께 공동으로 나타나는 것입니다. '자라는 것(phuomenon)' 못지않게 현상(phenomenon)도 혼자서는 (심지어 자기 자신에게도) 불충분하며 살아남을 수 없습니다.

인간 또한 자라는 존재라는 것을 잊지 맙시다. 또한 '퓌오메나'로서 우리가 원소, 식물, 동물, 동료 인간을 포함하여 타자들과 함께 자라나는 것 외에 다른 어떤 선택지도 갖고 있지 않다는 점을 잊지 맙시다. 이렇게 말한다고 해서 우리에게 '나타나지 않는' 여분이 부족하다고 말하는 것은 아닙니다. 오히려, 이런 여분은 개인의 거주지, 사적 영역, 정신적 내면성을 우상화하는 우리 문명에서 과도하게 개발되어 왔습니다. 더욱이 이런 구조물들은 자아를 타자들로부터 고립시키려는 장벽으로, 혹은 우리의 가장 내밀한 알맹이를 온전하게 지키려는 껍질로 만들어졌습니다. 그러므로 나타남은 외부 세계로부터—원소, 식물, 동물, 다른 인간 타자들—무언가를 낚아채서 이 전리품을 자기 경험의 저장고와 집과 통장에 보관하기 위해 재빨리 껍질에서 나오는 것으로 이해됩니다. 니체는 『도덕의 계보학』 서론에서 무언가를 집으로 가져오고 싶어하는 "날개 달린 동물이자 정신의 꿀벌"이라는 잊을 수 없는 이미지로 이런 움직임을 표현했습니다.[1]

우리가 식물들로부터 나타남을 기꺼이 배우고자 한다면 우리는 인간들 사이로 다르게 돌아가야 합니다. 보다 정확히 말하자면,

우리는 타자들과 불완전하게 함께-나타남을 소중하게 여겨야 합니다. 우리는 우리에게 속하지 않은 것을 전용하는 것을 목적으로 삼지 말고 우리의 함께-자라남을 그 자체로 필요한 것으로 바꾸어야 합니다. 우리는 사회 세계에 우리 자신을 드러내는 것을 포기해서는 안 되며, 자연 속에서 자연과 함께 홀로 있는 것이 갖는 숨겨진 여분을 포기해서도 안 됩니다. 우리는 자신의 가치와 의미를 '객관적 진리'라는 거짓말이 아니라 진리에서 찾는 나타남의 형태를 수용해야 합니다. 이 진리는 그것을 가능하게 해주는 모든 사람과 사물에 대한 맹세이자 충실성으로서의 진리를 말합니다.

인간들 사이로 돌아갈 위험을 무릅쓰면서 나는 나 자신을 공개적으로 드러내는 다른 방식 속으로 뛰어듭니다. 이런 방식에는 다른 사람들 앞에 '직접' 물리적으로 자기 표현을 하는 것부터 학술 발표를 하거나 지금 당신이 읽고 있는 것처럼 내 생각을 출판하는 것까지 포함됩니다. 자신을 공개적으로 드러내는 이런 모험들은 왜 위험할까요? 우선, 이런 일들에는 불가피하게 내 통제 밖에 있고, 식물들로부터 자라는 존재의 현상성을 배우는데 나만큼 예민하지 않은 다른 사람들과 함께 나타남이 수반될 수밖에 없기 때문입니다. 그 위험은 오해부터 즉각적 묵살, 우리와 식물 세계 사이의 끊을 수 없는 연결성에 대한 비하에 이르기까지 매우 광범위합니다. 대부분의 사람들은 함께 자라는 대신 자신이 뿌리내리고 있는 것들, 말하자면 자신의 인간 타자들, 식물들, 원소들의 세계를 뒤엎고 뿌리 뽑습니다. (이런 점은 오늘날 우리가 처해 있는 슬픈 환경적, 사회적 곤경의 특성들을 망라하는 것입니다.) 이런 공격에 대응하기 위해 우리는 몇몇 식물들이 그렇게 하듯, 가시를 키워 자기를 지키려는 유혹에 빠집니다. "아직은 인간들 사이로 다시 돌아갈 때가 아니다"라는 판단이 인간을 재결합시킬 기회를 잃게 하고 우리가 식물들과 함께 식물들에 대한 경험에 고립되어 있게 만들고 있다는 점을 깨닫는다면, 우리가 마주할 위험은 더 커집니다.

한편으로 플라톤에서 한나 아렌트에 이르는 서양 전통에서 자신의 나타남을 성취하는 것이 갖는 의미는 생물학적 탄생이라는 사건과 철학적 행위나 정치적 행위를 통해 재탄생하는 사건 사이의 차이에 기대고 있습니다. 탄생에서 절대적 분리를 부당하게 강조하는 철학자들의 동물주의적 편견 때문에, 이 두 사건—이와 함께 자연의 영역과 문화의 영역—은 불연속적인 것처럼 보입니다. 다른 한편으로 루스 이리가레가 전개하는 독창적 철학은, 성차(sexuate difference)를 길러내는 것에서 인간의 인간성뿐 아니라 시민적 정체성을 비롯한 여타 정체성들을 끌어냄으로써 이런 인위적 분리를 수리하는 데 필요한 도구를 제공해 줍니다. 사유와 행위는 더 이상 자신을 우리가 태어나는 세계 위에 그 세계에 맞서 건설함으로써 자신의 권리를 주장하지 말아야 합니다. 사유와 행위는 이 세계를 공유하면서 성장하고 무르익어 갈 수 있습니다.

이제 식물의 생명을 염두에 두고 우리는 이렇게 물을 수 있습니다. 식물의 성장 현상 혹은 식물의 '퓌오메논'이 탄생과 재탄생이라는 이 두 사건의 배후에 놓여 있다면 어떻게 될까요? 그렇다면, 우리에게 생명을 주는 물체나 사람들과 트라우마적 단절을 일으키지 않고, 영원히 '땅' 앞에서 빚지며 땅에 기대고 있는 지속적인 나타남이 존재할 것입니다. 탯줄이 끊어진다 하더라도 우리는 우리 자신뿐 아니라 타자에게 뿌리박고 있습니다. 인간들 사이로, 그리고 식물들 사이로 돌아간다는 것은 우리가 진정으로 떠난 적 없는 환경으로 돌아가는 것입니다.

아렌트의 철학적 우주에서 생물학적 탄생과 행위 사이, 분리된 (태어난) 주체의 무언의 비극적 외로움과 자신이 말하고 생각하는 것을 스스로 듣도록 허락하는 고독 사이에 중재자는 없습니다. 아렌트는 이 두 경험의 협소한 울타리를 뛰어넘어 우리가 식물의 실존과 접촉하도록 밀어 넣는 침묵 속에서 자연과 함께 있는 느낌을 인정하지 않습니다. 인간들 사이로 돌아가겠다는 결행을 하는 것은 우리의 신체가 식물의 신체와 나란히 겪는 이 성장과 변신의 침묵을 깨뜨리는 것입니다. 우리가 다른 사람들 앞에 나타날 때, 우리는 말을 하면서 가장 빈번하게 나타날 뿐 아니라 다른 사람들의 시선 앞에 우리의 신체 연장을 드러내고 그렇게 함으로써 우리의 주관적 내면성을 벗기면서 나타납니다. 이처럼 말 없는 생명을 무너뜨리면 되돌릴 수가 없습니다. 사뮈엘 베케트가 신랄하게 말했듯이, "침묵은 일단 깨어지고 나면 결코 다시 완전해지지 않습니다."[2] 베케트는 같은 페이지에서 계속해서 묻습니다. "그렇다면 희망은 없는가요?" 나는 우리가 말을 하는 것이 우리를 식물 세계에서 잘라내지 않는 한 희망은 있다고 대답합니다. 우리가 한 말이 식물의 말 없는 실존과 우리가 식물과 나누는 똑같이 말 없는 경험을 존중하고 보존한다면, 우리에게 희망은 있습니다.

존중의 말만으로는 인간들 사이로 돌아가는 것이 안고 있는 위험을 경감시키지 못합니다. 인간과 소통하려는 갈망 때문에 소통할 수 없는 식물에 기울인 열정은 상실되고 우리 자신 속에 있는 무언가도 사라집니다. 내가 식물이라고 말할 때 다른 사람들이 내가 가리키는 사물(혹은 사람), 다시 말해 자라고 나타나며 한없이 관대한 생명 존재를 이해하고 있는지조차 확실치 않습니다. 그들은 식물이라는 말로 식재료, 건축재료, 광합성을 일으키는 식물 기계, 자기 복제하는 녹색 물질을 생각할지 모릅니다. 식물이라는 말을 이렇게 이해하는 것은 그 말 뒤에 놓여 있는 지시체를 잃어버리는 것이 아니라 식물의 지속적 성장과 변형이 구두(혹은 문자) 매체 자체에서 막히고 차단되는 것을 의미합니다.

식물들이 자라는 환경, 이를테면 식물원, 숲, 공원에서 타자들과 함께 타자들 앞에 함께 나타난다면 어떨까요? 이런 곳에서 우리를 에워싸고 있는 식물 생명과 비교할 경우 인간의 말은 보잘것 없다는 것이 드러나면서 식물적 존재의 침묵 안으로 녹아내릴 것입니다. 바로 이 식물적 존재 주위에서 일시적인 인간 공동체가 무르익기 시작할 수 있습니다. '식물 탐구'라는 주제하에 공개 연설을 해달라는 초청을 받을 때마다, 나는 은밀하게 인간과 식물이 함께 있는 곳에서 강연이 이루어지기를 소망합니다. 나는 비록 나의 말과 글이 무엇보다 먼저 동료 인간을 향하는 것이라 할지라도 나무와 꽃, 덤불과 잔디로 돌아가기를 바랍니다. 자크 데리다가 희망했듯이, 생각과 말과 글이 생분해되는 것으로, 다시 말해, 문화의 토양 속에 용해되어 비옥한 퇴비로 변해야 하는 것으로는 충분치 않습니다. 생각과 말과 글은 식물이 자라게 함으로써 싹을 틔우고 새로운 가지가 뻗어 나오게 해야 합니다.

나는 출판의 관행 때문에 『식물 생각하기』의 표지에 꽃씨를 심을 수 없었습니다. 나는 독자들이 책의 마지막 페이지를 넘긴 뒤에 표지에 심은 꽃씨를 땅에 심어 말 그대로 책이 꽃피기를 꿈꾸었습니다. 나는 이 아이디어가 2013년 캐나다 벤쿠버에서 열린 〈식물 신호법과 행동협회〉의 연례회의 조직위원회를 통해 실현되는 것을 보고 기뻤습니다. 회의 조직위는 학술회의용 메모지를 제작했는데, 메모지의 겉표지와 맨 뒤 장에 연년생 꽃씨와 다년생 꽃씨를 담았습니다. 이 메모지는 지금 우리 집 뜰에서 꽃피고 있습니다. 이 메모지는 아주 직접적인 사례이지만, 타자들 앞에 공개적으로 나타나는 형태가 식물로 돌아갈 수 있는 길을 보여줍니다.

요약하자면, 활용 가능한 다양한 방식으로 우리가 인간들 사이로 복귀하는 것이 안고 있는 가장 큰 위험은 식물 생명이 드러내는 침묵을 공허한 말들의 재잘거림 속으로 빠뜨리고, 우리 자신의 나타남이 식물의 발아와 성장과 드러냄과 많은 것을 공유하고 있고 그것에 빚지고 있다는 사실을 잊어버리며, 식물에게 그들의 정당한 몫을 돌려줘야 한다는 점을 무시하는 것입니다. 내가 아무리 조심한다 하더라도 자연에게—자라는 피조물의 총체로서 퓌시스

에게—해결책을 끈질기게 묻지 않는다면 이 세 가지 위험을 피할
수는 없을 것 같습니다.

2014년 4월 9-22일

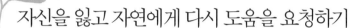

10장

자신을 잃고 자연에게 다시 도움을 요청하기

오늘날의 철학 풍경을 상당한 정도로까지 여전히 규정하고 있는 칸트와 헤겔의 이론 싸움은 뿌리내림의 문제로 요약될 수 있습니다. 자율성이라는 칸트의 이상은 인간이 일체의 변덕과 우연에서 독립된 이성의 주체로서 자기 자신에게만 뿌리내려야 한다고 제안합니다. 헤겔은 우리 모두가 다른 인간 존재(혹은 다른 인간 존재들)에 뿌리내리고 있다는 점을 인정합니다. 비록 우리의 '직접성'의 부정을 통한 것이긴 하지만 최종적으로 우리는 이 다른 인간 존재에게서 우리의 상호주관적 정체성을 발견합니다.

피상적으로 훑어보면, 이 두 독일 사상가는 자신을 상실하고 발견하는 것의 의미에 대해 상반된 시각을 제시합니다. 칸트는 내향적이며 초월적 합리성의 원리를 향해 움직이는 반면, 헤겔은 외향

적이며 더 '진실하고' 더 진정하며 더 풍요로운 자기를 찾아 다른 인간을 향해 움직입니다. 그러나 이 철학자들은 그들이 가진 의도나 목적에도 불구하고 인간의 내부성에 신세를 지고 있지 않습니까? 이들이 참아줄 수 있는 유일한 성장 방식은 내향적인 것이 아닙니까? 급진적·비인간적 외부성이 이들의 사유 지평에 자신의 존재를 알릴 때, 그것은 알 수 없는 예지계의 영역(칸트)이거나, 고통스러운 부정을 통해 개념 속으로 매개되어야 할 '날 것의' 자연(헤겔) 이상이 아닙니다. 이성과 정신은 내부로 자라는 실체들로서 모종의 한계 안에서 바깥에 있는 것들을 흡수합니다.

우리의 형이상학적 전통이 만물이 자라도록 용인하는 경우, 내향 성장 이외의 다른 어떤 성장도 인정하지 않았습니다. 그러나 내향 성장은 중지된 성장이며, 식물로부터 배우지 못하는 성장입니다. 형이상학적 전통은 식물의 외향 성장이나 이상성장(異常成長)을 피하고, 이런 성장을 우리의 내적 자원의 '심화'에 기초한 정신적·문화적 발전으로 바꾸어 왔습니다. 이 선택지가 인간 이외의 다른 퓌시스에게도 실행될 수는 있습니다. 그러나 이 선택지는 변칙은 아니라 해도 다소 이례적이라 할 수 있습니다. 이 선택지가 우리 앞에 열린 유일한 길로 제시될 때는 특히 그러합니다. 살아 있는 신체가 안으로 자란다는 것은 매우 병리적인 현상입니다. (손톱이 안으로 자랄 때 생기는 통증을 생각해 보십시오). 그러나 서양에서 수천 년 동안 정신생활의 규범이 되어왔던 것이 바로 이 병리적인 것이었습니다. 우리가 자율적 주체로서 자기 자신에 뿌리 내리든 혹은 다른 생명 형태를 배제하고 다른 인간에게만 뿌리내리든, 안으로 자라는 손톱처럼 우리는 우리가 자라는 환경에 스트레스와 염증과 파괴와 병증을 일으키며 자랍니다. 비유적으로 표현하자면, 우리는 사는 것이 아니라 곪는 것입니다. 우리는 지구 전역에 걸쳐 세대를 망라하여 광범하게 일어나고 있는 집단화농의 통탄할 만한 결과를 우리 세계를 지배하고 있는 환경 위기에서 찾을 수 있습니다.

우리의 선택지가 고독의 감옥으로 물러나는 것이거나, 우리가 그들과의 교류를 급진적 외부성으로 잘못 판단하는 인간들 사이로 돌아가는 양자택일밖에 없다면, 우리는 우리 자신을 잃게 될 것입니다. 역설적이게도 우리가 자신을 회복하려면 밖으로 자라고 이상 성장하는 법을 배워 우리 자신을 더 잘 잃어야 합니다. 그것은 땅에 뿌리를 내리며 비인간 타자들―원소, 식물, 동물―과 함께 자라는 법을 아는 것입니다. 이런 공부를 할 수 있는 최상의 장소는 숲입니다. 동서양 모두에 걸쳐 문화 전체가 거대한 경작지와 도시의 콘크리트블록을 선호하며 숲을 파괴하는 경향이 있습니다. 하이데거는 인간의 열림을 숲에서, 숲 속의 빈터(Lichtung)에서 찾을 감각을 여전히 지니고 있었습니다. 숲 속 빈터에서 나무들은 환히 비치는 열린 공간을 에워싸고 그늘을 지우며 궁극적으로는 그 공간을 보존합니다. 이와 반대로 현재 세계적으로 진행 중인 숲의 개간은 복구할 수 없는 외부성의 상실, 한계와 경계의 상실, 간직된 빛의 상실, 점점 경작되고 재배되고 부식되고 있는 지구 행성에서 생명 자체의 상실을 말해 줍니다. 이런 경향이 완화되지 않고 계속된다면 머지않아 우리는 우리를 에워싸고 있는 숲이 사라지는 것을 보게 될 것입니다. 그러나 역사를 통틀어 숲은 인간을 에워싸고 있었습니다. 숲이 개간된 땅에서 유럽적 계몽이라는 니힐리즘적 꿈은 마침내 실현됩니다. 우거진 나뭇가지를 거치지 않고 엄청난 햇빛이 직접 쏟아짐으로써, 모든 것은 가시화되고, 투명하며, 대기 중에 어떤 장애도 없이 관찰될 수 있습니다. 여기에 그늘은 없습니다. 이렇게 되면 어떤 형태의 시각적 가능성도 사라집니다.

『식물 생각하기』의 창작 아이디어가 게레스(Geres)의 아름다운 숲에서 태어난 것은 놀랍지 않습니다. 게레스는 포르투갈 북부 지방과 스페인 국경에 걸쳐 있는 지역입니다. 2008년 12월 이 마법적이며 매혹적인 장소에 왔을 때, 당시 나는 나 자신을 더 잘, 더 철저하게 잃음으로써 나 자신을 발견할 것이라는 낌새는 미처 감지하지 못했습니다. 내가 방문한 적이 있던 다른 어떤 숲보다 게레스는 세상에서 물러나 휴식하는 곳이었을 뿐 아니라 숨 쉬고, 존재하고, 보고, 상상하고, 새롭게 생각하는 장소였습니다. 숲은 야생마들이 살고 있는 여러 개의 빈터를 간직하고 있었습니다. 그뿐 아니라 이끼 낀 나무들 사이에서 숲 자체가 하나의 빈터이자 '리히퉁(Lichtung)'이었습니다. 적어도 내가 숲을 바라보고 또 숲에 머물고 있는 나 자신을 바라보는 방식에서는 그랬습니다. 숲에서 나의 사유는 자신을 먹고살기보다는, 다시 말해 서구 철학 전통과 현대적 상황의 특징이 된 전통적 형이상학의 쇠락을 먹고 살기보다는 처음으로 외부를 향해, 나를 둘러싸고 있는 식물 생명 (그리고 동물 생명)을 향해 자랐습니다. 식물과 함께 식물의 안내를 따라 밖으로 자랄 때 나의 사유는 사유 자체를 이상 성장,* (밖으로) 연장하는(ex-tending) 지향성, 아리스토텔레스적 트렙티콘(threptikon)**의 파생물에 의거하여 보게 되었습니다. (내가 숲에 가져간 책 중에 하나가 클라우디아 바라치(Claudia Baracchi)가 아리스토텔레스에 대해 쓴 탁월한 해설서였습니다.)[1] 식물의 외부성에 나 자신을 드러내고 가까이 다가가려고 노력하지 않았더라면 이런 일이 일어났을까요? 그때를 돌이켜 보면 그 정확한 원인을 짐작할 수 있을 따름입니다. 그러나 게레스에서 보낸 시간이 나의 사유가 서서히 내성장의 조건으로부터 벗어나던 과정에 촉매제 역할을 했던 것은 분명합니다.

나는 방금 나 자신을 "더 잘, 더 철저하게 잃어버리는" 것이 필요하다고 말했습니다. 이 표현은 공허한 수사가 아닙니다. 그것은 어떻게 자연이 우리 자신의 상실과 회복 사이에서 일어나는 치명적인 변증법적 동요를 넘어설 수 있게 도와주는지 알려주는 힌트입니다.

자신을 잃으려면 먼저 자신이 소유자라고 주장하고 소유자가

---

* 이상성장(excrescence)은 비정상적인 성장을 의미한다.

** '트렙티콘(threptikon)'은 아리스토텔레스가 만든 용어로, 영양을 섭취하고 생식하는 능력을 뜻한다. 아리스토텔레스에게 생명은 모두 영혼을 지니고 있다. 식물은 동물이나 인간과 달리 지각, 사고, 이동의 능력은 없지만 영양분을 섭취하고 성장할 수 있는 능력을 지니고 있다. 아리스토텔레스는 식물 역시 영혼을 지닌 살아 있는 생명체로 본다.

되어야겠지요. 그러나 그런 소유권 주장이 내가 앞서 2장에서 말했듯이 근거 없는 허구라면 어떻게 될까요? "하나가 아닌 식물"을 다룬 텍스트에서 나는 식물의 비동일성(non-identity)이 지닌 긍정적 측면을 다음과 같이 지적했습니다. "하나가 아닌 식물은 혼자서 자라지 않기 때문에 타자와 함께 자랍니다. 타자와 더불어 존재하는 것은 어떤 경우에도 홀로 존재하지 않는 식물 존재에게는 비초월적으로 가능합니다. '더불어-자라는 것(growing-with)'은 '없이-자란다는 것(growing without)'의 표현, 즉 식물의 통일성과 동일성의 부재를 무한히 대리보충(supplementation)하는 연쇄회로의 표현입니다. '더불어-자라는 것'은 '함께 자라는 것(growing-together)', 그중에서도 특히 공진화(coevolution) 개념과는 엄격히 구분해야 합니다. 꿀벌과 꿀벌이 수분(受粉)하는 클로버 꽃의 관계처럼 공진화에서는 별개의 종들이 지속적으로 접촉한 덕택에 새로운 적응 능력을 형성합니다. 더불어 자라는 것이 진정으로 '없이-자라는 것,' '산종(dissemination)', '근원에서 근원과 하나가 아니라는 것'을 표현한다면, 한편으로는 분리된 별개의 단독적 존재처럼 보이는 것과 다른 한편으로는 존재들의 공동체, 이 둘로 이루어지는 성장의 결합은 전체화될 수 없는 다수성으로의 내재적 분열로 이해되어야 합니다. 흩어지지 않는 더불어-성장은 없습니다. 이것이 식물 민주주의의 공리입니다."[2]

주체의 완전성이라는 이미지는 자기 자신과 인간 타자, 내부와 외부 사이에서 쪼개진 분열된 주체성의 이미지만큼이나 환상입니다. 이 두 관점을 떠받치는 공통 전제는 주체가 오직 자기 내부나 혹은 다른 인간 타자들과의 관계에서 발전하며 내성장*한다는 것입니다. 그러나 이런 전제는 (다소 건조한 학술적 언어를 써서 표현하자면) 주체성의 환경적 구성, 즉 우리에게 지속적으로 생명의 필수품과 기쁨을 선사하는 원소와 식물이라는 비인간 세계를 무시합니다. 우리는 식물이 그러하듯 이런 비인간 세계와 더불어 자라는 이상성장이거나 외성장입니다. 이런 이상성장과 외성장**은 우리의 숭고한 정신의 내면성을 키울 때 피어날 뿐 아니라, 살아 숨 쉬는 신체로부터 분리될 수 없는 우리의 정신이 더 이상 인간적이지만은 않는 외부성을 향해 뻗어나갈 때에도 마찬가지로 피어납니다. 따라서 우리가 던져야 할 질문은 '나 자신을 찾을 때 나는 무엇을 혹은 누구를 찾는가?'가 아니라 "나는 어디에서(내 책상에서, 숲에서, 정원에서, 산에서) 나 자신을 찾는가?" 그리고 "누구와 더불어, 무엇과 더불어 찾을 것인가?"가 되어야 합니다.

이 마지막 질문 다음에 우리는 우리가 생명 활동과 사유 활동에서 외성장하는 존재인 동시에 우리의 인정 여부와는 상관없이 우리의 환경과 더불어 번성하는 더불어-성장하는 존재라는 점을 반드시 추가해야 합니다. 이 더불어-성장은 내가 8장에서 묘사한 자연과 더불어 있음을 반향합니다. 우리는 더불어-성장에 내포된

* 안으로 자라는 것.
** 바깥으로 자라는 것.

그 모든 실존적 배경음과 함께 하이데거의 "공동존재(Mitsein)"의 발달에서 무시되어 온 배경으로 이 더불어-성장을 듣고 느껴야 합니다. '더불어'의 유대는 공유된 생명에서 나옵니다. 그것은 공통의 본질 때문에 단단해지는 것이 아닙니다. 공유된 생명은 성장으로서 생명이 지닌 식물적 결정성에 터 잡고 있는 것으로 이해할 수 있습니다. 이 본질적 유대가 없다는 점이 더불어-성장이 이미 흩어져 내림이 되는 이유를 부분적으로 설명해 줍니다. 흩어져 내림으로 인해 자라는 존재들의 공동체를 만드는 사람들은 에센시아(essentia, 그리스어로 본질)나 퀴디타스(quidditas, 라틴어로 본질)의 단단한 도식 안에, 한 마디로 표현하자면 '무엇임(whatness)'이라는 치명적 질서 안에 갇혀 질식당하지 않습니다.

　성장의 한가운데에 괴리(disjunction)가 있는 또 다른 이유는 식물은 유기체가 아니기 때문입니다. 식물은 전체의 요구에 종속된 기관들로 이루어진 살아 있는 총체(totalities)가 아닙니다. 각각의 부분은 서로서로와 더불어 자라면서 자신의 독립성을 유지하고 서로로부터 떨어져 나옵니다. 우리 인간의 더불어-성장이 각각의 부분이 남김없이 용해되어 전체와 융합되는 함정을 피하려면 이런 식물의 방식에 의거하여 사유되어야 합니다. 아마도 이것이 상실과 회복의 변증법 저편에 우리를 놓으며 식물 자연이 우리에게 주는 가장 중요한 도움일 것입니다.

2014년 4월 24일-5월 5일

11장

숲에서 다른 인간을 만나기

대서양에서 몰려오는 안개가 큰 덩어리를 이루며 소나무 사이를 에워쌌던 그해 겨울과 봄에, 숲은 완전히 바뀐 것 같았습니다. 그럴 때면 나는 평소 다니던 길을 따라 걸었습니다. 돌연 숲에서 익숙했던 것은 하나도 없었습니다. 실제로 나는 아주 가까이 있는 나무의 모양을 거의 식별할 수 없었습니다. 숲의 공간은 달리 느껴졌습니다. 다른 어떤 때보다 숲의 공간은 멀리 떨어져 있지 않고 아주 가깝게 느껴졌습니다. 내가 이런 느낌을 경험했던 것은 길을 찾기 위해 시각이라는 '거리 감각'에 더 이상 기대지 않고 직관적으로 길을 따라갔거나 겨우 촉각 정도만을 썼기 때문입니다. 나는 나무 사이에 갇힌 올빼미를 묘사한 헨리 데이비드 소로우(Henry David Thoreau)의 글이 내가 경험한 느낌을 아주 적절히 표현하고 있다고 생각했습니다. "그러므로 (올-빼미는) 소나무 가지 사이에서 시각으로 보는 것이 아니라 나무 가지들이 이웃이라는 미세한 감각의 안내를 받아 어스름한 길을 느낍니다."[1]

시각 이외에 소리 또한 들리지 않고 후면으로 물러났습니다. 숲의 침묵은 부드러웠고 전혀 억압적이지 않았습니다. 숲의 공기는 바다의 습기로 촉촉이 적셔 있어서 공기의 흐름 하나하나를 모두 볼 수 있었습니다. 공기가 움직이면서 (식물, 동물, 아마도 인간) 존재들의 윤곽이 가려졌습니다. 소나무 숲은 우리의 감각에 의해 습관적으로 주어졌고 당연하게 여겨졌던 이미지들을 잊으라는 교훈을 나에게 가르쳤던 것이 아닐까요? 소나무 숲이 가르쳐준 교훈은 그 모든 철학적 회의주의와 현상학적 환원을 합친 것보다 더 뛰어난 것이었습니다. 안개에 둘러싸인 숲은 나를 "감각적 확실성" 이전의 상태로, 다시 말해 자기 확증적 판단과 해석을 내리기 이전의 실존적 미결정성으로 되돌려놓았습니다. 물론 숲을 둘러싼 안개에 나도 둘러싸여 있었습니다.

나는 또한 소나무 숲의 명징함(lucidity)을 잘 알게 되었습니다. 프랑시스 퐁주(Francis Ponge)는 1940년 8월 13일 아침 소나무 숲의 명징함을 시적으로 기록했습니다. (그날은 숲의 고요와 현격한 대조를 이루는 전쟁이 막 시작되던 불길한 날이었습니다.)[2] 그러나 소나무 사이를 편안히 걸어 다니며 사색을 할 수 있는 것은 원소들 덕분입니다. 이 원소들로부터 식물 세계도 완전히 분리될 수 없습니다. 자욱한 안개가 숲의 모양을 바꾸었던 3월 하순의 그날은 퐁주가 경험했던 8월의 숲과는 아주 달랐습니다. 명징함은 사라진 것이 아니라 현장(site)이 출현하면서 변모했습니다. 숲은 풍경이 아닐 뿐 아니라 '현장'에 불과한 것도 아니라는 것이 분명해졌습니다. 숲은 만물을 자기 안에 받아들이는 장소의 체현이었습니다. 『티매우스(Timaeus)』에서 플라톤이 흔히 용기(容器, receptacle)로 번역되는 '코라(khora)'라는 개념으로 장소를 사유했을 때 아마도 그는 숲에 머물고 있었거나 그렇지 않다면 적어도 자신이 숲에 머물고 있다고 상상했을 것입니다. 나는 안개에 자욱이 둘러싸여 거의 앞이 보이지 않는 소나무 숲에 에워싸인 채, 나를 그렇게 받아준 장소의 특별한 보호를 받고 있다고 느꼈습니다. 나는 숲 속에 혼자 있다고 상상했습니다.

그러나 장소는 그 성격상 배타적이지 않습니다. 내가 이미 썼듯이, 장소는 만물이 자기 안으로 들어올 수 있게 허용합니다. 그리하여 장소에 대한 최소한의 정의는 이렇게 다른 것들을 기꺼이 받아들이는 환영(welcome)에 의해 이루어집니다. 장소에 있으면 누구든 (혹은 무엇이든) '용기'와 합쳐지지 않으면서 주인 대접을 받습니다. 장소에는 최소한 둘이 존재합니다! 즉 장소를 점유하는 존재와 장소 자체가 있습니다. 자신이 담고 있는 고유한 존재에게만 배타적으로 부응하는 장소란 존재하지 않는다면, 그것은 장소에는 여러 존재들이 공동으로 거주하기 때문입니다. 여러 존재들은 장소에 동시간대에 같이 살거나 다른 시간에 함께 삽니다. 식물보다는 동물에게서 시작된 소유적 전용의 논리는 이런 장소성의 공리를 받아들이지 않습니다. (나는 지금 더 나은 용어가 없어서 공리라는 말을 쓰고 있습니다.) 소유적 전용의 논리는 장소를 자기 것으로 표시하고 통제하는 영토(territory)로 바꿉니다. 안개 낀 숲에 혼자 있다고 생각했을 때 나도 부지불식간에 이 소유적 전용의 논리로 어느 정도 돌아갔습니다. 아마도 나를 감싸고 있는 특별한 침묵으로부터, 그리고 공간 자체가 축소되어 숲이 내 머리 위에서 내 몸 주위로 좁혀 들어와 내 피부 바로 옆에 있다고 느끼면서 혼자 있다는 인상을 받았던 것 같습니다.

아무도 옆에 없는 상태에서 우리가 자연 세계와 얼굴을 마주한다면(혹은 마주한다고 생각한다면), 틀림없이 모든 일이 훨씬 단순해질 것입니다. 그러나 인간의 부재는 결코 완벽하지 않습니다. 내가 내 생각에 빠져 있을 때도 나는 수 세대에 걸쳐 수많은 타인들에게 속한 언어에 기대고 있습니다. 장 자크 루소와 비슷하게, 숲과 맺는 관계는 "끊임없이 나에게 들판, 물, 숲, 고독, 무엇보다 이 모든 것들에서 우리가 찾는 평화와 고요를 상기시키지만,"[3] 이 고독은 매우 의심스럽습니다. 왜냐하면 나는 진정으로 식물과 홀로 있지 않으며, 내가 숲 한가운데 있을 때에도 인간의 동행을 완전히 떠난 것은 아니기 때문입니다.

내가 소위 고독이라고 추정되는 것을 느끼며 이런 상태를 생각하고 있을 때, 나는 나무들 사이로 사람의 형체 같은 것을 보았습니다. 처음에는 확신하기 어려웠습니다. 짙은 안개 속에서 나무 몸통의 그림자 사이로 뭔가 움직이는 기미가 느껴졌을 뿐입니다.

안개가 수직으로 서 있는 두 존재인 식물과 인간의 차이를 가렸습니다. 그 움직임은 아주 미세했습니다. 시야가 흐렸기 때문에 어느 길로 가는 게 가장 좋을지 정하기 위해 아마도 다른 인간 존재가 멈춰 섰기 때문입니다. 만남의 약속이 아직 희박했던 이 중지와 긴장의 순간, 내가 혼자 있으면서 혼자 있지 않다는 생각이 불현듯 떠올랐습니다. 내가 어디에 있든 언제나 혼자 있으면서 혼자 있지 않을 뿐 아니라 숲에 있는 바로 그 순간도 그러하다는 생각이 들었습니다. 숲과 덤불 사이에서 나는 나와 다르게 실존했던 다른 생명 존재들, 식물뿐 아니라 곤충, 여타 동물, 곰팡이류, 인간을 포함한 다른 생명 존재들의 현존 속에 있었습니다. 나는 숲의 공간 혹은 장소 바깥에서는 데카르트처럼 완전히 고독한 상태에서 내 방이나 서재에 갇혀 있었습니다. (데카르트는 자신의 서재 난로 옆에 앉아 있었습니다. 그는 그 난로에 불을 붙여 '길게 연장된' 모든 실재의 흔적들과 함께 식물 자연의 흔적들을 찌꺼기 하나 남기지 않고 몽땅 태워버리려고 했습니다.) 하지만 그럼에도 나는 언어의 사회성, 다른 생명 존재들과 만났던 기억과 앞으로 만나리라는 기대를 유지할 것입니다. 또한 호흡하는 공기를 통해 나와 식물 세계를 연결해 주는 눈에 보이지 않는 유대를 유지하겠지요.

혼자 있으면서 혼자 있지 않다는 느낌은 칸트의 "무사회적 사회성(asocial sociality)"과 같지 않습니다. 이 느낌은 개인의 주관적 실존과 타인에 의존하는 '영역들' 사이에서 조심스럽게 균형을 유지하는 것과는 아무 상관이 없습니다. 그것은 내가 앞 장에서 논의

한 더불어 성장하면서 흩어져 나온다는 생각으로 돌아갑니다. 이 경험은 사회성과 개인성에 대한 우리의 관념에 선행합니다. 내가 이 경험을 느낌이나 직관이라 부르는 것이 그 때문입니다. 이런 중간(intermediate) 상태는 세계와 융합되는 '대양적 느낌(oceanic feeling)'과 유아론의 대안을 이루는 것으로서 성장의 운동에 참여합니다. 중간 상태는 타자와 함께 있으면서 또한 함께 있지 않습니다. 아니 타자와 함께 있지 않음으로써 함께 있습니다.

혼자 있으면서 혼자 있지 않다는 것은 내가 나를 둘러싼 안개, 나무, 다른 인간 존재 속에서 아주 분명하게 느꼈던 것입니다. 나는 존재하는 사람들이 그들 자신으로 존재하면서 다른 사람과 함께 존재하게 해주는 실존의 배경과 접촉했던 것이 아닐까요? 모든 것이 멈추었던 순간이 지나간 후에—시간이 꽤 흘렀던 것 같아 보였습니다—움직임이 다시 나타났습니다. 나는 그 움직임이 실제 소나무 숲을 걸어가는 다른 인간 존재임을 깨달았습니다. 그 때부터 모든 것들이 아주 빠른 속도로 움직였습니다. 나의 깨달음은 아주 늦게, 우리 두 사람이 짙은 안개 장막 속에서 길을 건너가려고 할 때 일어났습니다. 우리가 서로 옆을 스쳐 걸어갔을 때—그때 이 '우리'라는 느낌이 있었을까요?—숲의 침묵은 조용히 그대로 남아 있었습니다. 우리 중 누구도 서로에게 말을 걸지 않았습니다. 그러나 나는 숲에서 걷고 있는 동료 인간에게 알고 있다는 인정의 표시로 고개를 끄덕였고 응답의 끄덕임이라고 내가 해석했던 것을 돌려받았습니다.

그것은 만남이었을까요? 우리는 단 한마디 말도 주고받지 않았습니다. 우리가 서로에게 뛰어가다시피 하기 전까지는 서로를 사람이라고 알아채지도 못했습니다. 그러나 침묵하거나 알고 있다는 최소한의 표시를 보이는 것 이외에, 숲에서 어떤 다른 만남이 일어날 수 있을까요? 이 만남은 숲에서 일어나는 만남일 뿐 아니라 숲과의 만남이기도 합니다. 혼자 있으면서 혼자 있지 않다는 느낌에 더 충실한 것은 무엇일까요? 비결정성과 단독 사건—미래를 갖고 있지 않은 사건—이라는 근거가 아니라면, 그 만남이 그저 해프닝이든 사건이든 간에 어떻게 만남 자체가 일어날 수 있을까요? 만남이 반드시 신기원을 이루는 것이거나 트라우마적인 것일 필요는 없습니다. 이는 식물의 성장이라는 사건이 이 신기원적 만남이나 트라우마적 만남 가운데 하나가 아닌 것과 같습니다. 내가 여기서 묘사하고 있는 것과 같은 사건적 만남은 평범한 것일 수 있습니다. 그것은 너무도 평범해서 우리의 관심을 끌지 못하거나, 만남으로 알아채지도 못하고 지나치거나, 표현하기도 전에 과거가 되기도 합니다. 그러나 이런 눈에 띄지 않는 평범함, 언어로 표현되지 않는 것에 극히 중요한 무언가, 이를테면 혼자 있으면서 혼자 있지 않다는 깨달음 같은 것이 숨어 있을 수 있습니다.

내가 본 것이 다른 사람이었을까요? 이 문제는 생각만큼 그렇게 이상하지 않습니다. 물론 내가 나무 사이로 사람의 형상을 본 것인지, 아니면 진짜로 거기 있지 않은 무언가를 상상한 것은 아닌지를 구분할 수 없는 미결정의 시간이 있었습니다. 이것은 내가 생각하고 있는 불확실성(uncertainty)과는 다른 것입니다. 이런 미결정(indecision)은 우리가 걸어가고 있던 길이 가까워져 서로 마주 지나치는 순간 바로 해소되기 때문입니다. 그러므로 문제는 시각적으로 흐릿한 배경에서 사람의 형상을 전면에 드러내는 것이 인간을 인간 존재로 알아차리는 것입니다. 데카르트에게ー다시 한번 그에게 돌아가자면ー인간이라는 것을 확인하는 문제는 큰 걱정거리였습니다. 이 프랑스 철학자가 생각하기에 자신이 주변에서 보는 존재들이 인간 같은 로봇일 수 있는 것은 가능성의 영역이었기 때문입니다. ("모자와 옷을 빼고 나면 나는 무엇을 보고 있는가? 모자와 옷은 자동인형을 감출 수 있지 않는가?")[4] 이런 이유로 데카르트는 철두철미하게 혼자 있다고 느꼈습니다. 그는 자기가 만나는 존재가 인간이 아닐 수 있다는 것을 의심하지 않고서는 다른 인간을 진정으로 만날 수 없었기 때문입니다.

  그러나 로봇은 정확히 왜 숲에 끌릴까요? 험악한 기상 조건임에도ー혹은 특별히 이런 기상 조건에ー무엇이 로봇으로 하여금 식물 자연 주위를 어슬렁거리게 할까요? 이런 행동은 로봇이 예시하는 기술주의적 패러다임 안에서는 쓸모없고 비이성적인 것으로 해석되지 않습니까? 말없이 지나치기는 했지만, 내가 숲에서 만난 다른 사람과 나는 우리의 만남이 일어났던 숲 덕분에 서로 만났습니다. 이 만남의 결과로 우리 각자는 조금 더 인간이 되었습니까? 우리가 스쳐 지나간 그 짧은 순간에 우리 사이에는 암묵적 연대가 있었습니다. 그 연대는 서로를 향한 직접적 충성의 형태가 아니라 식물의 세계에 대한 책무의 형태를 띠고 있었습니다. 만남의 침묵은 식물 생명의 침묵을 반향하고 있었습니다. 그 침묵은 우리들 서로와 식물을 향한 존중의 기호였습니다. 우리 두 사람의 침묵이 공명할 수 있었던 것은 그 침묵이 식물의 침묵을 공명하고 있었기 때문입니다. 그렇다면 우리가 자연세계를 만나고 자연세계에서 다른 인간을 만날 때 로봇처럼 될 가능성은 가장 적은 것이 아닐까요?

나는 지금까지 비교적 빠른 속도로 만남의 의미와 인간의 의미를 물어왔습니다. 그런 까닭에 이 물음의 충동을 이 장의 제목에 들어 있는 마지막 명사(숲)로까지 확대시키지는 않겠습니다. 너무 오랫동안 데카르트와 후설을 포함한 철학자들은 외적 현실, 특히 자연 환경을 의심하고 환원하며 정신적으로 제거해 왔습니다. 나는 그 숲이 진짜로 숲인지, 전체가 꿈은 아닌지, 모든 것을 뒤덮었던 짙은 안개 속에서 과연 나의 감각은 얼마나 믿을 수 있는 것인지 논의하는 일은 철학자들에게 맡기도록 하겠습니다. 숲, 인간과 숲의 관계, 생명 그 자체는 비판의 문제에 앞서 존재합니다. 숲이 먼저 생명과 사유에 에너지를 불어넣지 않았더라면 급진적 의심도 환원도 가능하지 않습니다. 이 에너지가 어떤 모양을 취할지, 내가 그 에너지와 무엇을 할 수 있을지, 그 에너지가 나에게 무엇을 할 수 있을지가 다음에 살펴봐야 할 문제입니다.

2014년 5월 10일-6월 12일

12장

어떻게 우리의 살아 있는 에너지를
키울지 생각하기

서양에서 '에너지'라는 말은 치명적인 부정적 힘의 흔적을 지니고 있습니다. 에너지는 최대한의 폭력을 가해 일시적으로 그것을 담고 있는 물체나 사람을 전부 파괴함으로써 추출해야 하는 것으로 생각되었습니다. 에너지는 그 '원천'을 연소시켜 얻습니다. 무엇보다 먼저 식물과 식물의 일부가 에너지원이 됩니다. 식물 에너지원은 바로 어제 잘라낸 것이기도 하고, 석탄이나 기름으로 바뀔 시간대인 수만 년 동안 죽어 있던 것이기도 합니다. 깊이 생각하지 않더라도, 외부 난방용이든 아니면 생명에 필요한 충분한 정도의 다른 에너지(이른바 '칼로리 흡수')를 신체에 공급하는 용이든 간에, 에너지를 얻을 수 있는 유일한 방법은 다른 물체나 인간의 온전한 상태를 파괴하는 것입니다. 이제 생명은 살아남은 자의 특권이 됩니다. 살아남은 자들은 자신들이 연소시킨 과거와 현재의 식물 및 다른 생명 형태에 엄청난 희생을 치르며 거둔 승리를 축하합니다.

아리스토텔레스에게 물질의 원형이 '힐레(hyle, 질료)' 즉 나무였던 것으로 보아, 에너지의 난폭한 추출은 서양의 사유를 지배해 왔던 물질과 정신의 관계에 대한 생생한 이미지를 그려줍니다. (아리스토텔레스는 자신이 철학 어휘 안에 도입한 용어인 '에네르기아(energeia)'에 여전히 강력한 위력을 발휘하고 있습니다.) 불타는 정신은 타자를 파괴하며 작동하고, 자신이 연소시키는 물질(목재)에 승리를 거둡니다. 연소 과정에서 에너지를 방출한 대가는 연소되는 것을 완벽하게 없애는 것입니다. 불행히도, 자신이 가는 길에 놓인 모든 것을 태워 버리는 형이상학적 정신의 광기는 점점 심해지는 경향이 있습니다. 내가 다른 글에서 썼듯이, "21세기의 비극은 우리가 연소될 수 있는 모든 것을 불태워버리겠다고 작정했다는 것입니다. 어떤 면에서 연소될 수 있는 것들 속에는 우리 자신도 포함됩니다. 연소시켜 에너지를 추출하는 것이 우리 시대 이전에 나타났을 뿐 아니라 근대 산업화 이전에도 이미 나타났다는 것은 되돌릴 수 없는 사실입니다. 그러나 현대 바이오 연료와 선사시대 동굴에서 나뭇가지로 지핀 불이나 18세기 영국의 공장에서 태운 석탄 사이에는 엄청난 차이가 있습니다. 초창기 인류의 대표자들은 그들이 살았던 당대나 가까운 과거의 극히 일부만 태웠습니다. 급속하게 산업화되고 있는 유럽은 식물 생명과 동물 생명의 먼 과거를 불에 복속시켰습니다. 오늘날의 화염은 전면적 성격을 띠고 있습니다. 여기서 과거, 현재, 미래는 산화된 생명과 분리될 수 없고, 에너지로 소모되기 위한 생산과 재생산에서 분리될 수 없는 과정에서 함께 연소됩니다.”[1]

식물이 연소성 일반에서 면제되어 있다고 말하는 것은 아닙니다. 셸링에게 연소성은 생명의 살아 있음 자체를 규정합니다.[2] 식물은 산소를 방출함으로써 불이 탈 수 있는 기본 조건을 제공합니다. 그러나 에너지를 얻는 식물적 양태, 특히 태양에서 에너지를 얻는 다양한 방식은 비추출적이며 비파괴적입니다. 식물은 접근할 수 없는 타자를 향해 자기 신체를 기울이고 늘리면서 에너지를 얻습니다. 식물은 타자에게 간섭하지 않습니다. 이것이 우리가 식물로부터 배워야 할 또 다른 교훈입니다. 어떻게 하면 우리가 식물의 선례를 좇아 활력의 원천을 없애지 않으면서 우리 자신을 에너지화할 수 있을까요?

서양의 에너지 패러다임에는 추출과 파괴 이외에 더 긍정적으로 보이는 차원, 즉 생산이라는 차원이 있습니다. 실상 아리스토텔레스의 에네르기아는 말 그대로 '일하게 하기(setting-to-work)', '활성화하기(activating)', '실행하기(en-acting)'를 뜻합니다. (이 그리스어 energeia의 라틴어 번역어는 정확히 actus 혹은 actualitas입니다.) 칭송할 만하게도, 아리스토텔레스는 식물도 성장하고 생식함으로써 자신을 작동시키고 실현시킨다고 생각했습니다. 이 점에서 식물 생명을 바라보는 아리스토텔레스의 생각은 근대인의 생각보다 더 통찰력이 있습니다. 근대인들은 식물이 움직이지 못하고 수동적이며, 그리하여 에너지 생산의 원재료로 쓰기에 적합하다고 생각했습니다. 이것은 결코 작은 문제가 아닙니다. 소위 근대의 주체/객체의 분리 너머에는 보다 심오한 분리, 즉 에너지화하는 것과 에너지화되는 것의 분리, 에너지의 저장고와 아무 때나 그 저장고를 이용할 수 있는 사람의 분리가 놓여 있습니다.

보다 정확히 말해 아리스토텔레스의 에너지 개념이 안고 있는 주요 결함은 생산주의적 세계관에 무한한 충성을 보이는 것이라고 주장할 수 있습니다. 일(work, ergon)이 없는, 혹은 중단 없는 과정으로서 작동시키지 않는 에너지나 생명은 본질적으로 존재하지 않습니다. 이 중단 없는 과정은 미리 완성된 결과물에서만 중단을 발견합니다. 이 그리스 철학자는 자기 독자에게 오늘날에는 자명한 진술처럼 보이는 것, 즉 끝에 이르지 못하면 충족은 없다는 명제를 제시합니다. 열매는 식물의 끝입니다. 따라서 열매는 식물 생명의 충족입니다. 사정은 성행위의 오르가즘적 목적입니다. 따라서 사정은 욕망의 충족입니다. 그러나 작동하지 않는 에너지, 최종 생산물의 에너지원이 되지 않으면서 자신에게서 혹은 나와 타자들—인간이든 아니든—의 번영에서 충족을 찾는 에너지라면 어떨까요? 식물들을 소비하려는 욕구 바깥에서 식물들과 더불어 있는 것은 목적 없는 충족이 아닐까요? 칸트와 포스트칸트적 사유는 전형적으로 이런 조건을 미적 영역으로 보았습니다. 그러나 이 사유가 적용되는 범위는 미적 영역보다 무한히 넓습니다.

그것은 유한한 실존인 생명 그 자체와 어울립니다. 생명은 물리적 종착지에서 충족되지 않고 타자들과 더불어 살고 성장하면서 경험되는 에너지의 충만함을 알 수 있습니다.

이 다른 에너지를 명명할 필요가 있다면 '만남의 에너지'라고 부를 수 있을 것입니다. 우리는 에너지를 추출하기 위해 연소시키는 실체나 물질을 만나지는 않습니다. 자신이 작동시키는 것을 물리적 끝(end)이나 고갈의 지점으로 몰고 가는 파괴적 추출 작업에서, 상호 유희나 충족은 전혀 존재하지 않습니다. 아무것도 잃을 것이 없을 때, 내가 만나는 타자를 진정으로 필요로 하지 않을 때, 만나는 존재로부터 무엇을 얻을지 내가 나 자신과 다투지 않을 때, 오직 그럴 때 만남은 일어납니다. 어느 안개 긴 아침 소나무 숲에서 두 사람이 서로 스쳐 지나갔을 때 일어난 것처럼, 그렇게 만남은 일어납니다. 소나무 숲은 두 사람이 스쳐 지나갔던 '자연의 무대' 그 이상이었습니다. 만남의 에너지는 생산적 파괴의 회로 안에서 작동하는 냉혹한 경제에 속하지 않기 때문에 본질적으로 부가적이며 보충적일 뿐 아니라—바로 그 보충 덕분에—자신이 보충하는 것보다 더 중요합니다. 만남의 에너지는 경제적 틀을 초과하는 잉여입니다. 바로 이런 까닭에 철학자들은 만남의 에너지를 비경제적인 예술 활동과 연결시키는 경향을 보여 왔습니다.

모든 목적은 행위 그 자체 안에서 성취되고 존재한다고 주장할 때 아리스토텔레스는 이 부가적 에너지를 눈치 채고 있었습니다. "활동이 목적이며 작동하는 것이 활동이다. 에네르기아는 에르곤(ergon)을 따라 이름이 붙여졌기 때문에 에네르기아는 '끝에 있는 존재(being-at-an-end)' 혹은 완전한 실재(entelecheia)로 확대된다."(『형이상학』105a, 21-23) 끝의 에너지는 파괴적이지 않습니다. 그것은 완전한 실재의 상태에서 어떤 것도 부정할 필요가 없습니다. 또한 끝의 에너지는 불안하지 않습니다. 그것은 도달해야 할 탁월한 목적을 갖고 있지 않습니다. 끝의 에너지는 그것이 여전히 연관되어 있는 것처럼 보이는 성취라는 이상을 빼면 서양의 에너지 개념과는 거의 아무런 상관이 없습니다. 이제 우리가 취해야 할 추가적 조치는 고요하고 적극적인 끝의 에너지를 유한한 생명의 한가운데에 위치시키고, 식물과 더불어 식물을 경유한 만남에서 이 에너지를 향유하는 것입니다. 일부 독자들에게 이 제안이 터무니없는 것으로 들린다면, 그들은 생명의 한가운데 있는 이 에너지를 중지시키는 일이 수천 년 동안 불교철학과 수행의 일부였다는 사실을 기억해야 할 것입니다. (불교철학과 수행에서 '완전한 실재(complete reality)'는 흔히 '공(emptiness)'으로 번역되는 수니아타(sunyata)의 열림과 같습니다.)

순전히 문법적 언어로 볼 때, 에너지에 대한 비추출적 접근은 에너지화된(energized)이라는 말이 전하는 의미에 가장 부합합니다. 여기서 수동태는 에너지에 대한 수용성을 의미합니다. 에너지는 식물의 경우처럼 에너지화하는 실체를 파괴하면서 얻어지지 않습니다. 수동성에서 능동성의 대립만 본다면 이는 잘못입니다.

만남에서 에너지화되는 것은 가장 뜨겁게 작동하는 행위보다 더 활동적인 행동거지(comportment)에 도움이 됩니다. 나의 작업과 달리, 만남의 에너지는 최종 생산물에 도달해서도 꺼지지 않을 것이기 때문입니다. (최종 생산물은 존재하지 않습니다!) 그러나 우리는 특정 환경과 특정 한도 안에서 어떻게 만남의 에너지를 수용할 것인지 이해해야 합니다.

이런 면에서 곧바로 제기되는 물음은 아무것도 잃지 않을 때 부가적, 보충적 에너지로 무엇을 할 것인가 하는 점입니다. 이 물음은 다소 잘못 설정되었습니다. 왜냐하면 그것은 더 이상 뭔가를 '행하는(doing)' 문제가 아니기 때문입니다. 만일 그것이 행하는 문제라면 일(work)에서 떨어져 나온 행하기입니다. 만남의 에너지, 생명의 한가운데 있는 끝의 에너지는 '에르곤' 없는 에너지, '작동시킨다'는 무거운 본질 과제에서 풀려난 에너지입니다. 동시에 만남의 에너지는 정확히 놀이도 아닙니다. 일과 놀이는 똑같이 타자에 대해 조작적입니다. 일은 어떤 규정된 도구적 목적을 위해 타자에게 조작적이며, 놀이는 어떤 분명한 이유 없이, 까닭 없이 조작적입니다. 만남은 어떤 수단을 통해서도 유희적 미결정성을 막지 않습니다. 그러나 일과 놀이의 연속체 위에 만남을 끼워 넣을 수도 없습니다. 만남의 윤리적 차원은 이 연속체 바깥에 있기 때문입니다. 만남이 내보내는 효과는 윤리적 언어로 표현되는 것이 더 좋을 듯합니다. 이 윤리는 에너지화하는 것과 에너지화되는 것을 태우지 (눈멀게 하지) 않습니다. 이 윤리는 윤리적인 것의 가장 유명한 아날로지라 할 수 있는 'ana-logun'과 대조됩니다. 'ana-logun'은 플라톤적 태양입니다.

대안 에너지에 대한 어떤 묘사도 그 에너지가 싹틔우는 만남에서 분리되어 있다면 어쩔 수 없이 불충분합니다. 이런 종류의 에너지가 물리적 에너지의 법칙을 따르지 않는다는 점을 깨닫는 것은 특히 놀라운 일입니다. 대안 에너지는 많이 퍼지면 퍼질수록 더 많이 공유되고, 줄어들거나 변치 않고 그대로 남아 있는 것이 아니라 점점 더 커집니다. 이 에너지를 다룬다는 것은 그것을 확산시키고 공유하기 위해 실행(enact)하는 것이 아니라 약속(engage)하는 것입니다. 여기서 약속은 '맹세하다(giving a pledge)'는 어원적 의미를 가리킵니다. 이 에너지는 특히 만남에 참여하는 당사자 중 어느 한 편에 의해 억제되거나 전용되지 않을 것입니다.

식물에 대해 말하자면, 식물은 경제적 굴절을 거친 기술과학적 용어가 그렇게 보이게 만드는 것처럼 태양 에너지를 열매나 잎에 축적하지 않습니다. 대신 식물은 자신을 세계에 드러내 숨 쉴 수 있는 공기를 내보내면서 생명의 에너지, 생명을 위한 에너지를 보존하고 공유합니다. 식물이 원소들에게 하는 약속은 에너지를 건네주는 만남의 일부입니다. 이 만남은 살아 있는 존재가 타자와 만나는 최초의 만남입니다. 『식물 생각하기』에서 나는 "영혼을 담고 있는 그 고유한 실존이 식물에게 타자를 위한 통로, 출구, 매개가 될 것을 명한다"고 썼습니다.[3] 이제 나는 식물이 윤리적일 뿐 아니라 에너지의 채널, 통로, 출구, 매개라고 분명히 말하겠습니다. 식물 생명은 식물의 영혼이 식물의 신체에 자신을 작동시키는 것이 아니라 비파괴적인 에너지가 흐르는 관입니다. 이 에너지는 다른 식물, 동물, 인간 존재들도 공유할 수 있도록 허용되어 있습니다.

이것이 의미하는 바는 우리의 윤리적 범주를 재고할 필요가 있다는 것입니다. 이제 우리가 습관적으로 일축해 버리는 '순수 도구(매체나 채널로 읽음)'는 가상의 '목적 그 자체'보다 생명의 윤리에 더 부합합니다. 그런 '목적들'은 에너지가 공유되고 확산되지 못하게 막으면서 에너지의 흐름을 중단시킵니다. 전용을 강조하는 것은 에너지의 통로를 가로막고 공유될 수 있는 것을 소유 형태로 장악하고 있다는 것을 가장 잘 보여주는 예라 할 수 있습니다. 우리는 또 다른 역설에 걸려 비틀거립니다. 만남의 에너지는 축적하고 보관하면 사라집니다. 만남의 에너지는 가만히 놔두고 타자들에게 전달하면 생명 자체와 함께 번성합니다.

2014년 6월 15-26일

13장

몸짓과 말은 원소를 대체할 수 있을까?

서구철학은 실재를 이해하기 위해 우리의 지적 전통 중에서 가장 비판적인 갈래에서도 거의 의심받지 않는 한 가지 방법을 추천해 왔습니다. 세계를 우리의 구미에 맞추고 이해 가능하도록 만들기 위해 피타고라스와 플라톤에서 쇼펜하우어와 니체에 이르는 철학자들은 세계 전체를 상징과 부호로 번역하려고 노력해 왔습니다.

실재에 대한 과학적 부호화는 종종 수(number)에 기댔습니다. 수는 자신이 수량화하는 것에 완전히 무관심합니다. 감각적 자질들은 여러 사물들 중에서 원소를 대체하고자 했던 이 텅 빈 보편자에서 용해됩니다. 그런데 생명은 원소들 안에서 원소들 덕분에 발달합니다. 부호는 종종 음악적입니다. 부호는 세계를 교향곡으로 바꿉니다. 신의 조화를 소리로 표현하는 것으로 이해된 고대의 '천체음악'에서부터 음계와 악기를 형이상학적 위계로 옮긴 쇼펜하우어에 이르기까지, 동양 역사의 한 극단에서 다른 극단에 이르기까지, 원소들 자체는 듣기의 대상으로 관념화되는 과정을 겪었습니다. 모든 점을 고려해 볼 때 청각적 번역은 그다지 나쁘지 않습니다. 여전히 지배적인 시각중심주의에 견주어보면 특히 그렇습니다. 시각중심주의는 우리의 형이상학에 깊이 스며들어 있고 외부와 관계하는 통로로, 여러 감각들 중에서 가장 이론적인 감각(시각)에 특권을 부여합니다. 청각적 번역은 실재를 수로 바꾸는 과학적 번역만큼 그렇게 난폭하지 않습니다. 과학적 번역은 우리의 감각에 아무것도 남기지 않습니다.

우리는 원소들을 상징이나 부호로 바꾸는 행위에서 어떤 결정적 선택이 일어났음을 알 수 있습니다. 이 선택은 세계에서 사는 일보다 세계를 이해하는 일을 선호하고, 세계의 원소적 환경 안에서 존재하는 것보다 세계를 지성의 대상으로 바꾸는 것을 선호하는 태도를 표현합니다. 하이데거의 해석학은 후설 현상학의 일부 경향과 함께 '있음(what is)'에 대한 살아 있는 실천적 해석에 우선권을 두라고 요구합니다. 그런 해석은 생명과 대립하지 않고 생명 안에서 특수한 인간적 실존 형태를 보완합니다. 내가 몇몇 사례를 들어 주장했듯이, 살아 있는 해석은 자신의 환경을 이해해야 하는 모든 생명 존재에게 필수적입니다. 식물과 동물은 모두 끊임없이 변화하는 환경에 반응하고 적응하며, 환경 안에서 번성하기 위해 지속적으로 주변을 해석해야 합니다. 이제 인간은 말로 세계를 이해하게 되었습니다. 그러는 동안 인간은 자신이 일체의 생명 존재와 공유하는 비음성적 해석을 잊어버렸습니다. 인간은 자신의 자리를 찾으면서 생물적 생명환경에서 쫓겨나고 몸짓과 말의 형상을 취하지 않는 다양한 감각들은 헛소리에 불과하다고 묵살합니다.

의미를 만들어내는 인간의 모든 행위가 동물과 식물과 원소의 내재적 의미를 부정하는 방식으로 이루어져야 할까요? 내 책상 위 화분에서 자라고 있는 브리오필룸 피나툼(Bryophyllum Pinnatum)—'괴테의 식물'로 알려진—의 경이로운 잎은 자라고, 영양을 공급하며, 번식하는 다른 능력과 함께 자기 안에 식물 전체를 응축하고 있다는 점에서 의미의 잉여를 담고 있습니다. 브리오필룸 피나툼이라는 라틴어 명칭이나 괴테 식물, 공기 식물, 생명 식물, 기적의 잎사귀를 비롯한 다른 모든 명칭들이 과연 이 식물의 존재를 소진시킬 수 있을까요? 이 식물의 생화학적 과정에 대한 연구, 측정, 기술이 이 식물의 고유한 세계 접근 양식은 말할 것도 없고 내가 지금 곰곰이 생각하고 있는 식물의 경험을 제대로 대체할 수 있을까요?

여기에는 단순히 명목론 비판을 넘어서는 중대한 문제가 걸려 있습니다. 주는 것에 대해 생각해 보도록 하지요. 내가 시적으로 산, 강, 숲, 꽃, 이미 죽었거나 아직 태어나지 않은 존재, 신 혹은 신들에게 말을 거는 것이—이 경우에는 기도하듯이—아니라면, '주라'고 말을 할 때 나는 이 말을 대체로 다른 인간 존재나 가축을 향해 씁니다. 그러나 인간을 향할 때도 말만으로는 충분치 않습니다. 일정 정도 언어적으로 표현되는 욕망이 표현에 앞서 먼저 인간의 욕구를 충족시켜 주어야 합니다. 나는 내가 돌보는 식물에게 풍부한 물과 적당한 일조량과 미네랄이 풍부한 흙 등을 줍니다. 말하자면, 나는 식물들에게 아주 소량의 원소들을 줍니다. 그러면 식물들은 자신들이 자라는 데 도움을 준 빛과 온기와 물과 흙을 나에게 되돌려줍니다. 『월든』에서 소로우가 자신이 키우던 콩과 관련하여 유사-플라톤적 언어로 말하고 있듯이, 소로우가 일상적으로 한 일은 "황토색 흙이 콩 이파리와 꽃에서 자신의 여름 생각을 표현하도록 하는 것이었다. 그리하여 (…) 땅이 풀이 아니라 콩을 말하게 하는 것이었다."[1]

그러므로 말로 원소를 대체하는 것은 모든 생명을 인간의 생명으로 대체하는 것이며, 우리가 원소적인 것에 빠져 있다는 점과 우리의 신체 욕구에 주의를 기울이지 않으면서, 인간 실존의 아주 작은 단면만을 선호합니다. 원소를 말로 바꾸는 이런 포괄적 번역 행위는 어쩔 수 없이 리얼리티에 대한 감각을 빈곤하게 만듭니다. 그리하여 자기 수중에 들어오지 않는 것은 뭐든지 기껏해야 표현될 수 없다거나 신비하다고 부를 뿐입니다. 세상에 존재하는 모든 사물과 사람의 보편적 등가물로 말을 부여함으로써 우리는 우리가 세계에 주는 것보다 더 많은 것을 세계로부터 빼앗습니다. 그러므로 우리의 행동이 야기한 결과는 식물의 행동을 정반대로 되비쳐주는 거울입니다. 식물은 환경에서 받는 것보다 더 많은 것을 돌려주면서 원소들 자체를 비옥하게 만들고 생명이 더 잘 자라게 해줍니다.

몸짓의 경우, 몸짓이 관여하는 언어는 말보다는 식물의 표현과 공통점이 더 많습니다. 몸짓은 기본적으로 시간적 표현이 아니라 공간적 표현입니다. 그것은 식물의 언어와 비슷합니다. 내가 『식물 생각하기』 3장에서 주장했듯이, 식물의 언어는 자신을 살아 있는 형태로 표현하고, 외견상으로 무한히 반복하고 복제합니다. 사실상, 몸짓은 말보다 표현(articulation)이라는 언어의 개념에 더 충실합니다. 몸짓은 '이것'과 '저것'을 함께 놓거나 '이것'을 '저것'으로 놓음으로써 의미를 표현합니다. 몸짓은 관절을 만듭니다. 몸짓이 만들어내는 이 관절은 의미론적일 뿐 아니라 공간적이기도 합니다. 니체의 생각을 부연설명하자면 생명에 맞서 말들이 사용되고 오용되는 현재 상황에서, 몸짓과 반대로 말은 원소들 내부와 원소들 사이에 점점 더 깊은 균열을 만들어내며 자신이 표현하는 것을 탈구(disarticulate)시킵니다. 말은 의미를 모아 인간존재와 비인간 존재 모두가 살 만하거나 살 만하게 될 세계로 만들지 않고 오염되고 척박한 원소들의 무세계로 만듭니다.

생명에 적대적인 순수 오성이 세계를 비유기적 화학 성분으로 분해해 왔다는 것을 인정한다면, 세계가 무너져 내리고 있다는 것은 놀랍지 않습니다. 식물은 자신이 영양분을 공급하는 미네랄이 새로운 성장에 쓰이도록 다시 분해하는 반면, 오성의 종합은 세계에 살 만한 특성을 돌려주지 못합니다. 이론오성(theoretical understanding)은 생명을 희생시키며 자랍니다. 오성은 생명을 이미 죽어 있으며 원소들과 무관한 입자들로 분해합니다. 이론오성은 말을 통해, 그리고 무엇보다 수의 상징을 통해 생명을 죽음으로 바꾸고 죽음에 더 높은 실존, 즉 마음의 생명이라는 위엄을 부여합니다. 진리에 대한 고전적 상응 이론은 터무니없습니다. 상응 이론은 생명 영역과, 이 영역과의 접촉에 치명적이게 될 생명 없는 재현 사이에서 병행 관계를 찾고자 하기 때문에 터무니없습니다. 땅은 콩과 풀, 혹은 다른 식물들에게 땅 위에서 자라는 것들에 의존하라고 말하지만, 서양철학의 진리는 동어 반복적이라서 자기 이외의 어떤 것도 말하지 않습니다.

원소들과 맺는 연관을 모두 끊어낼 수 있을 만큼 자족적인 세계를 ㅡ소크라테스가 다른 맥락에서 '말의 도시'라 불렀던 것ㅡ 말로 구성할 수 있을까요? 이 과제를 대면했을 때 상당히 많은 서양의 지적 에너지는 그런 세계를 구성하는 데 투여되었습니다. 그러나 서양의 지적 에너지는 존재를 표현하거나 재현하는 대신에, 자신이 표현하거나 재현하려고 하는 것의 자리에 자신을 끼워 넣습니다. 세계를 구성하는 이상적 규범은 내가 물과 공기와 불의 온기와 땅, 그리고 이 원소들에 활력을 불어넣어 원소들이 자기 자신이 되도록 만드는 식물 없이 오직 말로만 타자들과 나 자신을 키우라고 요구합니다. 나는 이런 요구에 대한 대응으로 말들을 서로 엮어서 표현합니다. 그렇게 함으로써 실존이나 실존들ㅡ나의 실존, 당신의 실존, 이 개와 이 종려나무의 실존 등등ㅡ의 공간적,

물질적, 유동적이며 내재적으로 의미 있는 표현들을 형식적으로 모방합니다. 그럼에도 이 모방에는 오성의 힘이 드리워져 있습니다. 오성은 살 만한 세계, 활기찬 우주를 사유할 만한 세계로 대체하며, 존재들의 관계를 관념화하여 존재들을 동질적 의미의 네트워크 속으로 끼워 넣습니다. 이 의미의 네트워크에서 존재들은 작은 매듭이나 교차점이 됩니다.

해체론이 부호—실재는 부호로 환원됩니다—의 불안정성을 용케 드러낸다면, 이는 해체론적 독법이 관습적으로 수용되었던 의미의 연결망을 뒤흔들어 다른 매듭이 이미 전제된 의미 단위를 대리할 수 있다는 것을 보여주기 때문입니다. 데리다는 원소들이나 텍스트 바깥의(hors-texte) 영역에 속하는 것들을 지시하는 것으로 돌아가려고 하지 않습니다. 텍스트 바깥은 존재하지 않습니다. 오히려 그는 오성의 유희적 측면을 드러내고, 세계를 소화될 수 있고 구미에 맞게 만들겠다는 목표가 성취될 수 없을 지경에 이르도록 이 유희를 더 강화시키려고 합니다. 이해 가능성 안에 번역할 수 없고 이해할 수 없는 것이 포괄적 번역의 여정에 장애로 놓여 있습니다. 물론 번역할 수 없고 이해할 수 없는 것은 부정적 양태로 번역의 논리에 계속해서 관여하고 있습니다.

데리다는 해석될 수 없는 것의 경계에 있는 부호의 잉여에 탐닉하면서—다시 말해, 모종의 하이퍼 상징주의의 유혹에 굴복하면서—, 생명에서 분리된 오성에 치명적 상처를 입히기는 하지만 부호나 기호의 우월성에 문제 제기를 하는 데에는 이르지 못합니다. 나는 해체적 사유가 자라도록 지원하겠다는 입장은 견지하면서도 이런 문제제기를 하지 않을 수는 없습니다. 이 문제제기는 극단에 이르면 해체론 '자체'를 해체하게 될 것입니다. 그러나 관습적 부호화에 대한 포스트 해체론적 단절이 이론적인 문제일 수만은 없습니다. 이런 단절을 이룬다는 것은 바깥으로 나가 숲과 벌판과 정원과 공원으로 들어가는 것을 의미합니다. 그곳에서 원소들 및 식물 세계와 다시 연결되고, 식물들이 뿌리내리고 있고 식물들이 '말하는' 땅과 함께, 식물들이 자신을 표현하도록 할 수 있습니다.

어떻게 하면 나의 말이 생명을 정확히 반영해야 한다는 불가능한 과제를 이루지 못했다고 비난하는 것이 아니라, 생명에 봉사하도록 할 수 있을까요? 나는 적어도 내가 하지 말아야 할 것들은 알고 있습니다. 내가 하지 말아야 할 것들에는 식물과 원소의 에너지를 뽑아내 언어적 표현―언어적 표현은 이 에너지를 치명적으로 만듭니다―속으로 끌어들이는 것, 부호와 기호가 불가피하다는 것을 수용하는 것, 살아 있는 우주를 인간의 의미 회로 속으로 끼워 맞추는 것, 바깥 세계를 순수오성의 위임을 받은 엄격한 의미 구조 속으로 흡수해 들이고, 이 의미 구조를 다시 바깥 세계로 투사하여 의인화하는 것이 있습니다. 나는 내가 해야 할 것과 관련해서 몇 가지 잠정적 암시를 주고자 합니다. 그것은 밖으로 나가 자신의 감각과 생각을 원소와 식물에게 드러내고, 그 감각과 생각이 자신에게 가장 잘 어울리는 비음성적 방식으로 자신을 표현하도록 하는 것입니다.

이런 생각으로 나는 지식과 신비를 가르는 구분을 유지하면서 지식을 거부하고 신비를 택하고 싶지는 않습니다. 이와는 정반대로, 나는 비인간 세계—원소, 식물, 혹은 다른 세계—를 다루는 살아 있는 해석과 지식을 긍정하고 싶습니다. 이 살아 있는 해석과 지식은 비인간 세계를 말로 표현하거나 이해할 수 없다고 밀어내지 않습니다. 우리가 식물로부터 배워야 한다고 말할 때, 나는 식물에 이르는 길을 발견해야 한다는 과제뿐 아니라 식물의 지혜를 긍정해야 한다는 점을 시사하고 있습니다. 식물에 이르는 길을 찾는 것이 의미론적 번역이라는 고속도로를 무작정 따라가는 것은 아닐 것입니다. 당신이 삶의 기술에 영원히 신참자라는 생각을 포기하지 않으면서 삶의 기술을 계속 수행해야 하듯이, 당신은 성숙이라는 말을 하지 않으면서 인내심을 갖고 식물의 견습생이 되어야 합니다. 이런 길 외에 식물의 교훈과 원소들의 살아 있는 에너지를 흡수할 다른 비밀 처방책은 존재하지 않습니다.

2014년 7월 20일–8월 10일

14장

자연 속에 혼자 있는 것에서
사랑 안에서 둘로 존재하는 것으로

오늘날 학계 안팎에 있는 대부분의 사람들은 자연과 맺을 수 있는 관계를 일련의 잘못된 대안에 한정짓고 있습니다. 자연 세계로부터의 분리가 인간 존재 혹은 인간종의 운명—선택하지 않는 운명이 아니라면—이라고 믿는 사람들이 일부 존재합니다. (인간종이라는 말이 모순적으로 들리긴 합니다.) 엄밀한 철학 용어로 말하자면, 이런 자연으로부터의 분리는 이 세계를 인간 주체 위에서 인간 주체에 맞서는 대상이라고 설정합니다. 그렇게 되면 인간 주체는 자신이 원하는 대로 대상을 조작하고 훼손하고 망가뜨릴 수 있습니다. 이런 견해가 인간의 발전을 자연으로부터의 분리와 자연의 제약으로부터의 '해방'이 심화되는 과정에 정초시키는 동안, 인간의 운명은 자신도 모르게 자신의 몰락의 원인을 품고 있는 비극적 주인공의 운명을 점점 더 닮아갑니다. 일부 다른 사람들은 자연세계에 완전히 침잠하고, 우주의 리듬과 순환에 더 깊숙이 통합되어 있던 인간 역사 이전 시절의 단순함으로 돌아가라고 권유합니다. 이 그룹은 소수입니다. 이들의 입장은 축적된 과거의 성취에 적대적인 일종의 신(新)러다이트주의자*라는 조롱을 당합니다. 이들의 접근은 보다 사려 깊지만 충분치는 않습니다. 그것은 이들의 입장이 현존 상태에 대한 반동적 대응을 대변하기 때문이기도 하고, 자연과 우리 자신과 관련하여 새로운 길을 찾을 필요성을 느끼지 않고 개탄할 만한 현재의 상황에 기성의 해결책이 존재하는 것인양 가정하고 있기 때문입니다.

흥미롭게도 오늘날 진정으로 비극적 주인공이 되는 사람은 자연으로의 복귀를 옹호하는 사람입니다. 이런 비극적 곤경을 소로우의 『월든』보다 더 분명하게 보여주는 경우는 없습니다. 이 책에서 소로우는 문명생활로부터 일시적으로 떠나는 것이 자급자족의 미덕을 갖추고 있음을 발견하고 떠남의 중요성을 강조합니다. 소로우는 자신의 이야기를 이렇게 시작합니다. "내가 이 글을 썼을 때 나는 이웃에서 1마일 떨어진 숲 속에서 혼자 살았습니다. 나는 매사추세츠 주 콩코드에 있는 월든 호숫가에 내가 손수 지은 집에 혼자 살면서 내 손으로 하는 노동으로만 생계를 유지했습니다."[1] 소로우가 다른 사람들과 함께 살기 전에 먼저 혼자 사는 법을 배

---

* 러다이트주의자는 1811-1871년 영국에서 일어났던 기계 파괴론자를 가르킨다.

워야 한다고 제안할 때 그는 전적으로 옳습니다. 소로우는 자연 속에서 '혼자 사는 것'을 매우 좋아합니다.[2] 그러나 다른 사람들의 경우 아직 스스로 사는 법을 배우지 못했기 때문에 (함께) 살아가는 기술에 있어서 타인들과 협동할 수 있을지 의심스럽습니다. 슬프게도, 자연 속에서 혼자 있는 것은 보다 높은 수위에서 일어나는 일이기는 하지만 인간과 자연의 대결에 내재된 고독한 오만을 반복합니다. 내가 수용하는 외로움이 지배적인 '종 유아론(species solipsism)'에 대한 반작용에 불과하다면 고독한 오만이 일어날 가능성이 매우 큽니다. 그 외로움은 종 유아론을 사진 찍듯 부정적으로 재연하고 있습니다.

자연과 오만하게 대립하거나 자연으로 돌아가는 꿈, 양자 중에 어느 하나를 선택하는 것이 잘못되었다면 그 이외에 다른 어떤 가능성이 있을까요? 우리가 자연에서 지나치게 분리되었거나 자연에 지나치게 빠져든 나머지 아직 자연과 친숙하지 않다고 말할 수 있지 않을까요? 우리가 우리를 둘러싼 세계를 보고, 듣고, 만지지 못하면서 우리의 계획과 욕망을 실현하기 위한 도구나 매개로서만 이 세계를 통해 보고 듣고 만질 때, 우리는 주위 세계에서 너무 멀리 떨어져 있으면서 동시에 너무 가까이 있습니다. 이것이 하이데거가 『존재와 시간』[3]에서 대략적으로 그린 '탈거리두기(dedistancing, Einfernung)'의 역학입니다. 이와 비슷하게, 우리가 자연을 향해 프로이트가 '대양적 감정(oceanic feeling)'이라고 부르는 것을 경험하며 자연에 빠져 있을 때 우리는 자연을 만나지 못합니다.

우리가 다른 인간과 함께 자연을 만나는 것으로 돌아가지 않는다면, 자연에 완전히 빠져들지 않더라도 이는 자연과 함께 만나거나 자연을 만나는 것으로 나아가지는 못합니다.

『철학자의 식물』뿐 아니라 이 책의 앞부분에서 나는 이미 내가 자연 속에서 진정으로 혼자 있지 않고 자연과 더불어 혼자 있다고 썼습니다. 이와 완전히 다른 맥락에서 외로움과 고독이 서로 대조된다는 점을 강조했을 때, 아렌트는 이와 비슷한 구분을 잘 알고 있었습니다. 이 점에 관해서는 소로우도 동의할 것입니다. 고독의 상태에 이르려면 우리는 이미 자기 자신과 함께 있는 데 단련이 되어 있어야 합니다. 반면 외로우면 우리는 무엇보다 먼저 자기 자신에게 빠집니다. 그러므로 자연 속에서 느끼는 고독은 자신과 함께 있는 성숙함을 전제합니다. 이 고독은 비인간 타자들—나무, 이끼, 새, 찌르는 쐐기풀, 모기 등등—과의 공존을 기꺼이 받아들이는 자신과 함께 있는 성숙을 전제합니다. 이런 ……와 함께 살아감은 유용성이나 유해성의 고려보다 앞섭니다. 바로 이것이 자연 세계 전체를 빠짐없이 공평하게 긍정하는 이유입니다. 식물은 원소를 모으고, 타자들과 더불어 살듯이 자기 자신과 더불어 살며, 자기 자신과 공존하듯이 타자들과 공존한다는 것을 알고 있습니다. 그런 까닭에 내가 더불어 살아가는 교리를 식물에게서 배웠다는 것은 새삼 말할 필요도 없습니다.

그러므로 식물 생명의 한가운데에서 나의 출발점은 외로움이 아니라 고독입니다. 그러나 나는 곧바로 내가 고독에서 출발하지만 혼자서는 어떤 것도 성취할 수 없을 뿐 아니라 지속할 수도 없다는 점을 깨닫습니다. (성취한다는 말 속에는 객관적 산물이나 결과물로 성취의 논리를 묻는 것도 들어 있습니다.) 나는 자연으로부터의 분리에 내재된 가짜 영웅주의와, 상실된 허구적 대상으로서 자연으로의 향수 어린 복귀에 내재된 비극적 영웅주의를 모두 거부합니다. 자연은 상실되지 않았습니다. 우리는 아직 자연을 발견하지 못했습니다. 자연을 찾을 준비를 하고 있거나 자연을 찾으려는 사건을 가로막으려는 일이 일어나고 있을 뿐입니다. 고독 속에서 나는 (식물에 대한) 나의 경험이 불완전하다는 것을 압니다. 만남이 일어나려면 우리는 이 불완전함의 경험을 다른 인간과의 관계에서 반복하거나 다시 경험해야 합니다. 만남은 만남 안에 자리 잡고 있습니다. 식물과의 만남, 다른 고독과의 만남. 타자와의 만남.

개개의 인간이 서로서로와 만나고 자연과 만나면 엄청난 사건이 일어납니다. 자연 또한 개별화됩니다. 이 말은 자연을 인격화한다거나 의인화한다는 뜻이 아닙니다. 그것은 드디어 자연이 더도 덜도 아닌 자신의 정당한 몫을 받게 된다는 의미입니다. 나는 이 민들레를 다름아닌 바로 이 민들레로 보고 관계할 수 있습니다. 이 민들레에 충실히 다가가는 것은 보다 완전한 경험의 문제일 뿐 아니라 정의의 문제이기도 합니다. 식물이 자신만의 지혜를 갖고 있다고 말할 때, 나는 인간 지능의 몇몇 특징을 식물 세계에 투사하는 것이 아닙니다. 대신, 나는 식물이 원소들과 맺는 관계에 내재해 있는 환경적 지혜, 식물이 북돋우는 생명, 대기에 기여하는 식물의 공헌을 인정합니다. 이와 동시에, 식물 세계의 고유성을 존중하는 것은 식물에 대한 윤리적 접근, 점점 커지는 존재론적·인식론적 성숙도, 개개의 실존 형태에서 추상적 공통분모─이 추상적 공통분모는 결국 인간의 가치와 재현으로 추적해 들어갈 수 있습니다─를 추출하지 않고 개개 실존 형태들과 관계하고자 하는 열망에 도움이 됩니다. 그러나 타자와 사랑으로 만나는 것이 식물의 고유성에 대한 존중을 키우는 데 왜 꼭 필요한 것일까요? 왜 그런 존중은 고독 속에서는 자라지 않는 것일까요?

많은 문제들이 사랑이라는 말로 이해되고 있는 것에 달려 있습니다. 레비나스는 『전체성과 무한』에서 사랑을 모호한 것, "가장 애매한 것"이라고 생각합니다. 사랑은 "욕구로 바뀔 타자와 맺는 관계이기 때문입니다. 사랑은 타자 안으로 들어가지만 사랑하는 사람을 자기 욕구를 만족시킬 대상으로 다루고, 그렇게 함으로써 자아로 다시 돌아갑니다."[4] 내 생각에 이것은 사랑이 아닙니다. 사랑은 인간 타자를 동일성으로 환원하는 것을 거부하면서 타자의 타자성을 가꾸고 안전하게 보호하는 것입니다. 내가 애매한 온기라고 생각하는 사랑에서 두 고독은 각자 자신과 함께 살 능력을 유지하면서 서로를 만납니다. 사랑은 고독(들)의 공유입니다. 사랑이라는 말을 사랑하는 사람과 사랑받는 사람을 포괄하는 모종의 융합 상태를 가리키기 위해 쓴다면, 이는 부적절한 언어 사용입니다. 이 융합 상태에는 '애매하다는' 조건을 단 융합도 포함됩니다. 사랑은 두 사람이 하나로 용해되는 것이 아닙니다. 바로 이것이 사랑이 자연 세계에 대한 존중을 키우기 좋은 이유입니다. 인간 타자를 동일성으로 환원하지 않는 법을 배우면서 나는 그런 통일성으로서의 환원을 다른 생명 존재들에게—동물이든 식물이든—부과하지 않을 능력을 연마할 수 있습니다.

내가 이런 이행을—자연과의 고독에서 인간 타자와 고독의 공유로, 그리고 사랑이라는 공유된 고독을 통해 자연으로 옮겨가는 것—기술할 때, 각각의 전환에 인과 논리가 작용한다고 제안하고 싶지는 않습니다. 나는 자기를 강화하는 가상의 회로에 의거하여 퓌시스의 충만함 가운데 있는 '하나'에서 사랑 속에서 서로를 마주하는 '둘'로 옮겨가고, 이 둘이 서로를 마주한 둘과 퓌시스로 옮겨가는 것을 생각해 봅니다. 자연과 함께하는 고독은 다른 인간을 어떻게 더 사랑할지 알려주는 반면에, 내 경험상 더 이상 편향적이지 않은—간단히 말해 나의 것이지 않은—사랑은 개개 자연의 고유함을 더 잘 존중하는 법을 알려줍니다. 이 세 계기는 극복해야 할 단계가 아니라 인간으로 존재하고 인간이 되는 과정에서 서로를 보완하는 똑같이 중요한 세 측면입니다.

서양 철학사에서 식물은 사랑의 행위와는 전혀 어울리지 않는 무관심하고 무감각한 존재로 개념화되어 왔습니다. 이븐 시나(Avicenna)는 이런 일반적 규칙에 해당되지 않는 소수의 예외적인 인물 가운데 한 사람입니다. 『사랑에 관한 논고』에서 이븐 시나는 식물의 충동(impulsion)은 식물이 사랑을 표현하는 것이라는 점을 인정했습니다. 그는 이 충동이 물, 햇빛, 영양분, 그리고 최종적으로 자신에게 이로운 것들을 향하고 있다고 보았습니다. 확실히 이 븐 시나는 사랑의 궁극적 목적이 욕구 너머에, 다시 말해 자신에 게 좋은 것 너머에 있다 할지라도 사랑을 욕구에서 분리시키지는 못했습니다. 그럼에도 『사랑에 관한 논고』는 사랑과 식물 존재 사 이에 모종의 친화성이 있음을 알려줍니다.[5] 이 친화성은 어디에 있을까요?

다른 사람을 사랑한다는 것은 그의, 혹은 그녀의 타자성을 지키 기 위해 애쓰는 것 이외에 내가 타자에게 돌려준 것 이상을 타자 에게서 움켜쥐려고 하지 않으며, 그런 계산법이 모두 쓸모없게 되 어 나는 내가 받은 것보다 헤아릴 수 없이 많은 것들을 줄 준비가 되어 있다는 것을 의미합니다. 여기에 인간의 사랑과 식물의 행동 사이에는 닮은 점이 있습니다. 식물 또한 세계에서 이끌어내는 것 보다 훨씬 더 많은 것을 세계에 건네줍니다. 식물은 세계에 숨과 생명을 선사합니다. 사랑하는 사람이 연인의 고독을 파괴하지 않 으면서 연인을 향해 다가가려고 하듯이, 식물의 사랑도 자신의 타 자에게, 이를테면 햇빛에 다가가려고 합니다. 인간 존재들이 서로 사랑하며 자신들을 둘로 유지한다면, 식물 세계는 원소의 세계와 둘이 되고, 원소를 전용의 대상으로 바꾸지 않으면서 원소의 영역 을 향해 자라는 힘을 반복하고 있습니다.

2014년 8월 8일-9월 8일

15장

인간 되기

살아 있는 모든 존재들은 어느 정도는 생명과 동의어라 할 수 있는 생성의 과정에 참여합니다. 서구 철학의 특징이라 할 수 있는 니힐리즘의 한 측면은 이 생성의 과정을 고정된 존재, 본질, 범주에 응고시키는 것입니다. 본질이나 범주는 생성의 살아 있는 흐름을 초과하고 그것에 저항하는 안정된 정체성을 포착하고자 합니다. 변하지 않는 관념의 잔여물은 시간의 질서와 지상의 실존에서 진정으로 면제되었던 (현재 면제되어 있고 미래에도 면제될) 어떤 것으로 간주됩니다. 순수 존재의 균형추로 순수 생성을 주장하는 것으로는 충분치 않습니다. 헤라클레이토스와 파르메니데스는 아마도 이 두 철학 전통의 양 극단을 대표하고 있지만, 근본에서는 동일한 것을 말하고 있습니다. 이들은 로고스와 관련해서는 존재와 생성 모두를 부차적으로 만들고 있습니다. 하이데거가 전임 철학자인 니체의 사상에 관한 강연에서 밝혔듯이, 형이상학의 시대가 끝나갈 무렵에 이 문제에 대한 니체의 천진난만한 해결책은, '생성의 존재'에 의거하여 권력에의 의지를 사유하는 것이었습니다. 하지만 니체가 제안한 것은 헤겔이 『논리학』[1]의 서론에서 생성의 변증법적 운동에서 존재와 무를 결합한 것과 크게 다르지 않습니다. 존재와 생성을 화해시키려는 니체와 헤겔의 시도가 모두 실패했다면, 그것은 추상적 존재의 거울 이미지에 불과한 추상적 생성을 화해시켜서는 아무 소용이 없기 때문입니다. 여기서 추상적 존재는 그것이 로고스이든 정신이든 또 하나의 거대 개념의 지원을 받고 있는 것으로 생각됩니다.

하이데거도 이들과 비슷하게 존재의 문제에 추상적으로 접근했다는 비판을 종종 받지만——이를테면 레비나스는 하이데거가 존재론적 전체성을 구성했다고 비판합니다——, 그의 사유는 다양한 생명 형태들을 구별하면서 비교할 수 없을 만큼 다양한 생성 방식들을 더욱 존중하는 태도를 보여주는 방향으로 나아갑니다. 다시 말해, 하이데거의 사유는 인간의 생성이 동물의 생성이나 식물의 생성과 구별되는 차이를 부인하지 않으면서 인간 생성의 고유함을 기록할 수 있게 해줍니다. 그런데 동물의 생성과 식물의 생성은 존재의 문제와 전혀 어긋나지 않습니다.

동물의 생성이나 식물의 생성과 인간의 생성(human becoming) 사이에는 첫째, 의미의 차이가 있습니다. 우리는 동물의 생성이나 식물의 생성을 말합니다. 그러나 인간의 경우 '(한) 인간 되기

(becoming (a) human)'라고 말하는 것이 더 적절합니다. 들뢰즈와 가타리가 『천개의 고원』²에서 찬양했던 동물-되기(becoming-animal)나 식물-되기(becoming-plant)라는 개념은 자신의 정체성 그 자체를 벗겨 내거나 혹은 다른 존재의 자리를 차지하려는 열망을 갖고 있는 인간에게 인간을 위해서만 의미가 있습니다. 살아 있는 동안 (새로운 경험을 얻고 배울 수 있는 능력을 갖고 있음에도) 식물은 식물이고 동물은 동물인 반면에, 인간에게 (우리 모두 단독으로 그리고 함께) 인간성은 성취해야 할 과제입니다. 나, 너, 그녀, 그는 이런 과제를 위해 일하면서 에너지를 씁니다. 그 에너지는 우리가 만든 이런저런 외적 생산물로 투여되지 않고 우리가 되어야 할 '것'이나 되어야 할 '사람' 속으로 투여됩니다. 이 에너지의 사용은 각자의 에너지가 시너지로 바뀌어 함께 살고 자랄 수 있는 '우리'의 창조를 포함하면서 우리가 창조될 때까지 계속해서 일어납니다. 한 인간이 하나의 존재라는 하이데거의 통찰은 이 과제와 연관성이 매우 큽니다. 인간은 존재 자체가 하나의 문제이자 물음인 존재이며, 스스로가 물음이자 수수께끼인 존재입니다.

둘째, 인간 생성―'인간 되기'가 더 좋습니다―은 자연의 힘(사정없이 휘몰아치는 원소들, 음식물과 주거지의 필요가 가하는 압박, 포식자의 위협 등등)과 대립하여 이루어지는 자기 형성(self-fashioning)으로 생각되어 왔습니다. 식물은 자연세계의 가장 중요한 대표자이기 때문에, 우리의 생성은 식물의 성장이 역전된 것과 연관되어 있습니다. 뿌리는 관념의 영역에 매달려 있고 가지는 땅으로 자라는 '천상의 식물'로 인간을 그린 플라톤의 묘사 외에도(『티매우스』 90a), 힌두교 전통은 카타 우파니샤드(6. 1-4)와 바그바드 기타(15. 1-3)에서 아쉬반타(asvanttha) 나무에 대해 이야기합니다. 이 보리 수나무도 플라톤의 천상의 식물과 비슷하게 지상의 초목과의 관 계에서 보면 거꾸로 자랍니다. 보리수나무는 뿌리는 위로 뻗고 가 지는 아래로 내려옵니다. 우주에 대한 이 식물적 표상을 인지하기 위해 우리는 식물의 성장을 땅에서 펼쳐지는 것으로 보는 관점을 버려야 합니다. 플라톤이 이데아의 세계를 보려면 식물 생명의 질 서를 물구나무 세워보라고 요구했던 것처럼, 이제 우리는 이런 관 점을 단호히 버려야 합니다. 인간 생성을 바라보는 형이상학적 관 점은 식물의 성장 경향에 반하여 자라면서 '진정한 실재'라는 비 의적 본질에 접근하라고 명령합니다. 그러나 이 모든 부정과 역전 에도 불구하고 식물이 우리의 감각과 상상력에 미치는 힘은 줄지 않습니다. 비록 변형되고 훼손되어 있기는 하지만 세계와 인간 존 재, 사유와 상상력은 식물에게 큰 신세를 지고 있습니다.

하이데거는 우리가 처한 이런 사유의 곤경이 존재에 대한 형이 상학적 오해의 긴 일람표──이 일람표는 동양으로도 확대될 수 있 습니다──에 속한다는 것을 깨닫게 해줍니다. 그러나 그는 이 사 유의 곤경에 대해 직접 논평하지는 않습니다. 형이상학적 명령에 맞추어 인간이 되는 것은 자기 소모적입니다. 불변의 실재로서 존 재의 안전을 갈망하면 '되기' 자체가 자신과 다르게 됩니다. 형이 상학적 사유에서 세계와 인간의 변형된 나무는 이 불변의 실재에 뿌리를 내리고 있습니다. 형이상학적 명령은 진리를 지금 여기 너머에 있는, 혹은 그 바깥이나 위에 있는 무장소적 장소로 강등시키며 존재를 실존에서 분리시킵니다. 이와 반대로 하이데거는 인간 존재들의 존재를 유한한 실존에, 우리 삶의 한정된 용어들에 두자고 제안합니다. 이런 생각으로 하이데거는 별개의 존재론적 영역이나 죽음의 허무에서 실현되지 않는 성장과 생성의 가능성을 우리에게 돌려줍니다. 그에 따라 우리 존재의 유한한 지평 안에서 일어나는 우리의 열린 성장은 식물의 생성과 합쳐지지 않으면서 식물의 생성에 가까이 다가갑니다.

지상의 실존이라는 맥락에서 일어나는 '인간 되기'는 자연의 제유(提喩)라 할 수 있는 식물 세계에 반하여 성장하는 것이 아니라 식물을 포함한 모든 생명 존재들과 더불어 성장하는 것을 의미합니다. 주의 사항—나는 나무와 더불어 생성하면서 나무가 되지는 않지만 나와 다른 나무의 잠재력과 가능성을 존중합니다. 나의 생성을 나무의 생성과 합치고자 한다면, 나는 나의 기준과 범주를 식물에 강요하고 그 과정에서 나 자신을 잃어버리게 될 뿐입니다. 그렇기는 하지만, 나무와 나의 차이는 메울 수 없는 것이 아닙니다. 식물과 내가 화학적 구성에서 동일한 입자를 공유하고 있기 때문이 아니라, 무엇보다 가장 기본적인 수위에서 나는 식물로부터 성장(그리고 생성의 기회)의 선물을 받고 있기 때문입니다. 나는 내 실존의 모든 궤도에서 식물에서 출발하여 식물로 돌아와야 합니다.

자세히 살펴보면, 타자—식물, 동물, 인간 등등—와 더불어 성장하며 생성하는 것은 타자에 맞서 생성하는 것에 이미 전제되어 있으며 그 안에 포함되어 있습니다. 어떤 것 혹은 어떤 사람에게 맞서려면 나는 이미 그것, 그, 혹은 그녀와 최소한의 공동체를 이루고 있어야 합니다. 나는 공동의 수위에서 공동의 지평에 맞서야 하고 나 자신을 분리시켜야 합니다. 내가 부정을 하려면 공유하는 토대에서 떠나야 합니다. 그러므로 더불어 생성하기와 성장하기는 일체의 생명 존재들의 평화로운 공존을 위한 유토피아적 기획이 아닙니다. 더불어 생성과 성장은 살인적 폭력과 적대적 태도가 지배하는 경우에도 일어나고 있는 것을 말합니다. 우리는 우리의 생성이 생명의 공생적 논리에 접근하도록 하기 위해 '더불어(with)'나 '맞서는(against)' 입장으로 분화되기 이전에 이 최소한의 공동체에 대해 느끼는 감성을 새로이 발명할 필요는 없습니다. 이미 느끼고 있는 그 감성을 잘 키우기만 하면 됩니다.

『정치학』(I, 1253a)에서 인간을 '준 로곤 에콘(zoon logon echon)'으로 바라보는 고전적 (아리스토텔레스적) 정의는 어떤 것인가요? 흔히 "언어를 갖고 있는 동물"로 번역되는 이 정의는 생물학적 변형과 형이상학적 변형을 함께 겪은 것 같습니다. 그러나 아리스토텔레스가 인간 존재라는 최종 산물이 아니라 (한) 인간이 되는 끝없는 과정에 이름을 붙인 것이라면 어떤가요? 인간이 되는 이 무한한 과정을 통해 우리 안의 생명인 조에(zōe)는 로고스(언어, 담론, 사유, 목소리……)를 전용합니다. 그런데, 이 "살아 있는 물체"인 준(zōon)이 우리입니다. 확실히 이런 인간 되기는 어쩔 수 없이 불완전하며 최소한 이차원적입니다. 살아 있는 존재인 우리는 우리 자신을 위해 로고스를 요구합니다. 마찬가지로 로고스 역시 우리 안의 생명을 전용합니다. 문제는 다음과 같습니다. 이 마지막 전용의 관점에서 바라볼 때 사태가 어떻게 진행될까요? 인간의 생성(human becoming) 혹은 (한) 인간이 되는 것(becoming (a) human)은 우리의 생명 에너지와 동물적 생명력을 위반하고 부정하는 로고스로 우리의 생명을 대체하는 것일까요? 아니면 (한) 인간이 되는 것은 특별히 인간적이라고 여겨지는 생명의 내적 표현(로고스)이 점차 드러나고, 그 과정에서 개별적 존재로서 우리 각자에서, 그리고 인간으로서(qua) 인간에서 자기 자신(echon)이 되는 것을 의미할까요? 이 세 과정에서—살기, 말하고 생각하고 소리내기, 전용하기—되기(생성)의 시간성, 리듬, 속도, 템포는 통약 가능하지 않습니다. (한) 인간이 되는 것은 이 모든 리듬들이 서로 협력하여 움직일 수 있도록 지속적으로 조율하는 것—조화를 이루는 것이 아니라면—을 의미하지 않을까요?

로고스는 소유물로 바뀌는 대상이나 물건이 아니라는 사실에 기초할 때, 아리스토텔레스에 대한 관습적 번역이 보여주듯이 사태가 그렇게 단순하지 않다는 것은 분명합니다. 심지어 로고스를 하나의 능력으로 바라볼 때에도, 로고스는 배움을 통해 평생에 걸쳐 키울 것을 요구합니다. 이 배움은 형식적인 교육과정과 같지 않습니다. 로고스는 대상이 아니기 때문에 로고스를 수행함에 있어 아무리 '기술'이 좋다 할지라도 로고스를 갖고, 소유하고, 전용하는 것은 결코 완전히 성공할 수 없습니다. 로고스를 완전히 전용하지는 못하고 로고스를 거의 갖게 되는(coming to-have) 정도가 인간의 생성이 성취할 수 있는 최상일 수 있습니다. 그러나 (한) 인간이 되는 것은 그 이상입니다. 인간이 되는 것은 조에와 로고스 중에서 어느 하나를 다른 것 위에 두지 않고 하나를 다른 것으로 이해하려고 노력하면서, 조에와 로고스 사이에서 이들과 더불어 사는 기예입니다. 말할 필요도 없이, 이렇게 사는 기예는 다른 생명 존재들—동물이든 식물이든—의 로고스들에 대한 감수성을 키우지 않고서는 연마될 수 없습니다.

비인간 생명 존재들의 경우 생명이 다른 유형의 로고스들을 다르게 전용한다는 점을 인식하는 것이 매우 중요합니다. 그것은 로고스들을 재산(property)으로 바꾸거나, 자신의 고유성(the proper)을 양도할 수 없는 소유물로 바꾸는 것이 아닙니다. (내가 시사해 왔듯이, 로고스를 재산으로 보는 접근법은 로고스와 인간의 연관성을 묘사하는 데도 전혀 옳지 않습니다) 이런 인식은 (한) 인간이 되는 과정에 귀중합니다. 이런 인식은 식물과 동물의 고유한 로고스들에 대한 존중을 내포하고 있기 때문입니다. 『엔네아데스(*Enneads*)』에서 플로티누스'는 식물이 가진 고요한 로고스와 식물에게 해당되는 "성장의 사유(phutike noesis)"에 특별히 주목했습니다(III. 8. 8, 10-20). (플로티누스는 자연의 성장 전체를 식물들에게로 돌렸습니다.) (한)

---

* 플로티누스는 고대 그리스의 후기 철학자이다.

인간이 되는 일이 잘 이루어지고 있다는 표시인 인간의 성숙도는 식물과 동물을 인간의 기준으로 판단하려는 충동을 억제하고 식물과 자연의 고요한 번성을 그들의 생성의 표현으로 존중하는 것입니다. 이들이 없다면 우리도 살 수 없습니다.

어떤 점에서 식물의 생명은 그들의 로고스입니다(is). 그들의 생성은 이 있음(is)에서, 생명 그 자체의 이 고요한 로고스와 로고스의 유한한 생명에서 펼쳐집니다. 오직 인간만이 생명과 로고스가 서로를 규정하는 이 관계를 전용, 소유, 갖기의 관계로 잘못 대체합니다. 『형이상학의 근본 개념』에서 하이데거가 동물(그리고 식물)은 소유하지 않는 방식으로 세계를 소유하지만,[3] 이것이 동물을 세계의 빈곤(weltarm) 상태로 떨어뜨리는 결함이 아니라 그들의 장점이라고 말했을 때 그는 옳았습니다. 인간도 세계와 비소유적 방식으로 관계를 맺으려고 노력해야 합니다. 우리의 '되기'는 이런 비소유적 접근을 우리 자신으로부터 키워내는 데 달려 있습니다. 인간이 초래한 심각한 환경위기로 인해 이렇게 시간이 한정되어 있지 않다면, 형이상학의 오류를 바로잡고, 우리의 로고스가 우리 자신을 포함하여 생명을 지닌 다른 피조물에 맞서 휘두르는 살인적 무기가 되거나 전용할 물질이 되지 못하게 하는 데에는 수 세기가 걸릴지 모릅니다. 그러나 우리가 저지른 행동을 깨끗이 치우는 데 소요되는 수 세기의 시간이 우리에게 남아 있지는 않습니다. 새로운 생성이 빠르게 일어나는 식물이 우리가 가야 할 길을 보여줄 수 있습니다. 우리는 식물에게서 우리 생명의 맥락 안에서

(한) 인간이 되는 법을 배울 수 있습니다. 우리의 생명이 우리의 로고스입니다. 이 생명/로고스는 몸으로 구현되어 있으며, 유한하며, 반드시 공유됩니다.

2014년 9월 15-30일

16장

만물 사이에서 생명을 키우고 공유하기

이 책을 이루고 있는 만남에서 하나의 생각, 하나의 통찰이 여러 다른 형태의 옷을 입고 표현을 바꾸어—그것이 경험적이든 보다 이론적이든—계속해서 다시 나타나고 있습니다. 그것은 식물들이 우리 세계의 원소들로서 이 원소들과 더불어 우리에게 생명의 선물을 나누어 주고 있다는 생각입니다. 식물이 우리에게 선물로 나눠주는 생명은 물리적 다양성과 정신적 다양성을 함께 지니고 있습니다. 식물들은 소화 흡수될 영양분과 내쉬고 들이마시는 신선한 공기를 통해 내재적으로 인간적인 것으로 추정되는 살아 있는 정신을 낳습니다.

식물 세계를 향한 감수성을 섬세하게 가다듬고 키우는 동시에 식물 세계를 적극적으로 관조하면서, '자연적 실존'에서 '정신적 생명'으로 옮겨가는 것은 가능합니다. 물론 어느 하나도 희생시키지 않으려고 조심해야 합니다. 『영혼에 관하여(*De Anima*)』에서 이미 아리스토텔레스는 어떻게 영양영혼(nutritive soul)이나 식물 영혼이—내가 이 텍스트에서 이미 언급한 적이 있는 트렙티콘(threptikon)— 엄밀한 의미에서 식물 세계에 속하지 않는 피조물들에게 활기를 불어넣는 책임을 떠맡고 있는지에 주목했습니다. 영양영혼(threptikhe psukhe)은 인간 이외의 다른 일체의 살아 있는 피조물에게 속하는 것으로서 영혼이 가장 폭넓게 공유하는(kai prote kai koinotate) 근원적 능력입니다. 이 영양영혼 덕분에 살아 있는 피조물들은 생명을 얻습니다. 인간을 포함한 일체의 다른 생명 양식은 식물 세계의 영역 밖에서 식물의 활력을 공유한 덕택에 생겨납니다. 날마다 식물 세계로 돌아온다는 것은 우리 자신의 생명에서 대체로 인식되고 있지 않는 요람을 다시 방문하는 것입니다. 식물을 냄새 맡고, 맛보고, 보고, 만지는 것은(예를 들어 맨발로 잔디 위를 걷는 것) 식물을 공유함으로써 우리 안에서 일깨워지는 모든 신체 감각과 재통합하는 것입니다. 식물들과 함께 식물들에 대해 생각하고 상상하는 것은 사유와 상상의 심원한 근원으로 들어가는 것입니다. 식물의 세계를 통해 다른 인간들과 접촉한다는 것은 도시의 벽이나 가상의 커뮤니케이션 회로에 더 이상 혹은 아직 갇히지 않은 공동체에 고유한 감성을 회복하는 것입니다.

식물들로부터 활력을 물려받은 것에 더하여 공유할 수 있는 우리의 능력 자체가 식물의 유산입니다. 아리스토텔레스에게 있어서 식물의 영혼은 선험적으로 공유되지 않습니다. 식물 영혼이 식물에게서 최초의 긍정을 얻은 순간부터 그것이 다른 존재들에게서 다시 나타난 시기 사이에는 다소 시간이 경과했습니다. 공유한다는 것, 혹은 공동으로(koinotate) 묶여 있다는 것은 '시원성(firstness)'과 함께 식물 영혼의 본질적 특성이라고 거론됩니다. 인간 존재들 또한 우리 영혼의 식물적 능력에서 받는 에너지 덕분에 살 수 있습니다. 우리는 식물들의 존재론적 자기-선사함(self-giving)에 참여하기 때문에 생명을 공유할 수 있습니다. 인간은 식물들과 함께 식물들 덕분에 '되기'를 행하지만 식물들처럼 되지는 않는다는 점을 반복할 필요는 없을 것입니다. 식물 생명의 선물은 그것이 선물로 인지되지 않는 한에 있어서 교환의 회로 밖에 있는 선물의 특성에 근접합니다. 더욱이 식물 생명이 주는 선물은 인간 존재를 식물의 과정이나 형상화에 한정짓는 것이 아니라, 우리를 우리 자신으로 존재하고 우리 자신이 되도록 해방시킵니다. 식물은 자기도 모른 채 자신의 선물을 주고, 우리는 받는다는 것을 모른 채 식물이 주는 선물을 받습니다. 이것이 생명의 살아 있는 공유가 시작되는 방식이자 (그 장소)입니다.

생명을 보존하고 풍요롭게 하며 공유하기 위해 노력할 때 우리는 식물적 시원으로 거슬러 올라가지 않을 수 없습니다. 이런 식물적 시원으로 돌아갈 때마다 우리를 이끄는 물음은 다음과 같습니다. 생명 자체를 담지 못할 뿐 아니라 식물이 주는 선물을 충분히 담지 못하는 우리가 식물이 주는 넉넉한 선물을 어떻게 받을 것인가? 이 물음은 우리의 일상 활동과 최고의 (철학적) 추구를 함께 안내하는 길잡이별이 될 수 있습니다. 예를 들어, 식생활과 요리법에서 우리는 식물이 우리에게 선사하는 압도적으로 넘쳐나는 선물을 어떻게 받을까요? 식물이 주는 선물의 선사함을 배반하지 않기 위해 우리는 그것으로 무엇을 할까요? 식물의 선물이 우리와 함께 우리에게 무엇을 할 수 있을까요?

최고의 철학적 탐구와 연관하여 키케로는 식물의 과정이 인간 영혼을 교육하는 데 근본적이라는 점을 눈치 채고 있었습니다. 그는 이 문제를 비롯한 여러 점에서 그리스인들의 영향을 받았습니다. 키케로는 철학을 '쿨투라 아니미(cultura animi)', 즉 영혼의 배양(culturing) 혹은 경작(cultivating)으로 정의했습니다. 『투스쿨라나움 논총(*Tusculan Disputations*)』에서 키케로는 이렇게 쓰고 있습니다. "벌판이 아무리 비옥해도 경작하지 않으면 수확할 수 없듯이, 정신도 배우지 않으면 마찬가지이다. 둘 가운데 하나는 다른 것이 없으면 빈약하다. 철학은 영혼의 경작이다. [Cultura autem animi philosophia est]. 철학은 악을 뿌리 뽑고, 정신이 씨앗을 받아들이게 준비시키며, 정신에 개입하여, 완전히 자랐을 때 가장 풍부한 열매를 맺을 수 있는 씨를 정신에 뿌린다."(2, V, 13). 키케로가 한 이 '쿨투라 아니미'의 발언에는 몇 가지 문제가 있습니다. 영혼은 경작을 위한 땅으로서 밑에 놓여 있는 수동적 기층(基層)이라는 생각이나, 식물의 다른 현상들과 비교하여 열매에 우선권을 부여하면서 열매에 고착된 생각은 확실히 문제가 있습니다. 그러나 생명을 키우고 공유하는 일을 이해하고 실천하고자 할 때 키케로의 발언은 귀중합니다.

　내가 『식물 생각하기』를 마무리할 때 키케로가 마음 속에 있지는 않았습니다. 그러나 그의 제안은 "철학, 승화된 식물 사유"[1]라는 제목을 달고 있는 이 책의 마지막 장과는 이례적으로 잘 어울립니다. 철학은 영혼의 경작으로서 이미 확립된 진리를 포착하고자 하는 논쟁, 논박, 토론과는 상관이 없습니다. 또한 철학은 단순히 초보적인 교육적 목적의 훈련을 하는 것이 아닙니다. 물론 이런 견해가 이미 키케로의 생각에 근접해 있는 것은 사실입니다. 키케로의 손에서 철학은 인간 되기를 지원하는 보조재입니다. 철학은 우리를 자연환경에서—특히 식물 세계에서—분리시키는 것이 아니라, 인간 영혼(혹은 토양) 안에서 식물 생명과 같은 것을 재발견하고, 식물의 곁에서 식물과 연속성을 지니며 잘 자라겠다는 약속을 인간이 지키도록 지원함으로써 다가올 인간성의 토양을 준비합니다. 궁극적으로 지혜의 사랑으로서 철학은 영혼에 빛과 온기를 내려줌으로써 영혼을 키웁니다. 식물도 자라려면 빛과 온기가 필요합니다. 알 수 없는 온기는 사랑에서만 흘러나오고, 광채는 지혜에서만 빛난다고 말할 생각은 없습니다. 철학의 양 측면은 열과 빛을 결합합니다. 생명을 선사하는 불은 태양의 불을 닮았습니다. 이데아나 어떤 다른 '너머'의 영역으로 떨어지기는커녕, 태양이 수행하는 긍정적인 철학적 노력은 영혼의 토양에 속합니다. 영혼은 땅이 식물의 선물, 즉 악을 대신하여 심겨질 씨앗을 받아들이도록 성실하게 준비합니다. 키케로의 은유가 식물에서 유래했던 것은 그가 철학에 내재된 불타는 태양의 측면은 유지하면서, 동시에 철학을 다시 땅으로 데리고 간 이유가 되었던 것이 아닐까요?

'쿨투라 아니미'의 고대 판본이 모든 생명 존재들에게 확장되는 조건하에서 생명을 키우고 만물들 사이에서 생명을 공유하는 일은 현실이 됩니다. 이런 일이 일어나려면 키케로에게서 이미 지배적으로 등장하는 식물성에 대한 강조를 더 강화해야 합니다. 경작은 영혼에 내재적이지 않습니다. 아니, 영혼 자체가 주체 내부의 공간에 한정되어 있는 것이 아니라 살아 있는 존재들—식물이든 동물이든 인간이든—사이의 시공간에 걸쳐 있습니다. (인간을 사이-영혼(intersoul)이라고 부릅시다). 영혼에 대한 이런 견해에는 다른 피조물을 희생시키면서 생명을 전용하지 않고 생명을 공유하는 원리가 들어 있습니다. 사이-영혼을 경작한다는 것은 살아 있는 존재들을 서로 구분하는 시공간의 비동시적이며 헤테로토피아적 특수성이 유지되는 곳에서 살아 있는 존재들 사이의 차이를 육성한다는 것을 의미합니다. 다시 말해, 경작한다는 것은 자신이 키우는 존재에게 자신의 자의적 형상을 쑤셔 넣는 것이 아닙니다. 곡식이나 인간 형성의 '단일경작'을 위해 땅을 개간하면서 누가 혹은 무엇이 살 가치가 있고, 또 누가 혹은 무엇이 뿌리 뽑혀야 하는지 결정하는 것도 아닙니다. 오히려 키운다는 것은 함께 일하는 모든 사이-영혼들이 자신의 고유한 잠재력과 조화를 이루며 최선의 방식으로 커가게 하는 것입니다.

그러므로 우리에게 요구되는 것은 세계를 위한 '쿨투라 아니미'

입니다. 이를 통해 세계는 자신을 이루고 있는 다수성—당신의 세계, 나의 세계, 그녀의 세계, 그들의 세계, 식물의 세계, 동물의 세계 등등—을 유지하면서 마침내 공유될 것입니다. 키케로에게는 '쿨투라 아니미'가 철학입니다. 이 말이 의미하는 바는 사유가 가장 먼저 수행해야 할 (소극적) 과제는 세계의 '쿨투라 아니미'에 맞추면서, 생명을 선사하는 불과 다른 원소들로부터 자신을 분리시키는 것을 피해야 하는 것입니다. 그런데, 사유는 원소들과 병렬적으로 자신의 세계를 구성하면서 이 원소들로부터 자신을 분리하고 있습니다. 사유의 시원적 과제를 적극적으로 해석하면, 철학에게 이번만은 생명을 위해 생명과 결합하라고 명합니다. 즉 철학에게 생명을 북돋우고 생명에게 활력을 불어넣는 원소와 식물의 세계를 경험하고 관조하고 인정하며 이들로부터 배우라고 명합니다. 생명에 봉사하는 철학이 '쿨투라 아니미'입니다. 이는 니체가 다른 방식으로 귀중하게 생각했던 꿈이기도 합니다.

3장에서 나는 "생명과 호흡을 공유하는 것은 생명의 영역을 키우고 확대시키는 반면, 생명을 자연자원과 인간자원으로 분리하는 것은 생명의 영역을 감소시킨다"고 말했습니다. 내가 식물을 강조한 키케로의 독창적인 생각을 더욱 강화시켜야 한다고 제안할 때, 나는 식물은 공유의 편에 놓고 서구 형이상학 전통의 핵심은 분리의 편에 놓고 있습니다. 식물의 존재와 협력하여 생명을 키우고 공유하면 생태적 태도를 고쳐시키게 됩니다. 반면에, 생명을 분리하고 재자원화하면 경제적 합리성이 확고히 자리 잡는 데 도움을 주게 됩니다. 이 두 접근법 중 어느 한 접근법을 생명에 맞추는 일은 개인적 선택이나 미적 선호, 윤리적 실천을 넘어서는 문제입니다. 실로 인간과 비인간 존재의 미래가 이 차이에 걸려 있습니다. 석탄, 오일, 천연가스처럼 재생 불가능하고 엄청난 오염을 일으키는 에너지원 외에도, 생명 자체가 자신에게 부여된 분리와 경제화의 무게 때문에 재생 불가능해지는 지점에 도달합니다. 우리의 자리가 각자의 고독을 보존하는 원소적인 공유 공동체─공통의 지평이라는 전체주의적 폐쇄로 귀결되지 않는 더불어-살고 더불어-자라는 공동체─의 일부라고 여기는 것은 생명이 인간 존재로부터 견뎠던 (그러나 무한히 견딜 수는 없을) 학대에서 생명을 구할 수 있는 마지막 기회입니다. 다른 형태의 계몽이 이 치명적 방향을 역전시키고 거의 파괴되어 버린 세계로 우리를 돌려 보낼 수 있을 깨달음─인간 자체만큼이나 오래되었을─이 된다면, 그 깨달음은 식물적일 것입니다. 지혜롭지 못하게도 우리는 거의 파괴되어 버린 세계로부터 우리 자신을 최대한으로 분리시켜 왔습니다. 우리가 여전히 식물적 계몽을 얻고자 바란다면, 우리는 오직 함께할 경우에만, 각자가 자신과 함께, 서로와 함께, 식물과 함께 할 경우에만 그렇게 할 수 있습니다. 우리가 함께 한다면, 우리는 처음으로 식물의 존재를 경유하여 식물 자신을 향해, 생명을 향해, 세계를 향해, 우리 자신을 향해, 다른 인간 존재를 향해 나아갈 것입니다.

2014년 10월 2-14일

에필로그

친애하는 루스에게

끝은 새로운 시작으로 열린다는 느낌이 듭니다. 나무는 잎을 떨구고 하늘과 수증기는 사실상 서로 구분할 수 없게 된 이 우울한 가을날에, 수확의 시간이 다가왔습니다. 내가 집필한 『철학자의 식물』이 곧 출간될 예정입니다. 당신이 이 책의 마지막 장에 보여준 피드백에 진심으로 감사드립니다. 이제 우리 책의 마지막 장이 완성된 것 같습니다.

그러나 열매가 끝은 전혀 아닙니다. 열매는 씨앗을 품고 새로운 발아와 신생과 다른 성장의 약속을 담고 있습니다. 나는 우리가 공유한 작업이 어떻게 계속될지 궁금합니다. 그러나 우리의 작업이 계속될 거라는 점에 관해서는 의심하지 않습니다. 그 '다른 시작'은 무엇일까요? 식물의 존재를 통과해 왔으니까—그리고 언제나 도정에 있으며 앞으로도 계속 통과할 테니까—우리는 어떻게 그 다른 시작에 접근할까요?

하이데거에게 다른 시작은 (흔히 '사건'으로 번역되는) 'Ereignis'입니다. 그런데, Ereignis는 최초의 시작인 퓌시스를 고요히 반향하고 부르며 그리로 돌아갑니다. 다른 시작에서 사건으로서 자연의 성장은 처음으로 자신이 됩니다. 『식물의 사유』라는 여정을 마친 지금 우리는 그 다른 시작의 도래를 어떻게 상상할까요?

따뜻한 관심을 담아

마이클 마더

2014년 10월 14일

친애하는 루스에게

　다시 시작하면서, 나는 하나의 사건으로서 자연의 삶과 사유는 거의 시작되지 못했다는 점을 강조하는 것이 중요하다고 생각합니다. 하이데거조차 그런 것을 그려보지 못했습니다. 우리의 책은 이 방향으로 내딛는 최초의 발걸음 중 하나입니다. 식물들은 다양한 방식으로 우리가 이런 방향으로 나아가도록 도와주었습니다. 그것은 성장의 사건으로서 퓌시스가 가장 확실하게 발견되는 것이 다름 아닌 식물이기 때문입니다. 그러나 퓌시스를 식물에서만 찾을 수 있는 것은 아닙니다. 사실 퓌시스의 사건은 우리들에서, 우리들로서, 그리고 자라면서 드러나는 다른 모든 퓌시스의 참여자들과 우리들 사이에서 일어납니다. 그런 사건을 우리와 다른 존재들과의 관계 바깥에서, 언어 및 언어들에 의거하여 생각할 수 있을 따름인 관계 바깥에서 생각한다는 것은 부질없는 일입니다. 이렇게 말한다고 해서 모든 것들을 인간의 문법으로 번역할 수 있다거나 인간만이 표현할 수 있다고 말하는 것은 아닙니다. 우리가 식물들과 관계를 맺고자 한다면 식물의 언어를 망각할 수 없으며, 다른 실존 형태들의 언어를 망각할 수도 없습니다. 그럼에도 인간의 담론과 맺는 관계 안에서도 비인간 생명 형태들과 소통할 가능성에 열린 환대의 공간이 필요합니다. 나는 우리가 함께 쓴 이 책이 적어도 그런 환대의 공간을 어떻게 준비해야 할지 보여주었다고 생각합니다.

이런 환대의 공간을 준비하는 형식이 중요하지 않은 것은 아닙니다. 우리의 서신 교환은 우편을 통해 느리게 진행되었습니다. 우편을 통한 교환 방식은 생각이 자라고 성숙하는 데 필요한 시간을 주었습니다. 더욱이 우리가 나눈 생각들은 생명에서 분리된 것이 아니었습니다. 그 생각들은 자서전(auto-bio-graphy)이라는 의미에서 추상적 회상의 형태로 표현되지 않았습니다. 각 장들이 ―적어도 내가 쓴 장들의 경우― 아주 서서히 씌어졌다면, 그것은 개별 장들이 기억에, 식물과 나눈 동시적 경험에, 우리 각자가 쓴 텍스트에 대한 성찰과 반응을 지속적으로 나눈 의견의 교환에 기대고 있기 때문입니다. 식물의 세계, 혹은 그 세계 안의 어떤 것도 당연하게 여기지 않으면서 식물의 세계로의 열림을 키우는 일은 반드시 필요합니다. 또한 식물의 생명을 경험하고 재경험하는 토대 위에서, 인간관계가 더 이상 경제적이지 않고 생태적 공유에 도움이 되도록 인간관계를 리모델링하는 것이 중요합니다. 이런 새로운 인간관계가 우리의 책에서 간신히 시작되었지요.

우리가 지나온 길을 뒤돌아보면, 내가 이 책에서 쓴 부분을 동일한 크기로 소환했던 두 개의 원천이 보입니다. 그 두 원천은 식물들과 더불어 식물들에 대한 나의 경험에 응답하면서 당신의 경험에 응답하라는 명령이었습니다. 당신의 경험 안에는 무엇보다 식물 생명과 더불어 식물 생명에 대한 당신의 경험이 들어 있습니다. 그런 이중적 응답이 무엇을 수반하는지 이해하는 데에는 꽤 시간이 걸렸습니다. 이 두 응답이 그저 하나가 다른 하나를—그것이 식물이든 인간이든—반사하고자 하는 것이었다면 부족했을 것이라는 점은 금세 분명해졌습니다. 끝없는 모방 효과를 만들어낼 상호반사 역시 충분치 않았을 것입니다. 이 상호반사 속에서 형이상학적 사유 방식과 행동 방식은 훨씬 격렬하게 자신의 주장을 다시 펼쳤을 것입니다.

내가 당신이 이 책에서 이야기했던 것에 대해 즉각적 해답을 주었더라면 그것 역시 불충분한 응답이 되었을 것입니다. 그럴 때 우리 앞에 놓인 위험은 식물의 세계를 잃어버리고 로고스라는 밀봉된 세계 속으로 가라앉는 것입니다. 흔히 대화로 불리는 로고스의 세계는 식물의 세계에 귀먼 세계이기 때문입니다. 그러므로 타자에게 말할 수 없는 것을 보존하면서 이렇게 간접적으로 비스듬히 응답하는 것이 우리 앞에 놓인 도전입니다. 그런 사선적 특성(obliqueness)이야말로 언어에서, 무엇보다 식물의 언어에서 번역될 수 없는 것을 가급적 많이 보존하는 것이 아닐까요? 인쇄된 말에서 일어난 것보다 더 많은 것들이 일어나고 있는 침묵과 틈새와 간극—예를 들어 장들 사이에서—에 당신과 이 책의 독자들은 어떻게 응답할까요? 달력의 시간을 특정해서 말해 주고 있는 각장의 날짜는 무엇을 말하고 있거나 말하고 있지 못할까요? 이 날짜의 단독성은 가끔 텍스트의 '내용'이라 불리는 것과 연결될 수 있습니다. 그러나 이 날짜는 식물 생명의 경험 그 자체로 숨겨진 채 남아 있을 방식으로 앞서 내가 말한 이중적 경험을 담고 있습니다.

우리의 책이 식물의 세계, 다른 인간 존재, 다른 인간들과 관계 맺을 대안적 지평을 열어주기를 희망합니다. 동시에 우리가 서로에게 나누어 주고자 했던 것이 지닌 단독적이며 사선적인 특성 때문에 우리는 이런 대안적 지평이 부서지기 쉬우며 힘들게 노력해야만 볼 수 있다는 것을 알 수 있습니다. 나는 우리의 작업이 다른 방식으로는 이루어질 수 없었을 것이라고 생각합니다. 명징한 처방, 이중적 구조의 부재, 직접적인 현상학적 기술을 시도했더라면 우리의 기획 전체가 처음부터 망가졌을 것입니다. 식물적 존재를 경유한 만남이(이 만남뿐 아니라) 다른 만남들을 얼마나 자라게 할 것인지는 이제 시간이 말해 줄 것입니다.

조심스럽게 미래를 희망하며
마이클 마더
2014년 11월 1일

주석

프롤로그

1) Luce Irigaray, *Sharing the World*(New York: Continuum, 2008), p.11.

2) Micahel Marder, *Plant-Thinking: A Philosophy of Vegetal Life*(New York: Columbia University Press, 2013).

3) Michael Marder, "Vegetal Democracy: The Plant That Is Not One," in Artemy Magun, ed., *Politics of the One: On Unity and Multiplicity in Contemporary Thought*(New York: Bloomsbury, 2012), pp.115-130.

1장 식물 세계에서 피난처 찾기

1) Michael Marder, *The Philosopher's Plant: An Intellectual Herbarium*(New York: Columbia University Press, 2014).

2) Martin Heidegger, "The Origin of the Work of Art," in *Basic Writings*,

ed. David Farrell Krell, rev. ed.(New York: Harper and Row, 1993), pp.139-212.

2장 생명을 망각한 문화

1) Michael Marder, "If Peas Can Talk, Should We Eat Them?" *New York Times*, 28 April 2012, http://opinionator.blogs.nytimes.com/2012/04/28/if-peas-can-talk-should-we-eat-them/ (accessed 30 December 2013).

2) "예를 들어 아마존에 나온 첫 번째 서평은 이 책이 영리한 풍자적 거짓말로 이해될 수 있고, 마더 본인은 21세기의 앨런 소칼(Alan Sokal)일 뿐이라고 주장하기까지 합니다. 하지만 포스트휴머니즘적 사유의 역사와 어휘에 더 익숙한 사람들은 이 책에 신중하게 표명된 여러 귀중한 아이디어들을 인정해 줄 것입니다." Dominic Pettman, "The Noble Cabbage: Michael Marder's 'Plant-Thinking,'" in the *Los Angeles Review of Books*, 28 July 2013, https://lareviewofbooks.org/review/the-noble-cabbage-michael-marders-plant-thinking/ (accessed January 10, 2014). [옮긴이주] 앨런 소칼은 뉴욕대학교의 물리학 교수로 포스트모더니즘의 지적 사기성을 드러내기 위해 1996년 『소셜 텍스트』에 가짜 논문을 투고하였다. 그의 논문은 놀랍게도 게재되었다. 소칼은 이런 돌출적 행동을 통해 포스트모더니즘이 학문적 사기임을 폭로함으로써 포스트모더니즘 철학 전반에 대해 격렬한 논쟁을 촉발하였다.

3장 보편적 호흡을 공유하기

1) Emmanuel Levinas, *Otherwise Than Being, or Beyond Essence*, trans. A. Lingis(Pittsburgh: Duquesne University Press, 1998), p.182.

4장 원소의 생성적 잠재력

1) Michael Marder, *Pyropolitics: When the World Is Ablaze*(London: Rowman and Littlefield, 2015), p.xii.

2) G. W. F. Hegel, *Philosophy of Nature: Encyclopedia of the Philosophical Sciences*, part 2, trans. A. V. Miller(Oxford: Oxford University Press, 2004).

5장 계절의 리듬에 맞춰 살기

1) Fredrich Nietzsche, *Untimely Meditations*(Cambridge: Cambridge University Press, 1997).

2) Fredrich Nietzsche, *Human, All Too Human: A Book for Free Spirits*, trans. R. J. Hollingdale(Cambridge: Cambridge University Press, 1986). p.115.

6장 자연 존재의 놀라운 다양성의 복원

1) G. W. F. Hegel, *Phenomenology of Spirit*, trans. A. V. Miller(Oxford: Oxford University Press, 1979).

2) Georges Perec, *Species of Spaces and Other Pieces*, trans. John Sturrock(New York: Penguin, 2008); Gaston Bachelard, *The Poetics of Space*, trans. Maria Jolas(Boston: Beacon, 1994).

3) Johann Wolfgang Goethe, *The Metamorphosis of Plants*(Cambridge: MIT Press, 2009), p.1.

4) Ibid., p.3.

7장 우리의 감각지각을 키우기

1) 하지만 날씨가 험상궂은 때에 원소적 세계와 기후에 대한 민감성이
   커진다는 것은 사실이다. 캐나다에서 겨울에 원소적 세계와 기후는
   영원히 계속되는 믿을 만한 대화 주제이다.

8장 인간 동반자에게 향수를 느끼기

1) Michael Marder, *The Philosopher's Plant: An Intellectual Herbarium*(New
   York: Columbia University Press, 2014), p.xviii. 서문을 볼 것.

2) Antoine de Saint-Exupéry, *The Little Prince*(London: Wordsworth,
   1995)

3) Novalis, *Henry von Ofterdingen: A Novel*, trans. Palmer Hilty(New
   York: Continuum, 1992).

4) Saint-Exupéry, *The Little Prince*, p.93.

5) Ibid., p.35.

6) Ibid., p.71.

7) http://www.lifenews.com/2012/10/29/environmentalists-promote-
   legal-rights-for-plants-nature/

8) http://blog.timesunion.com/animalrights/the-folly-of-plant-
   liberation/4277/

9장 인간들 사이로 돌아가는 위험을 무릅쓰기

1) Friedrich Nietzsche, "Preface," in *On the Genealogy of Morality: A
   Polemic*, trans. Maudemarie Clark and Alan Swensen(Indianapolis:
   Hackett, 1998), p.1.

2) Samuel Beckett, *Three Novels: Molloy, Malone Dies, The Unnameable* (New York: Grove, 1958), p.359.

10장 자신을 잃고 자연에게 다시 도움을 요청하기

1) Claudia Baracchi, *Aristotle's Ethics as First Philosophy*(Cambridge: Cambridge University Press, 2008).

2) Michael Marder, "Vegetal Democracy: The Plant That Is Not One," in Artemy Magun, ed., *Politics of the One: On Unity and Multiplicity in Contemporary Thought*(New York: Bloomsbury, 2012), p.126.

11장 숲에서 다른 인간을 만나기

1) Henry Thoreau, *Walden*, ed. Jeffrey S. Cramer(New Haven: Yale University Press, 2006), p.289.

2) Francis Ponge, "From the Pine-Wood Notebook," trans. Derek Mahon, *Metre: A Magazine of International Poetry 1*(Autumn 1996): 22.

3) Jean-Jacques Rousseau, *Reveries of the Solitary Walker*, trans. Russell Goulbourne(Oxford: Oxford University Press, 2011), p.82.

4) René Descartes, *Discourse on Method and Meditations on First Philosophy*, 4th ed., trans. Donald A. Cress(Indianapolis: Hackett, 1998), p.68.

12장 어떻게 우리의 살아 있는 에너지를 키울지 생각하기

1) Michael Marder, *Pyropolitics: When the World Is Ablaze*(London:

Rowman and Littlefield, 2015), p. 94.

2) "다양한 사물들은 '연소되는 것'이라는 관념으로 환원된다. 어떤 사물은 축소로 생각될 수 있고(이 연소의 축소 현상이 식생(vegetation)이다. 식생의 가장 낮은 단계에는 지열(地熱)로 유지되는 금속의 식생이 있고, 가장 높은 단계는 식물의 식생이 있다), 다른 사물은 영구히 연소되는 것으로 생각될 수 있다(이 영구적 연소 과정 현상이 동물 생명이다)."
F. W. J. Schelling, *First Outline of a System of the Philosophy of Nature*, trans. Keith Peterson(Albany: SUNY Press, 2004), p.96.

3) Michael Marder, *Plant-Thinking: A Philosophy of Vegetal Life*(New York: Columbia University Press, 2013), p.42.

13장 몸짓과 말은 원소를 대체할 수 있을까요?

1) Henry Thoreau, *Walden*, ed. Jeffrey S. Cramer(New Haven: Yale University Press, 2006), p.170.

14장 자연 속에 혼자 있는 것에서 사랑 안에서 둘로 존재하는 것으로

1) Henry Thoreau, *Walden*, ed. Jeffrey S. Cramer(New Haven: Yale University Press, 2006), p.1.

2) Ibid., p.76.

3) Martin Heidegger, *Being and Time*, trans. John Macquarrie and Edward Robinson(New York: Harper and Row, 1962).

4) Emmanuel Levinas, *Totality and Infinity: An Essay On Exteriority* (Dordrecht: Kluwer, 1991), pp.254-255.

5) Avicenna, *A Treatise on Love by ibn Sīnā*, trans. Emil Fackenheim, *Medieval Studies* 7(1945): 208-228.

15장 인간 되기

1) G. W. F. Hegel, *Logic: Encyclopedia of the Philosophical Sciences*, part 2, trans. William Wallace(Oxford: Oxford University Press, 1975).

2) Gilles Deleuze and Felix Guattari, *A Thousand Plateaus: Capitalism and Schizophrenia, trans. Brian Massumi*(Minneapolis: University of Minnesota Press, 1987).

3) Martin Heidegger, *The Fundamental Concepts of Metaphysics: World, Finitude, Solitude*, trans. William McNeill and Nicholas Walker (Bloomington: Indiana University Press, 2008).

16장 만물 사이에서 생명을 키우고 공유하기

1) Michael Marder, *Plant-Thinking: A Philosophy of Vegetal Life*(New York: Columbia University Press, 2013), pp.170.

세계를 위한 몸과 영혼의 경작을 위하여

──식물 존재가 우리에게 가르쳐 주는 것들

이 책은 루스 이리가레와 마이클 마더의 *Through Vegetal Being: Two Philosophical Perspectives*(Columbia University Press, 2016)을 번역한 것이다. 이 책의 저자 중 한 사람인 루스 이리가레는 국내 여성 연구자들 사이에서는 꽤 알려진 프랑스 페미니스트 철학자이지만, 마이클 마더는 한국 지식 사회에 거의 알려지지 않은 생소한 인물이다. 마더는 하이데거 현상학을 기반으로 식물에 대한 철학적 사유를 전개하고 있는 신예 철학자이다. 그는 러시아 태생의 유대계 이민자로서 러시아와 팔레스타인을 거쳐 캐나다와 미국 대학에서 교육을 받고 현재는 스페인 바스크대학에서 철학을 가르치고 있다. 이 책은 각기 '성차의 철학'과 '식물의 철학'이라는 화두를 중심으로 자신만의 독창적 사유를 전개해 온 두 철학자가

'식물 존재'를 통해 자연과 문화, 물질과 정신, 감각성과 초월성, 주체와 타자, 여성과 남성, 비인간과 인간 등 서구 형이상학을 지배해 온 이분법과 동일성의 사유를 넘어서려는 시도를 하고 있다. 2013년 11월부터 2014년 말까지 일 년 남짓 열여섯 개의 주제에 대해 서로의 생각을 편지로 교환한 것이 책의 뼈대를 이루고 있다. 일 년은 사 계절의 순환이 마무리되고 새로운 계절이 시작되는 시간이다. SNS와 이메일의 시대에 우편을 통한 편지로 대화를 주고받는 형식 자체가 식물의 발아와 성장과 개화와 결실의 시간을 닮으려는 저자들의 생각을 반영한다. 서문에서 이리가레는 "우리가 이 책을 함께 쓰게 된 것은 현재 자연과 생명이 처한 상황에 대한 우려 때문"이라고 밝히고 있는데, 이 우려를 낳은 사상적 근원으로 거슬러 올라가 식물 존재를 통해 새로운 사유의 지평을 열려는 문제의식이 이 지적 대화의 밑바탕을 형성하고 있다.

그런데, 왜 하필 식물이 현재 자연과 생명이 처한 위기에 대한 진단과 대안 모색의 핵심으로 간주되었을까? 인간중심주의가 지구 행성의 존속 가능성을 심각하게 위협하는 환경 파괴와 생태계 위기를 낳은 원인이라는 반성이 일면서 동물과 동물권에 대한 관심이 현대 담론의 뜨거운 주제로 떠올랐지만, 식물에 대한 논의는 제대로 이루어지지 못했다. 식물 존재 자체, 그리고 식물과 인간의 관계에 대한 논의가 지연되어 왔던 것은 식물은 생명체 중에서 의지와 주체성을 지니지 못한 가장 미발달된 존재이고, 생산의 원자재이자 연소 가능한 바이오 연료로 치부되어 왔을 뿐, 인간이 그 일부를 이루는 생명의 토대로 이해되지 못했기 때문이다. 그러므로 식물적 존재로 돌아가는 것은 망각되어 온 생명의 근원으로 돌아가 역사를 통틀어 한결같이 인간을 에워쌌던 숲에서 생명과 연대하는 사유의 가능성을 길어 올리는 것이다. 생명의 에너지를 키우고 나누는 새로운 사유와 삶의 방식은 생태 지향성을 당연히 함축하고 있지만, 이 생태 지향성은 그것을 가로막는 사유 체계와 사회경제 체제의 해체와 극복을 전제하지 않을 수 없다. 철학자로서 이리가레와 마더에게 이 작업은 서구 형이상학을 극복하는 일과 깊이 연동되어 있다.

이리가레와 마더 두 사람 모두에게 서구 형이상학을 넘어서는 길은 하이데거를 경유하여 소크라테스 이전 그리스 철학으로 돌아가는 것이다. 이리가레는 인도 철학과 불교 철학에서 소크라테스 이전 그리스 철학과 접속하고 그것을 보완할 사유의 가능성을 찾기도 한다. 하이데거는 만물을 조율하는 하나의 통일된 원리를 설정하는 로고스 중심주의가 출현하기 전, 스스로 생성하는 존재들로 자연을 바라보았던 초기 그리스 철학에서 존재 망각을 넘어설 수 있는 사유의 단초를 발견한다. 하이데거가 초기 그리스철학에서 읽어낸 '퓌시스(phusis, 자연)'는 죽어 있는 고정된 물체가 아니라 '스스로 자라고 변화하는 물질'이다. 하이데거의 용어로 퓌시스는 시간과 공간 속에 자신을 '나타내는(appearing)' 존재사건이다. 그러나 나타남은 나타나지 않음을 숨겨진 여분으로 간직하고 있다. 자기 안에 성장의 잠재력을 지닌 살아 있는 존재가 '퓌시스'라면, 이 퓌시스의 속성을 가장 잘 보여주는 존재가 다름 아닌 '퓌톤'(phuton, 식물)이다. 퓌톤은 퓌시스의 축소판이다. 다른 무엇보다 식물은 '자라는 존재'이기 때문이다. 한 곳에 뿌리박힌 채 이동과 변화가 불가능한 존재로 간주되었던 식물에게서 '자라고 변화하고 생성하는 존재'로서 자연의 원형적 모습을 발견한 것이 자연과 인간의 관계, 인간 안의 자연과 인간 밖의 자연의 관계를 새롭게 읽어낼 길을 열어주었다. 이런 생각은 비인간 생명체, 아니심지어 물질에서도 살아 있는 역동적 힘과 행위성—이른바 '생동하는 물질(vibrant matter)'—을 발견한 최근의 '신 유물론(new materialism)'과도 접속할 수 있는 관점이다. 그러나 이리가레와 마더의 생각에 보다 충실한 이름을 짓자면, '원소적 유물론(elemental materialism)'이라 부를 수 있지 않을까 싶다.

고대 그리스인들에게 우주를 구성하는 4원소로 알려진 물, 불, 흙, 공기는 생성적 잠재력을 지닌 살아있는 물질로서 지구 생명체의 필수적인 요소이자 만물의 뿌리로 간주된다. 인도 자이나교는 여기에 식물을 제5 원소로 추가한다. 식물은 생명을 선사하는 4원소들을 모으는 존재이자, 이 원소들에게 적당한 양의 햇빛과 습기와 미네랄과 공기를 제공함으로써 원소들에게 영양을 공급하고 활력을 불어넣는다. 생명이 싹트고 자라고 자신을 표현하기 위한 활력과 잠재력을 유지하려면, 4원소 사이에 적절한 비율이 유지되어야 한다. 서구 문명은 4원소 중에서 불에 특권적 위상을 부여하여 다른 원소들을 불에 복속시켜 왔다. 불은 물질을 연소시켜 에너지를 추출하는 문명의 원천으로서, 생명 자체가 안에서 타오르는 거대한 불길로 이해되었다. 그러나 고대 그리스인들은 불의 창조적 잠재력을 인정하면서도 그것을 적절히 조절해야 한다는 겸손을 잊지 않았던 반면, 현대인들은 절제 감각을 잃고 문명 자체를 통제 불능의 대화재로 만들어 왔다. 지금 인류는 화염의 문명이 일으킬 대참사의 조짐을 불안한 눈으로 지켜보고 있다.

4원소 중에서 이리가레와 마더는 물과 공기, 그중에서도 특히 공기의 중요성에 주목한다. 공기는 생명체가 숨 쉴 수 있게 해 주고, 상이한 물질의 상태들 사이에 이동을 보장해 주는 보편적 공유물이다. 또한 공기는 신체의 물질성이 영혼의 섬세함으로 옮겨갈 수 있게 해줌으로써 대지와 하늘을 이어준다. 그러나 공기는 그 자체로 눈에 보이지 않고 손에 잡히지 않는 유동적 물질로서 여성적-모성적이다. 서구 형이상학의 존재 망각에 경종을 울렸던 하이데거에게서조차 공기는 사유되지 않은 채 남아 있다. 이는 여성적-모성적 차이에 대한 망각과 억압이 작동하고 있기 때문이라는 것이 이리가레의 생각이다. 인간이 세상에 태어나 가장 먼저 수행하는 자율적 신체 활동이 숨 쉬기이다. 인간에게 숨 쉬기는 식물의 뿌리 내리기와 같다. 그러나 "서구적 정신을 추동한 것은 밖으로 내쉬는 순간을 지연함으로써 공기를 지배하고, 주체성이라는 신체 없는 숭고한 폐 속으로 가급적 많이 들이 마시고 외부 세계와 호흡을 공유하는 것을 막으려는 욕망"이었다(마더). 그 결과 근대 서구인은 자신의 숨을 없애 버렸다. 그는 "자신이 이룩한 기술적 성취를 경이의 눈으로 바라보느라 숨을 헐떡였고, 그 성취가 뿜어내는 매연으로 질식 상태에 빠졌다"(마더). 그러나 안과 밖 사이에 참된 공유가 일어나지 않으면 숨을 쉴 수가 없다. 들숨과 날숨은 생명의 기본 리듬이다. 이 잃어버린 생명의 리듬을 되찾기 위해 이리가레와 마더 두 사람 모두 호흡에 주목한다. 인도의 요가 호흡법은 수행을 통해 우리의 몸이 "공기가 흐르는 관"이 되게 하려고 한다. 그것은 줄기와 잎사귀로, 아니 온몸으로 숨 쉬는 식물의 호흡을 닮았다.

호흡뿐만이 아니라 인간은 식물로부터 자연과 더불어 성장하는 존재 양식과 자세를 배울 수 있다. 마더가 뉴욕에서 박사과정을 밟던 시절 비좁고 누추한 아파트 뒷마당에서 만난 한 그루 나무는 '더불어 자라는 공동체'의 표상으로 남아 있다.

여럿으로 갈라지면서 얽히는 나무의 몸통, 가지를 덮고 있는 이끼와 담쟁이, 가지 위를 기어오르는 다람쥐, 가지 위에 집을 짓고 있는 새들, 뿌리와 뿌리 근처에 살고 있는 미생물 등등 하나의 성장의 공동체로서 나무는 식물적일 뿐 아니라 원소들과 식물 형태들과 종들이 만나는 장소이자 생물의 왕국입니다. 나무는 그 위아래에 살고 있는 모든 존재들과 함께, 또 그것이 살고 있는 장소와 함께 자기 자신을 우리의 시각과 사유에 건네줍니다. 또한 나무는 분류를 알지 못하는 자연의 낯선 영역으로 열린 창문이 될 수 있습니다. (231면)

그 자체로 이미 하나의 생명의 왕국을 이루는 한 그루 나무와 그런 나무들과 풀들과 꽃들이 다른 생명체들과 함께 어우러져 자라는 숲에서, 혹은 숲 옆에서, 인간은 내부의 자연과 외부의 자연을 분리시키지 않고, 생명의 원소적 토대를 이루는 햇빛과 공기와 물과 땅과 신체적·감각적 교감을 나누며, 인간으로서 자신의 고유한 성장의 과제를 이루어낸다. 식물 존재 주위에서 인간 사회와 정치 공동체가 무르익을 수 있다. 자연과의 분리에서 인간적 탄생을 찾지 않고 자신에게 주어진 자연적 속성(natural belonging)을 문화적으로 키워내는 것이 '인간 되기'의 과제가 된다. 아니 그렇게 되어야 한다. 문화(culture)는 자연의 경작(cultivation)이어야 하지 자연으로부터의 분리나 단절, 혹은 자연의 지배와 정복이 되어서는 안 된다. "한 인간이 되는 것은 특별히 인간적이라고 여겨지는 생명의 내적 표현이 점차 드러나고, 그 과정에서 개별적 존재로서 우리 각자에서, 그리고 인간으로서 인간에서 자기 자신이 되는 것이다"(마더). 이 문장은 마더의 것이지만 이리가레도 공유하는 '인간 생성'의 원리이다. 두 사람이 공통적으로 그리스 비극의 여주인공 안티고네에서 발견한 것이 국가의 법에 맞서 생명을 지키고 돌보는 윤리이다. 안티고네가 죽은 오빠의 장례를 치러주려는 것은 헤겔이 주장하듯 국가에 맞서 가족의 가치를 옹호하는 것이 아니라 오빠의 시신을 땅에 돌려주려는 것이다. 그녀의 애도작업은 땅에서 분리되지 않은 사람만이 취할 수 있는 윤리적 자세이다. 그것은 '여성적'이다.

이리가레에게 자연적 존재로서 인간은 '하나'가 아니라 '둘'이다. 퓌시스 자체가 최소한 '둘'로 존재하기 때문이다. 물론 이 '둘'은 하나로 환원되지 않고 '다수'로 열릴 수 있다. 성차(sexuate difference)는 동일한 성적 정체성을 취하지 않는 두 주체 사이의 환원할 수 없는 비대칭적 차이이다. 차이는 간극(interval)을 전제한다. 하이데거와 달리 존재는 "하나가 아닌 성"이다. 다른 성과의 사이에 간극을 지닌 성적 존재는 다른 성으로 흡수되지 않고 자신의 고유한 성적 특성을 신체적 욕구와 관계적 욕망에서, 감각적 경험과 영적 표현에서, 사적 관계와 정치 영역에서 키워야 한다. 이 작업이 '성차화' 혹은 '성적 되기(sexuation)'이다. 남성과 여성은 각기 다른 자연을 타고난 성적 존재로서 자기 안의 자연의 리듬에 가장 잘 어울리고 그것을 키워줄 수 있는 문화 질서를 만들고 향유할 성적 권리를 지닌다. 성차화는 자연적 소여로서의 '섹스'와 문화적 구성물로서의 '젠더'라는 페미니즘의 낯익은 구분을 가로지르고 뛰어넘는다. 참된 의미에서 인간이 되는 것은 성차화된 존재가 되는 것이다. 페미니스트 철학자로서 이리가레는 동일자 남성으로 환원되지 않고 자신의 성적 특수성을 키우고 표현하는 여성적 문화를 꿈꾼다. 기묘하게도 그것은 식물성과 공명한다. 이리가레가 식물의 철학자 마더에게 대화를 제안한 이유일 것이다. 그러나 '하나'를 '둘'로 열었던 이리가레가 둘을 '여럿'으로 개방하는 작업을 시도하기보다는 둘 안에 갇혀 있는 것이 아니냐는 비판——이성애주의자라는 비판——에 대해서는 충분한 논의가 이루어지지 못한 것 같다. 프롤로그에서 마더는 식물이 프로이트가 다형적 도착이라 불렀던 인간의 성보다 더 다양한 성적 차이들을 보인다고 언급하며, 인간의 성을 둘로 한정짓는 것처럼 보이는 이리가레에게 질문을 던진다. 그러나 이 물음은 더 이상 논의되지 못하고 미해결로 남아 있다.

이 책은 철학자 두 사람이 나눈 편지이기 때문에 철학적 개념과 사유를 동원하지 않을 수 없지만, 전문적인 철학 서적에서는 만날 수 없는 생생한 개인적 체험을 들려준다. 박사학위 논문 제출 뒤 라캉 정신분석학교에서 추방당하고 파리 뱅센 대학의 교수직에서 쫓겨났던 이리가레가 어떻게 자연 속에서 몸과 마음을 회복할 수 있었는지, 교통사고를 당한 후 요가 수업에서 배운 호흡법이 어떻게 그를 인도 철학으로 이끌었는지, 감각과 영혼을 결합하려는 그의 노력이 어떻게 매일의 시 쓰기로 나타났는지를, 우리는 들을 수 있다. 뿌리 뽑힌 이민자로 세계를 떠돌아다니지 않을 수 없었던 마더가 자신의 집 마당에서 식물이 뿌리 뽑히는 것을 보고 내면의 무언가가 복구될 가망 없이 영원히 상실되었음을 느낀 것이나, 빙설폭풍이 오타와 시에 불어 닥쳤을 때 도시적 삶의 취약성을 몸소 체험한 것이 어떻게 식물성에 대한 철학적 사유로 이어졌는지를, 우리는 알 수 있다. 철학을 삶의 맥락과 감각적 경험으로 다시 데려오는 이런 글쓰기를 통해 우리는 사유의 장소성과 신체성을 느낄 수 있다. 철학 전공자가 아닌 문학 연구자 두 사람이 이 책을 번역하겠다는 무모한 결정을 내린 이유이기도 하다.

번역은 이리가레 파트는 김지은이, 마더 파트는 이명호가 담당했다. 초벌 번역 후 서로 돌려보며 수정하는 작업을 거쳤다. 시간에 쫓겨 마음이 급하기는 했지만 공동으로 하는 번역 작업은 즐거운 경험이었다. 대안공동체 인문학이라는 주제로 공동 연구 프로젝트를 진행하고 있는 경희대학교 비교문화연구소 총서에 이 번역서를 포함시킬 수 있어서 기쁘다. 이리가레와 마더가 선보이는 식물의 사유가 비인간 생명 존재들과 공생하는 다른 삶을 상상하는 자극제가 되기를 희망한다. 기한을 넘기며 거듭되는 원고 수정도 친절하게 받아주며 꼼꼼히 교열 작업을 해준 알렙 출판사에도 고마운 마음을 전한다.

2020년 8월
역자를 대표하여 이명호 씀

찾아보기

ㅅ

아

파

하

옮긴이

이명호

경희대학교 영어영문학과와 동 대학원을 졸업한 후 뉴욕주립대학교 (버펄로)에서 영문학 박사학위를 받았다. 현재 경희대학교 글로벌커뮤니케이션학부 영미문화전공 교수로 재직하면서 글로벌인문학술원 원장, 감정문화연구소장을 맡고 있다. 저서로는 『누가 안티고네를 두려워하는가: 성차의 문화정치』가 있으며, 공저로 『감정의 지도그리기』, 『유토피아의 귀환』 등이 있다.

김지은

경희대학교 글로벌커뮤니케이션학부 영미문화전공을 졸업하고 동 대학원에서 아일랜드 현대문학으로 석사학위 취득 후 박사과정을 수료했다. 연구 분야는 젠더/페미니즘, 현대문학, 문화비평이다.

식물의 사유

1판 1쇄 발행 2020년 8월 25일
1판 2쇄 발행 2021년 7월 15일

지음 | 루스 이리가레 · 마이클 마더
옮김 | 이명호 · 김지은

디자인 | 디자인호야
펴낸이 | 조영남
펴낸곳 | 알렙

출판등록 | 2009년 11월 19일 제313-2010-132호
주소 | 경기도 고양시 일산서구 중앙로 1455 대우시티프라자 715호
전자우편 | alephbook@naver.com
전화 | 031-913-2018, 팩스 | 02-913-2019

ISBN 979-11-89333-27-0 03100

＊ 이 저서는 2018년 대한민국 교육부와 한국연구재단의 지원을 받아 수행된 연구임(NRF-2018S1A5B8068919).
    This work was supported by the Ministry of Education of the Republic of Korea and the National Research Foundation of Korea(NRF-2018S1A5B8068919).